鍬を握る

満蒙開拓からの問い

信濃毎日新聞社

はじめに

2024年8月、日本は敗戦から79年目の夏を迎えました。

長野県にとって、先の戦争と分かち難く結びついてきたのが、満蒙開拓という国策です。戦時中、日本の傀儡《かいらい》国家である「満州国」(中国東北部)には全国から27万人の開拓団員が渡り、敗戦に伴う混乱と逃避行の中、病気や集団自決などで8万人が犠牲となりました。

中でも長野県は、都道府県別で最多の3万3千人を送り出しました。県南部の下伊那郡阿智村には、満蒙開拓関連の資料を専門的に収蔵、公開している全国唯一の施設である満蒙開拓平和記念館があり、歴史の記録と継承に努めています。

戦争を再び起こしてはならない。そうした思いから、信濃毎日新聞はこれまで元開拓団員を含む数多くの戦争体験者に取材を重ね、その生の言葉を紙面で伝えてきました。しかし、それが日に日に難しくなってきていることを、現場の記者は肌で感じています。

23年6月には、旧下伊那郡河野《かわの》村(現豊丘村)の元開拓団員で、集団自決の生き残りとして満蒙開拓平和記念館で語り部を続けてきた久保田諫《いさむ》さんが、93歳で亡くなりました。

14歳で河野村開拓団に参加。敗戦後の逃避行の中、追い詰められた団員たちは次々と仲間に手を掛けました。73人が亡くなり、久保田さん1人が生きて帰りました。「命続く限りは彼らの無念を語り継いでいきたい」。生前、そう語っていたといいます。

語り部がいなくなる中、ともすれば社会の遠景に退こうとしている満蒙開拓の記憶と歴史を、いま一度、今を生きる私たちの隣へと引き戻したい――。そんな思いから、取材はスタートしました。

満蒙開拓は１９３６年、広田弘毅《ひろたこうき》内閣の「百万戸送出計画」によって国策となりました。日本からの集団移民により「満州国」の権益を確立するとともに、北方のソ連軍に対する「盾」とする意味もあったといいます。

昭和恐慌で経済が疲弊していた長野県は国策に積極的に応じ、開拓団への参加を呼びかけました。県内全域、あるいは郡単位で募集が掛けられ、「拓《ひら》け満蒙　行け満州へ」といったスローガンの下、新天地を夢見て多くの人々が旅立ち、満州に故郷の名を付けた「開拓村」をつくりました。教育界や、信濃毎日新聞をはじめとする報道機関もその一翼を担っています。

こうした歴史はいま、どこまで認識されているのか。連載はまず長野県民への意識調査を行い、ここ信州にあっても、満蒙開拓への認識が原爆投下や特攻隊といった出来事に比べ低い現状を明らかにしました。結果を踏まえ、第１部は壊滅的な犠牲を出した開拓団の地元でも、記憶が継承されずにいる現状を伝えました。第２部は元開拓団員の記憶をたどり、個人が国策に翻弄されていく経緯を追っています。

戦後長い時間にわたり、日本と中国、二つの国に引き裂かれた人を多く生んだことも、満蒙開拓の悲劇です。生き残った開拓団員の子どもや女性は、中国人の養父母に育てられたり、中国人男性と結婚したりしました。１９７２年の日中国交正常化を経て、「中国残留孤児」の肉親捜しが始まります。

親族が見つからなかったケースでも、身元引受人がいれば日本への永住帰国が認められましたが、多くは帰国後、言葉もままならず、苦しい生活を強いられました。連載の第３部は、帰国した残留日本人やその家族がいまも直面する厳しい暮らしを追っています。

一方で、満蒙開拓を被害者としての側面からのみ語ることはできません。移民として入植した土地の多くは、現地の人々を追いやって手に入れたものでした。そもそも開拓団員の中にも「誘った人」や「誘われた人」がいた。地域社会には「送り出した人」もいる。「加害」と「被害」の立場は、複雑に入り組んでいます。取材班はそれらを切り分け、開拓の本質を示すさまざまな断面を示そうと努めてきました。連載後半では中国に記者を派遣し、侵略された側から見つめた満蒙開拓の実相をルポしています。

多くの関係者への聞き取りや資料の読み解きを重ねて取材班は、個人が国の意思に絡め取られていく過程をつぶさにたどってきました。それは間違いなく、今の社会と地続きにつながっている。では、どうすればそれを読者に「近景」として意識してもらえるのでしょうか。

記者たちは、過去に身を置きながら、現在につながる視点を探しました。多文化共生やジェンダー、「知る権利」といった今日的な視点から満蒙開拓を捉え直そうとしたことも、一つの試みです。

当時と現在では、人権への視線や社会状況が異なっていたことは当然です。その違いを自覚した上で、戦争が時代を超え、人間の尊厳を傷つける存在であることを読者に伝える狙いでした。

連載の第4部では「満州に移れば差別は解消する」と誘われた被差別部落の人や、日本の植民地支配下で満州に移らざるを得なかった朝鮮の人たちが登場します。満州の開拓村では、家父長制下で女性が抑圧される構造が日本からそのまま持ち込まれていた点も指摘しました。

続く第5部では、過去の信濃毎日新聞の報道をつぶさに調べ、当時の報道が果たした役割に向き合い、国策を厳しく見つめ多面的に取材、報道していく責任を再確認しています。それは、いま取材活動をしている私たち自身に向けられたものでもあります。

今に引きつけて考え続ける。そうした積み重ねを通じ記者たちが得た答えは「戦争は突然始まるわけではない」という事実でした。

足下ではいま、安全保障政策の転換が進んでいます。「新しい戦前」だとの警句が現実味を帯びて聞こえる。そんな時代に私たちはいます。一つ一つの局面で、疑問や違和感を持ち、声を上げることができなかったことの積み重ねが戦争をもたらし、多くの人の未来を奪いました。

取材班は締めくくりに当たり、手の届く未来として「戦後100年」を掲げました。これからの時代を「新しい戦前」にしないため、私たち戦後世代が学び続け、行動し続けていく。そうした決意を示しています。

荒れた農地を耕す鍬《くわ》は開拓のシンボルであり、国策のシンボルでした。しかし、鍬は本来、誰かに言われるまま握ったり、強いられたりするものではなく、自らの意思と目的で握るべきものであるはずです。タイトルの「鍬を握る」にはそんなメッセージが込められています。

取材に携わった記者たちは、それぞれの問題意識と向き合い、時に悩みながら、鍬ならぬペンを手にしました。

「なぜこんなことが起きたのだろう」
「どうすれば防げたのか」
「本当に昔のことだと片付けられるのだろうか」

連載をまとめた本書を手にした方々にそんな思いを巡らせていただければ、これに勝る喜びはありません。

2024年8月

信濃毎日新聞社編集局長　高森　和郎

目次

第8部　刻む「戦後100年へ」……209

インタビュー　満州といまをつなぐ……237

▼本書は、信濃毎日新聞本紙で2024年1～6月、計64回掲載した連載企画《鍬を握る　満蒙開拓からの問い》と関連の特集企画記事を再構成したものです。
▼記事中に登場する人物の肩書や年齢、団体・組織・施設の名称、数値や出来事等は、原則として新聞掲載当時のものです。
▼文中のかっこの使い方は、原則として以下のルールとしました。
『　』＝出版物名、主要文献名(固有名詞性の高いもの)、作品名(映画、絵画、音楽など)
《　》＝上記書物・文献や新聞等に属する評論、コラム、章、記事などの見出し
〈　〉＝本文の中での、他文献・資料からの引用部分（話し言葉ではない）
「　」＝上記以外の一般的な用法。話し言葉、キーワード・団体名、要約、固有名詞性の低い報告書の名称など

扉の写真

満洲国軍政部発行の地図『哈爾浜（ハルビン）東北部』（2.5万分の1地図、康徳3年＝1936年製版、今尾恵介氏提供）と、国策推進の時に盛んに張り出された長野県による開拓団員の募集ポスター（1965年8月10日、本紙連載《この平和への願い　長野県開拓団の記録》に併用）

特集 満州国とは

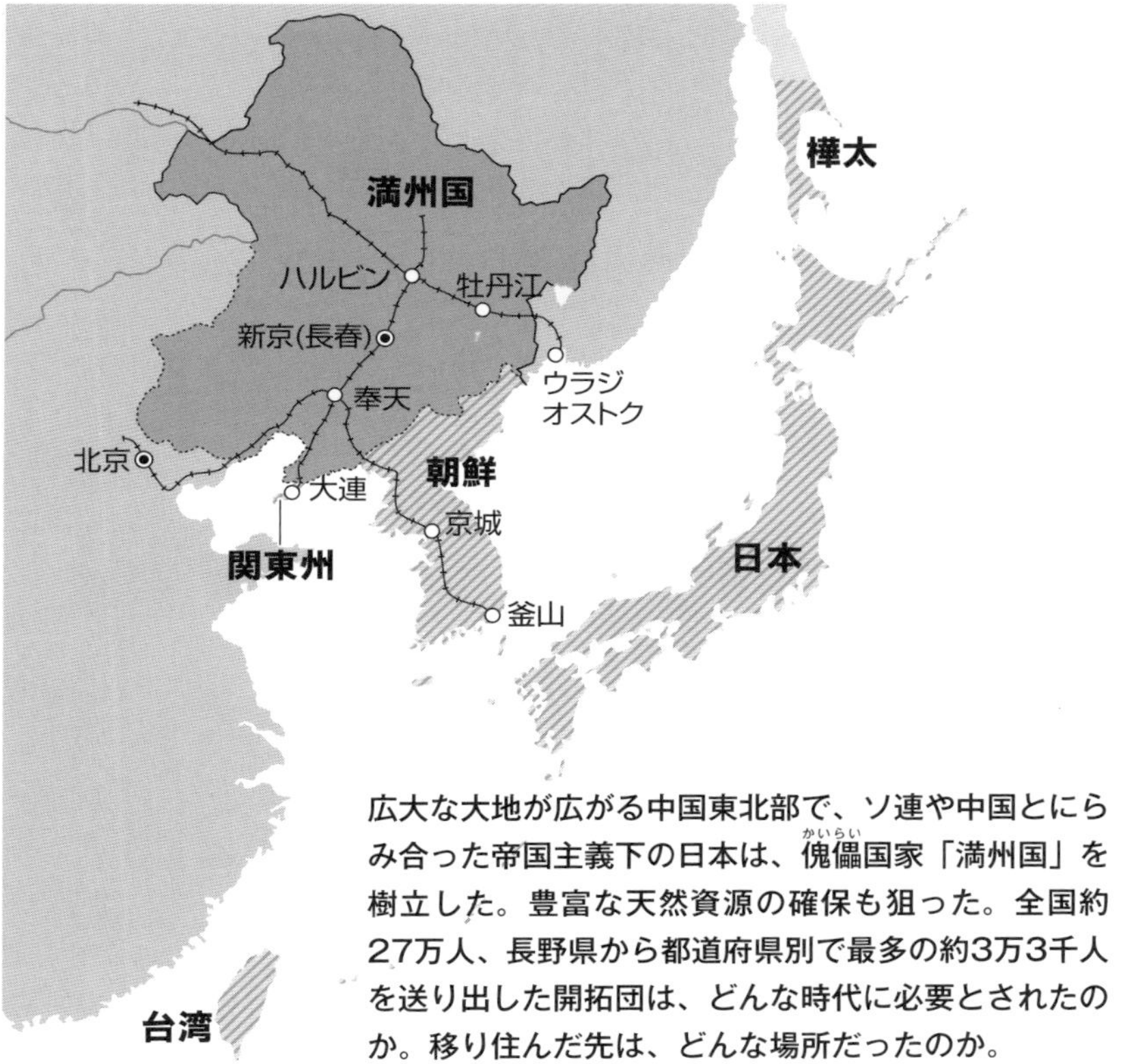

広大な大地が広がる中国東北部で、ソ連や中国とにらみ合った帝国主義下の日本は、傀儡《かいらい》国家「満州国」を樹立した。豊富な天然資源の確保も狙った。全国約27万人、長野県から都道府県別で最多の約3万3千人を送り出した開拓団は、どんな時代に必要とされたのか。移り住んだ先は、どんな場所だったのか。

日本の生命線

資源供給や輸出先不況で存在感

古来よりさまざまな民族が混在した満州では、現在の中国やロシアが統治を巡って干渉や対立を繰り返してきた。19世紀以降は西欧列強の思惑も加わり、清朝の衰退とともに、さまざまな勢力が対立。列強に加わろうとしていた日本も軍事的、経済的な要衝として手を伸ばしていく。それは、日本がその後に国際的な孤立を深め、戦争に突入していく始まりでもあった。

中国大陸では1911（明治44）年、孫文らの辛亥《しんがい》革命により清朝が倒れ、12年に南京を首都とする中華民国が誕生した。一方、ロシア帝国では17（大正6）年に革命が起き、社会主義のソビエト政権が樹立。新しい国造りを始めた両国はともに、満州への進出を図っていく。

これに対し、日本は危機感を募らせた。日清戦争（1894〜95年）や日露戦争（1904〜05年）の勝利などを経て台湾や樺太、朝鮮を植民地化し、南満州の鉄道敷設権も手に入れていた。対抗するため、大連や旅順を含む関東州の租借権延長といった権益拡大の「二十一ヵ条要求」を中華民国に突き付ける。19年には日本軍の関東軍を創設、鉄道保護を名目に駐屯させた。関東は北京の東を守る山海関《さんかいかん》のさらに東側を示す。

一方、29（昭和4）年の米国の株価暴落に端を発した世界恐慌により、日本経済も疲弊。輸出の主力だった生糸の消費が低迷し、信州でも盛んだった養蚕業は繭価暴落などで大打撃を受けた。資源の供給元や輸出先として満州の存在感が高まり、南満州鉄道（満鉄）の総裁に35年就任する松岡洋右《ようすけ》の「満蒙は日本の生命線」との言葉が実感と期待とともに広まった。

関東軍は31年、奉天《ほうてん》（現瀋陽《しんよう》）近郊の柳条湖《りゅうじょうこ》で満鉄の線路を爆破。事件を中国軍の仕業として出撃し、日中が武力衝突する「満州事変」に発展した。結果、日本は満州を占領。32年、清朝最後の皇帝だった愛新覚羅溥儀《あいしんかくらふぎ》を執政（34年から皇帝）として「満州国」の建国を宣言した。

「五族協和」理想郷――実際は日本人上位の傀儡国家

「満州国」は議定書で日本の既得権益を承認し、国防を関東軍に委ねた他、秘密協定により統治の実権も認めたため、独立国とは名ばかりの日本の傀儡《かいらい》国家

満蒙開拓を巡る主な動き

1905	日露戦争終結。日本が満州での権益獲得
29	世界恐慌。養蚕業が低迷し農村不況に
31	満州事変の発端となる柳条湖事件(9.18)
32	満州国建国(3.1)。移民事業開始
33	治安維持法違反の疑いで長野県内の教員や労働者ら計608人を摘発した思想弾圧事件「二・四事件」
36	政府が満州国への「百万戸送出計画」を決定。移民を国策化
	長野県が全国初の県単独編成の黒台信濃村開拓団を送出
37	日中戦争開戦(7.7)
38	14〜18歳の「満蒙開拓青少年義勇軍」の送出開始
39	県内の開拓団送出戸数がピークに
41	太平洋戦争開戦(12.8)
45	戦況悪化で開拓団の男性が「根こそぎ動員」対象に
	ソ連が対日参戦(8.9)。開拓団が避難を開始
	無条件降伏を昭和天皇が国民にラジオで伝え敗戦(8.15)
48	元開拓団員らが県開拓自興会を設立
65	本紙が企画《この平和への願い　長野県開拓団の記録》を連載
72	日中国交正常化。阿智村の故山本慈昭住職が「日中友好手をつなぐ会」を発足
81	政府が中国残留孤児の身元調査に着手
94	中国残留日本人の帰国手続きを定めた帰国促進法が施行
95	県開拓自興会などが中国黒竜江省方正県に「日中平和友好之碑」建立
2002	全国の中国残留孤児が国を相手に損害賠償を求めて提訴
07	日本に永住帰国した残留婦人・孤児へ新たな生活支援を盛った改正残留邦人支援法が成立
10	県開拓自興会が高齢化や会員減少で解散
13	阿智村に満蒙開拓平和記念館が開館
16	同記念館の来館者が10万人に。天皇皇后両陛下が来館

だった。建国理念として「五族協和」を掲げ、目指す姿を「王道楽土」と表現。日本の侵略性を粉飾したが、体制は矛盾に満ちていた。

五族は、漢（漢族）・満（満州族）・蒙（モンゴル人）・朝（朝鮮人）・日（日本人）を指す。力による支配を進める西欧とは一線を画し、東洋の徳によって統治する理想郷の実現に向け、力を合わせよう――と喧伝した。

来たる総力戦に向けた軍需資源の供給を主眼に、関東軍は強力な経済統制を敷き、鉄道の整備と重工業の建設に力を注いだ。満鉄による投資の他、商社など民間資本の進出を歓迎。建国時の人口は約3千万人、うち日本人は24万人だったが、移住者が急増した。36年には100万戸の開拓移民の移住計画を国策化。計27万人が開拓団として渡った。終戦時、満州国には155万人の日本人がいた。

五族協和を掲げながら、実際には政治、経済といったあらゆる面で日本人が上位に立っていた。土地も既に耕作していた現地民から安く買い上げたものだった。特に軍部は強権を振るい、32年9月には満鉄の経営する撫順《ぶじゅん》炭鉱が抗日武装勢力に襲撃された報復として、数キロ離れた平頂山《へいちょうざん》の集落に住む住民約2700人を日本軍が虐殺する平頂山《へいちょうざん》事件が起きた。

国際世論は満州国を国として認めず、不服とする日本は33年、国際連盟を脱退した。現地の人たちは急激な工業化によるインフレや重税、低賃金、農地収奪に苦しみ、匪賊《ひぞく》と呼んだ武装住民の襲撃など抗日運動は絶えなかった。終戦間際の45年8月9日、旧ソ連軍が日ソ中立条約を破って満州に侵攻。男性は「根こそぎ動員」で既に召集され、開拓団は女性や子ども、お年寄りばかりだった。過酷な逃避行の末、旧ソ連軍の攻撃や現地民の襲撃、収容所での飢えや寒さ、感染症のまん延で約8万人が死亡した。

生き延びるため現地民と結婚した女性や養子になった子どもは中国残留日本人と呼ばれ、72年の日中国交正常化を経て本格化した肉親捜しの結果、子や孫らと相次ぎ帰国した。満州国は日本の敗戦とともに解体。中国では満州国を「偽満《ウェイマン》」と呼んでいる。

広大な沃土

面積は日本の3倍、鉱物も豊富

「満州国」の範囲は現在の中国東北部の黒竜江省、吉林省、遼寧省と内モンゴルの一部、熱河《ねっか》省に当たる。面積は現在の日本の3倍ほどに相当する約110万平方メートル。標高約2千メートルの大興安嶺《こうあんれい》、小興安嶺などの山々に囲まれて広大な平原が広がり、松花江、嫩江《のんこう》、遼河などの大河川の流域は農耕に適した沃《よく》土《ど》地帯だ。

一部の乾燥した草原や砂漠を除き、大半は寒暖差の激しい地域。ハルビンでは冬にマイナス40度、夏に40度を超えた年もあった。緯度は本州の東北や北海道と同程度かそれより高い。気温や湿度は4月中旬に一気に上昇、10月下旬に急降下し、春や秋が短い。

1940（昭和15）年発行の『満洲現勢図解』は、主要農産物としてコーリャンや大豆、アワ、トウモロコシなどを紹介。輸出品は大豆が多く、38年度の輸出額は2億3400万円。肥料などに使う大豆かす、石炭が続いた。輸入品で目立つのは鉄鋼や綿織物など。また、石炭を筆頭に、製鉄原料となる鉄鉱石、鉛、亜鉛、金、銅など多様な地下資源が豊富とされた。

突出する移民の数

長野県からは3万3千人を送出

長野県も移民政策を進め、県内全域から編成した「第5次黒台《こくだい》信濃村開拓団」を送り出した。県単独の団は全国初。南佐久郡大日向《おおひなた》村（現佐久穂町）からの移民も分村する形は全国の先駆けで、郡単位の分郷移民も県内各地から送られた。

1938年からは10代の少年たちからなる「満蒙開拓青少年義勇軍」を組織。農業経営と対ソ警備の補助的役割を担った。県内では33年の教員への思想弾圧事件「二・四事件」を契機に、教育界も国策協力に傾斜していた。世話をする寮母、配偶者となる「大陸の花嫁」を送り出すため、県は40年、現在の塩尻市に全国初の女子拓務訓練所を設け、教育に力を入れた。

こうした結果、『満洲開拓史』（1966年刊行）などによると、都道府県別の送出数は長野県が約3万3千人、計画数も含むと3万7859人で最多。山形県の1万7177人、熊本県の1万2680人が続き、最少は滋賀県の1447人だった。県内の地域別では、最も多い下伊那・飯田が8389人。諏訪・岡谷が2975人、東筑摩・松本が2918人で続いた。（P14～15の表・グラフ参照）

識者に聞く

今「国にだまされた」では済まない

満蒙開拓のような国の政策が行われる背景や決定過程は、戦前と今でそれほど変わらない。当時は官僚制度が強固に完成した時代で、それは今に続いている。戦前の国民は政策に対して受け身だったが、現在、主権は国民にある。生活に直結する政策がどう行われているのか、チェック機能を果たさなければならない。その上で、満蒙開拓の政策を振り返ることは参考になる。

国文学研究資料館・准教授
加藤聖文さん（57）

【かとう・きよふみ】
1966年、愛知県生まれ。早稲田大大学院文学研究科史学専攻博士後期課程単位取得退学。専門は日本近現代史、東アジア国際関係史。著書に『満蒙開拓団　国策の虜囚』『海外引揚の研究　忘却された「大日本帝国」』など。

同調圧力や周りの雰囲気に流されたりプロパガンダに乗せられたりすると、特に弱い立場の人が政治に翻弄《ほんろう》されてしまうことが教訓だ。開拓団は悲劇に遭った側として「(国に) だまされた」とよく言われるが、主権を持つわれわれはそうは言えない。自ら考えた上で受容・拒否し、結果に対しては責任を負うべきだ。

主権を行使しなければ、戦前に置かれた状況と同じことが起こり得る。政策を無批判に受け入れるほど、問題が起きた時に「知らなかった」「俺たちは関係ない」と責任を誰かに転嫁してしまう。責任の所在が曖昧になり、教訓が生かされない。

例えば原発政策や諫早湾などの干拓事業も、社会状況が変化すれば当初計画をどこかで軌道修正する柔軟性が必要で、議会がそれをチェックしないといけない。建設中のリニア中央新幹線は、飛行機で移動する人が増えており、電磁波による健康被害も未知数だ。

満蒙開拓も当初は農村恐慌に苦しむ農民を救うことが目的とされたが、戦時下で景気が回復して再び労働需要が高まり、満州まで行く必要はなくなってくる。決まった方向だけを進むと現実からますます乖離《かいり》してしまう。国策の特徴は、成果を上げるために数値目標の達成が目的化し、実態が伴わなくなることだ。

戦後80年はちょうど「昭和100年」に当たる。関係者がほぼいなくなって客観的に当時を評価できるようになり、振り返るにはちょうどよいタイミングだ。一方で何もしなければ忘れられていく歴史でもある。今はかろうじて覚えている人が半分ほどおり、語り継ぐことで社会の記憶として定着させる最後のチャンスだろう。

ただ、日本人が歴史好きというのはうそで、全く関心がないと感じる。分かりやすい「物語」を好むからだ。たくさんある嫌な部分を直視しないといけないのが歴史だが、そこを避けてしまいがちだ。

開拓団は逃避行による被害と現地の人たちに対する加害の両面を持つが、単純化できない複雑な事情がある。これからの研究は構造的な複雑さ自体を明らかにしていくことが大事だ。現代は白黒をはっきりさせたがる傾向が強いと感じるが、社会の複雑さを直視しながらいかに生きていくかを学ぶ点で、開拓団は現在的な問題ではないか。

開拓団の歴史について、社会がどう共有できるかを考えていかなければならない。それには、なぜ開拓団員でもない人たちがこの歴史を知らなくてはいけないのか、納得を得ていく必要がある。全国の中で長野県の送出数が突出した要因には地域的な特異性があるはずで、ひいては県民性などにつながる。積極的に取り組んでいる飯田下伊那地方に限定せず、県全体の歴史として向き合うべき問題だ。

県関係開拓団の死者数と帰還者数

	開拓団	在籍	死亡	帰還
1	弥栄村	176	66	109
2	千振	189	52	137
3	瑞穂村	171	133	32
4	開原城子河	51	36	14
5	哈達河	203	165	34
6	黒台信濃村	1,610	1055	464
7	白山子	95	16	79
8	江密峰	116	14	99
9	双河鎮	129	37	91
10	水曲柳	1,094	314	742
11	高山子	128	15	106
12	呼倫貝爾笠井村	28	7	21
13	南五道崗長野村	1,371	868	461
14	大日向村	795	401	392
15	中和鎮信濃村	1,159	639	469
16	西弥栄村	43	22	20
17	張家屯信濃村	1,223	748	435
18	富士見分村	935	254	679
19	川路村	552	148	393
20	泰阜村	1,069	548	412
21	読書村	722	424	244
22	蓼科郷	569	329	201
23	下伊那郷	970	428	508
24	千代村	465	191	267
25	上久堅村	811	523	231
26	康平長野	249	36	206
27	大門村	713	381	308
28	高社郷	715	573	124
29	下水内郷	619	375	199
30	更級郷	495	418	72
31	芙蓉郷	390	190	190
32	千曲郷	579	339	219
33	八ケ岳郷	746	320	417
34	埴科郷	308	218	77
35	黒姫郷	166	108	39
36	佐久郷	531	307	207
37	伊那富	182	96	81
38	第一木曽郷	114	62	47
39	小県郷	385	202	174
40	小諸郷	253	49	202
41	城子溝	66	25	41
42	東筑摩	373	188	160
43	上高井	204	93	98
44	南安曇郷	154	97	53
45	信磨村	178	23	155
46	三峯郷	294	129	154
47	富貴原郷	303	93	196
48	伊南郷	264	100	148
49	落合	202	81	121
50	第二木曽郷	502	245	247
51	西東安	91	30	52
52	宝興長野郷	181	89	80
53	南信濃郷	486	307	158
54	岡谷郷	144	69	72
55	飯田郷	110	84	22
56	松本郷	294	49	239
57	北安曇郷	231	112	112
58	嫩江	56	9	35
59	長野県報国農場	44	10	31
60	長野県農業会報国農場	295	62	233
61	楢川村	188	71	116
62	下伊那報国農場	28	25	2
63	阿智郷	196	121	63
64	南佐久郷	21	2	19
65	河野村	95	70	25
66	上高井郷報国農場	100	23	71
67	御嶽郷	30	12	18

※『長野県満州開拓史』を基にした小林信介・金沢大教授の集計などから作成。1945年8月9日時点の在籍者が対象。この他に未帰還者や不明者がいる。
※未帰還、不明などがあり、必ずしも死亡と帰還を足した合計が在籍者数にはならない。

県関係の開拓団を送り出した地域

郡単位の団

下水内	29
下高井	28
上高井	43 66
埴科	34
小県	39
北佐久	22
北安曇	57
南安曇	44
更級	30
東筑摩	31 42
松筑	26（松本・東筑摩）
諏訪	33
下伊那	7 8 9 10 23 62
全国	1 2 3 4 5 12 16 41 51 58
全県	6 11 13 15 17 45 59 60

長野県の満蒙開拓民送出数

※「満州開拓史」を基に作成。計画したが戦況の変化などで送出しなかった数を含む

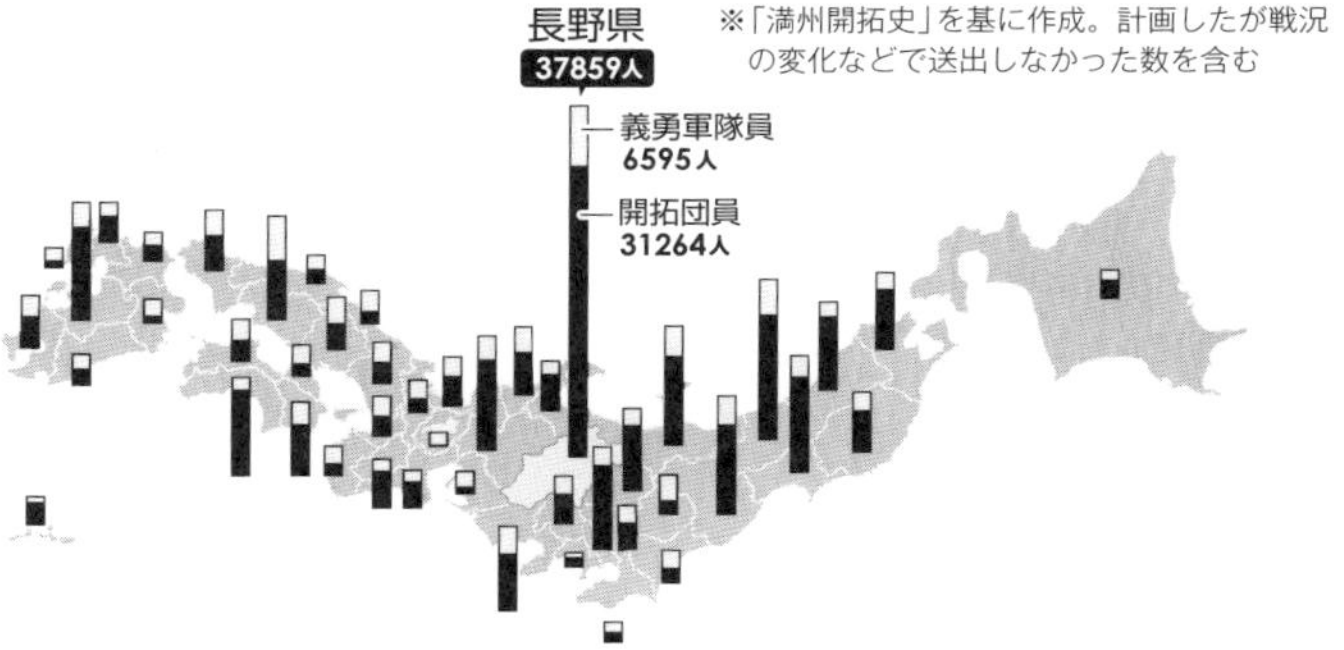

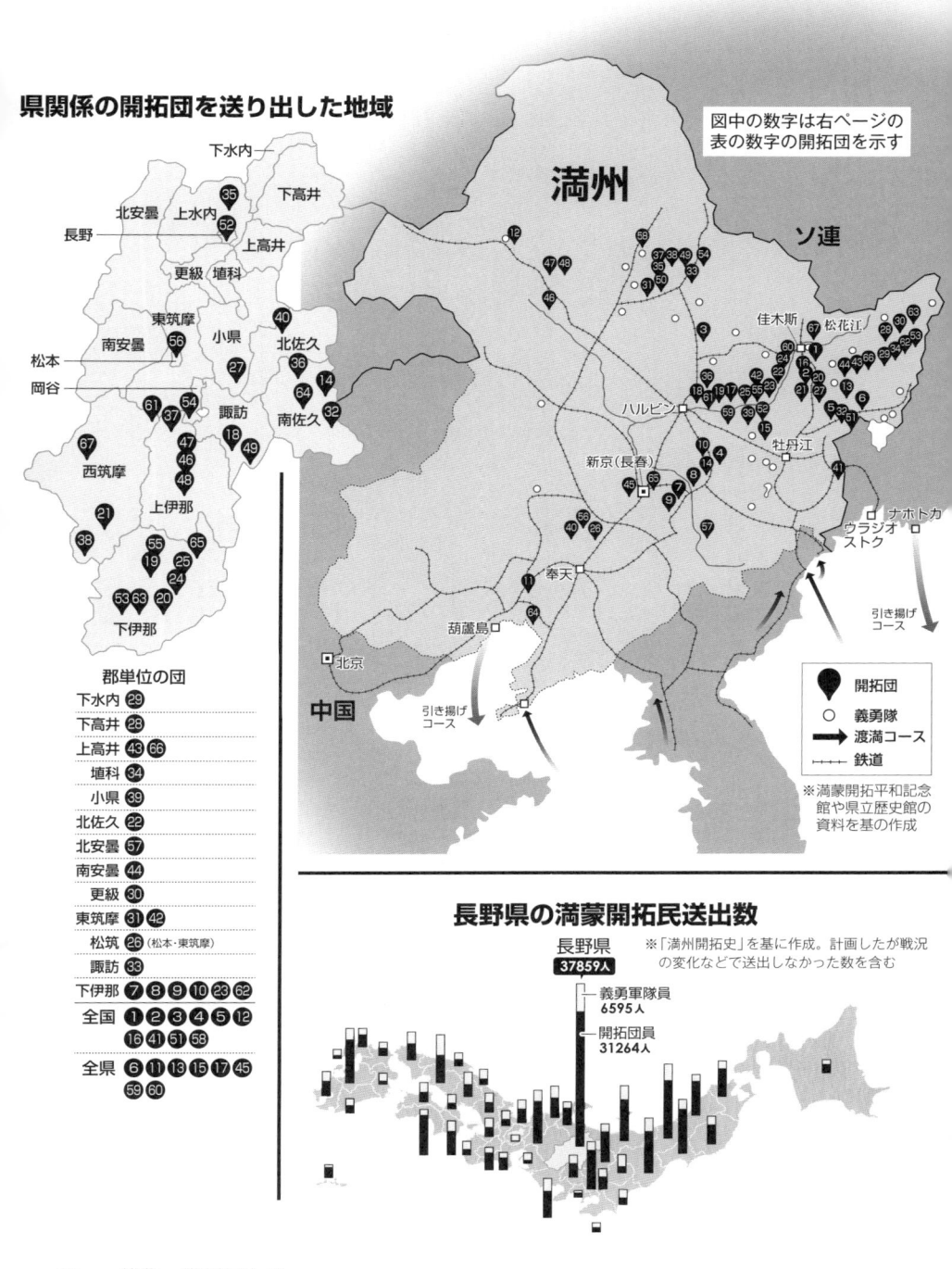

国策の奔流にさまよって　長野・河川敷の「ヤミ畑」

「中国グループによるとんでもない規模のヤミ畑」

２０２３年12月、ユーチューブに各20分ほどの動画４本が相次いで配信された。長野市篠ノ井塩崎の千曲川河川敷で、本来許されない場所で野菜が作られていた。「レンタル農園とかでやった方がええと思いますよ」「でも遠いだと、行かれないし…」。片言が交じる耕作者をただす場面もある。〈殆《ほとん》どが不法滞在だろう〉〈そもそも何故《なぜ》日本にいるの?〉。コメント欄に声が並ぶ。

耕作していたのは、戦時下に満州へ国策の開拓団として家族で渡り、終戦から数十年後に帰国した残留日本人や、その家族たち。終戦前後の混乱の中で取り残され、現地の人に育てられた子どもや、妻になった女性は少なくなかった。野菜作りは食卓のためだったり、老後の楽しみだったり。国籍は日本の人も中国の人もいる。

帰国者らを長年支援してきた千曲市の元教員、飯島春光さん(70)は戸惑う。目の前の違法状態は正すべきだ。だが「歴史や背景を知らずに、他者の苦悩をすっ飛ばして追い詰める」ように感じる。中国語を話す人がなぜここで暮らしているのか、どんな人生を歩んできたか。支えながら問題解消を図る道はないのか――。記憶の途絶を危ぶむ。

違法だが「背景は知ってほしい」　支援者の葛藤

トウガラシ、ハクサイ、ネギ、パクチー……。長野市篠ノ井塩崎の千曲川河川敷に、作物の栽培跡が残る。23年11月までは農具小屋もあった。増水時に流出したり、土手の機能を損なったりする恐れから、いずれも

不法栽培した野菜の撤去を求める日本語と中国語の看板。千曲川河川事務所職員と長野南署員が巡回した＝2023年11月29日、長野市篠ノ井塩崎

この場所では許されていない。

管理する国土交通省千曲川河川事務所（長野市）が不法栽培を確認したのは２０１０年。地元住民によると、その前から栽培されていた。職員が毎月巡視し、耕作者がいればやめるよう求めてきたが、主に中国語を話すため日本語でのやりとりはスムーズにいかなかったという。

耕作範囲は計約１ヘクタール。事務所の管轄エリアでは23年3月時点で12カ所の不法耕作があったが、飛び抜けて広い。「放っておいてしまったのが一番悪いところだ」。11月の巡視の際、担当者は事務所の対応を省みた。耕作者の人数は分かっていない。

ユーチューブに「ヤミ畑」として動画を配信した大阪市の男性（37）は「現場第一主義の日本派社会活動」を掲げる。河川敷の不法占用は京都や岡山の事例も配信。これまでに北海道旭川市のいじめ問題を巡る学校側の対応なども扱った。「社会の問題を取り上げ、住民らの意見を聞き、行政や警察を動かすことを目的としている」と話す。

千曲川の件は、連携する別のユーチューバーが23年9月に配信。テレビのニュースやワイドショー番組も取り上げた。注目が高まった10月、河川事務所は数年ぶりに長野南署と合同でパトロールし、小屋の撤去などを求めた。11月には日本語と中国語の看板を設置。河川法に基づき、不法占用は1年以下の懲役か50万円以下の罰金が科される可能性があると告知した。本紙も、これを報じた。

地元の神社で祈願祭を行い、満州へ出発する大日向村の開拓団員ら＝1938（昭和13）年（佐久穂町教育委員会提供）

違法状態はよくない――。関係者によるとその後、通信アプリ「微信（ウィーチャット）」の帰国者や家族らのグループ内で声が出た。小屋を撤去し、野菜も今後は作らないことにした。

〈日本の土地を取り返しましたね〉〈世直し、ご苦労様でした〉。ユーチューブ動画にコメントが寄せられた。

23年暮れ、河川事務所は不法耕作地に入れないようにロープを張った。24年1月4日、一帯の散策が日課という地元の80代男性は、堤防から河川敷を見下ろして「せいせいした」と話した。

耕作者の中に、終戦時に推定2歳でた

だ1人いたところを中国人に助けられた男性がいる。支援者によると、1986（昭和61）年に肉親捜しで来日。本当の親も分からないまま永住帰国した。「思い出すと悲しくなる」。本人は今、口を固く閉ざす。推定80歳。収入は乏しく、野菜は自家用だった。河川敷でテレビカメラを向けられ、日本語で思うように話せず押し黙る姿がインターネット上に残る。

満蒙は過去か――いや世界で、沖縄で

戦後20年の1965（昭和40）年。信濃毎日新聞は、戦時下に県内から満州へ渡った元開拓民らの証言を基に、計45回の企画《この平和への願い》を連載した。旧ソ連の対日参戦後の集団自決や虐殺、飢え、病魔…。戦争の傷跡が激しくうずき、地域ではまだまだ語ることも尋ねることもはばかられる中で、満州での悲劇、現地での慰霊への痛切な願いなどを初めて本格的に取材し、世に送り出した。

あれから59年。「平和への願い」は形にできたか。

ロシアのウクライナ侵攻など、世界で戦乱が絶えない。日本国内では国会での議論が不十分なまま安保政策の転換が進み、防衛力強化のためとして「盾」だけでなく「矛」も手にしつつある。沖縄県の米軍普天間飛行場（宜野湾市）の名護市辺野古移設を巡り、国は同県内移設に反発する地元との対話を欠いたまま、計画推進の姿勢を強める。暮らしに目を向ければ、貧困や差別なども命を脅かす。

満州への開拓民は、100万戸を移住させる計画が36（昭和11）年に国策化。国は自治体に対し、農村経済を立て直すための補助金と引き換えに積極的な送出を求めた。農家などが新天地を求めた先の多くは、現地の人たちを立ち退かせた場所だった。終戦後に取り残された人たちは72年の日中国交正常化後、本格的に帰国が進んだが、言葉や生活習慣の違いから思うような職に就けず、孤立する人も多かった。

この歴史から学ぶことは多い。大きな流れに個人がなぜ翻弄《ほんろう》されていったのか。国策に地方はどう向き合うか。他民族への差別の構造など、今まで見過ごしてきたこともある。研究者や市民グループなどは近年、時を経てようやく語られるようになった証言や史料を掘り起こし、満蒙開拓を「歴史」として語り残していくためのさまざまなアプローチを試みている。

社会の満蒙開拓への関心は低下している。だが、このまま「過去の出来事」と忘れてしまうわけにはいかない。忘れてしまえば、私たちはまた同じことを繰り返すからだ。当事者から経験を聞ける機会はますます限られてきた。一方で、少し距離を置いて当時を眺められる時期を迎えてもいる。今こそ向き合いたい。

満州には約27万人とされる開拓民が渡った。「鍬《くわ》の戦士」と呼ばれた。長野県は、都道府県別で最も多い約3万3千人を送り込んだ。だが、土を耕す鍬は本来、暮らしを豊かにし、生へのみなぎる力、生きる希望を象徴するものだ。それは、自らの意思と判断で握るべきものだ。

第１部

埋もれる記憶

全国の都道府県で最も多い約３万3000人の開拓民を満州へ送り込んだ長野県。送出元は全県域に及ぶが、多くの地域でその歴史は埋もれている。第１部は、《この平和への願い》で取り上げたうち三つの開拓団を舞台に、記憶の継承の現在地をみる。

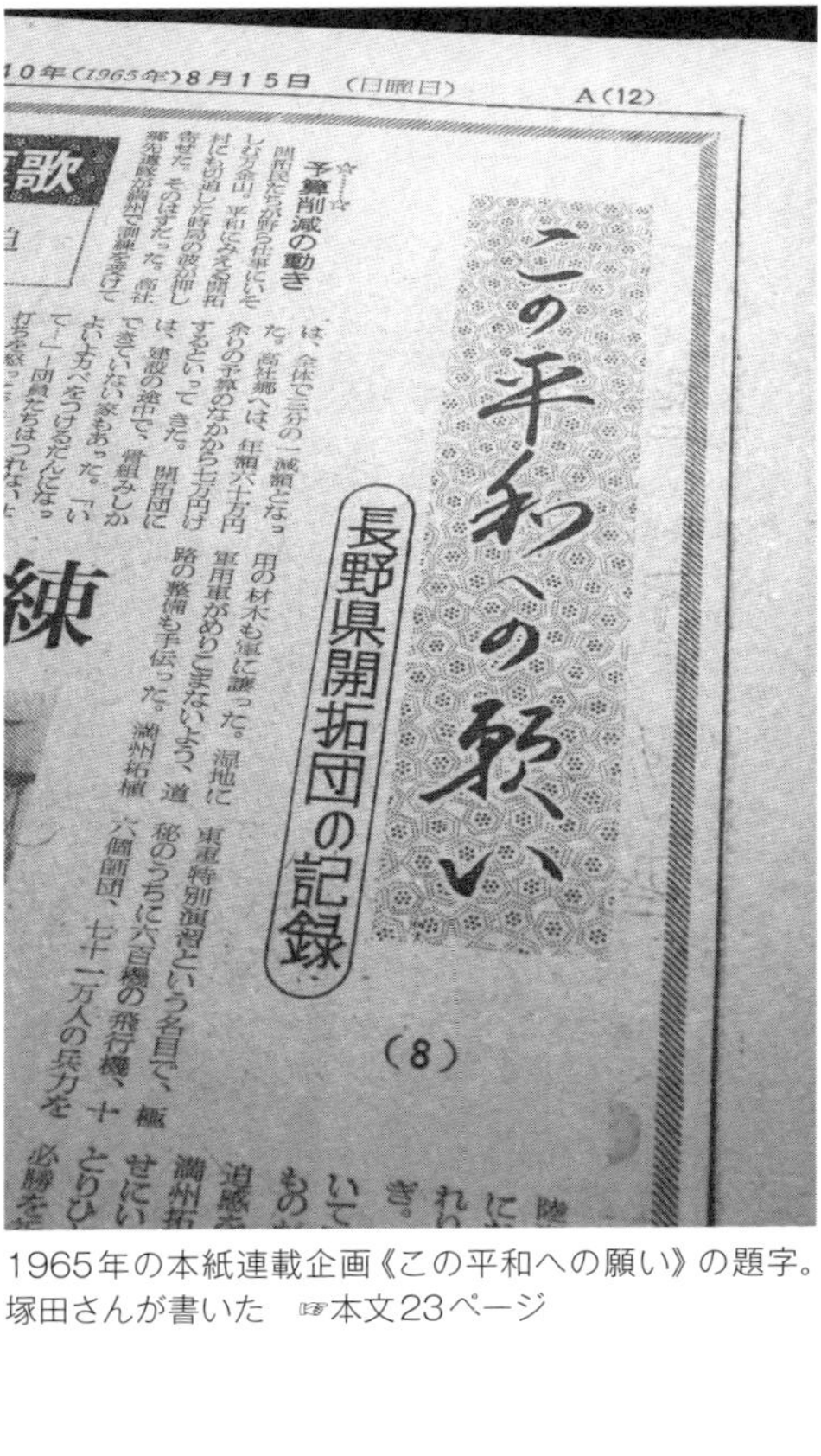

1965年の本紙連載企画《この平和への願い》の題字。塚田さんが書いた　☞本文23ページ

戦後20年の本紙連載『この平和への願い』

1965年出版の『この平和への願い』（手前）と、（奥右から）連載を収録した『平和のかけはし』、再版、復刻継承版の各書籍

信濃毎日新聞は戦後20年の1965（昭和40）年8～10月、県内各地から旧満州に渡った満蒙開拓団関係者らから証言や資料を集め、企画《この平和への願い》を45回にわたって連載した。終戦直前の45年8月9日にあった旧ソ連軍の侵攻による逃避行、収容所での飢えや病魔などによって多くの犠牲者が出たことを、いち早く掘り起こした。

現在の中野市や下高井郡から渡った「高社郷《こうしゃごう》開拓団」については、親が子を銃殺する集団自決などで約700人のうち574人が命を落としたことを詳述。他に西筑摩郡読書《よみかき》村（現木曽郡南木曽町）、南佐久郡大日向《おおひなた》村（現佐久穂町）、諏訪郡富士見村（現富士見町）などの開拓団も取り上げげた。県関係の犠牲者は女性や子ども、お年寄りら計1万5000人を超えた。

読者からの反響は大きく、慰霊団の派遣や残留日本人の帰国の実現に向けた機運を高めた。本紙は65年に連載をまとめた書籍を出版。68年、76年に再版し、2021年に『復刻継承版』を出した。

義眼の先生が遺した願い

更級郷――慰霊祭途絶えて10年

千曲市の戸倉上山田温泉を眼下に望む城山の善光寺大本願別院境内に、その碑は立つ。戦時下、一帯の旧更級郡から旧満州へ渡った更級郷《さらしなごう》開拓団の殉難者らの慰霊碑だ。傍らには終戦間際の旧ソ連軍侵攻による逃避行の末、生きて祖国の地を踏めなかった全員の名前が刻まれている。女性や子どもを中心に約400人。一家全滅も目立つ。新天地を求めて鍬《くわ》を手にした人たちの結末だ。

生き残った団員がここで続けてきた慰霊祭は、高齢化に伴い2011年を最後に途絶え、10年余が過ぎた。粉雪が舞った2023年12月下旬、境内を訪れる参拝者は少なかった。

1959（昭和34）年の春。担任の先生は一風変わっていた。小柄できゃしゃな50歳手前の女性。右目はガラス玉みたいだし、左耳にはカタツムリみたいな補聴器をしている――。

塚田浅江さん

更級郡上山田町（現千曲市）の上山田小学校に入学した出川益江さん（71）＝千曲市戸倉＝の記憶だ。先生の名前は塚田浅江さん。後に、右目は義眼で、体の中には多くの手りゅう弾の破片が入ったままだと聞いた。

初めての参観日。出川さんは授業中、左目で教室を見渡す塚田さんの視界に入らない場所で、二つの机の間にぶら下がって「ブランコ遊び」をした。母親に、ものすごいけんまくで叱られた。

塚田さんの指導に不安を覚えた他の保護者たちは、校長室に詰めかけて担任の資質を問うた。校長は言った。「『1+1=2』とか、教育とはそういうものですか。教え子を3人も命がけで満州から連れて帰ってきた教師は、他にいません。あなたたちはどういう先生をお望みですか」

塚田さんの顔や体に刻まれた傷。それは終戦前後の満州につながる。ある日、出川さんたちは「命の授業」を受けた。「平和は当たり前ではない。死ぬということを考えたことはありますか」。塚田さんは居住まいを正して切り出した。涙ぐんでいた。「あなたたちと同じ年頃の子どもたちはソ連兵

千曲市上山田の善光寺大本願別院に立つ更級郷開拓団などの殉難慰霊碑＝2023年12月22日

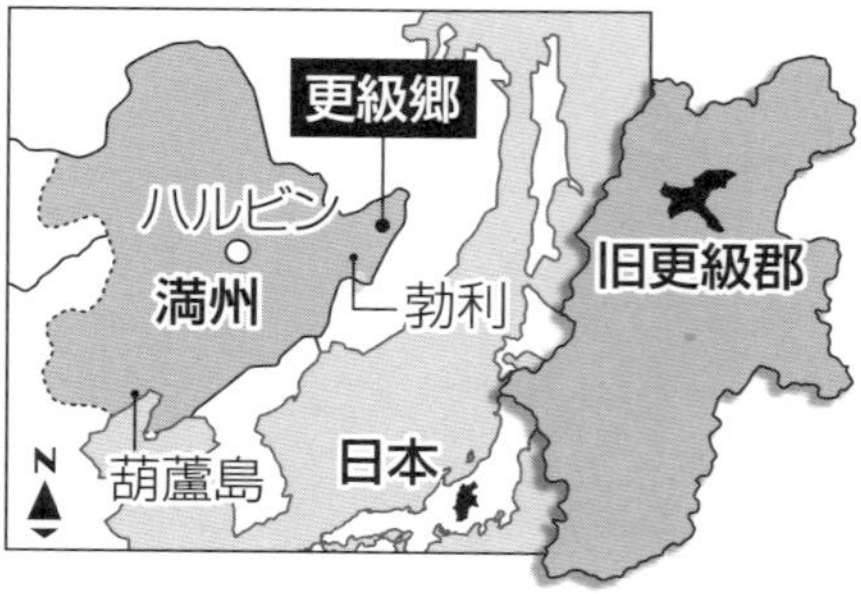

に囲まれ、木やりで突っ込んでいったのです」

それは、更級郷開拓団の学校で塚田さんが教えた子どもたちだった。幼かった出川さんには難しく感じたが、真剣な表情から思いは伝わった。

塚田さんには3年間教わり、卒業前年の64年3月、教壇から去るのを見送った。後年、塚田さんから聞かされた。「勉強しろとは言わなかった。相手の痛みが分かる人になるように。それだけよ」

〈満州開拓民忘れるな〉。65年6月8日付の本紙朝刊。読者投稿欄《建設標》に見出しが立った。塚田さんだった。〈敵の中へ突っ込んで行った児童の後姿が今もなお私の脳裏にやきついている〉〈遺骨収集と現地への慰霊が一日も早く実現できるように心から訴える〉。高度経済成長の時代。前年秋には東京五輪に日本中が沸いていた。

投稿もきっかけに、本紙は県内各地の満蒙《まんもう》開拓団の顛末《てんまつ》を取材。同年8月から企画《この平和への願い》を連載した。題字は塚田さんに頼んだ。その初回では、退職した塚田さん宅を夏休み中の教え子たちが訪ねてきて、満州で散った教え子たちを回想する。

満州には、広い世界での活躍を夢見て渡ったはずだった。

●更級郷開拓団

現在の長野市や千曲市の千曲川以西にまたがる旧更級郡内の町村から1940（昭和15）年2月、旧ソ連との国境に近い東安省宝清県尖山《せんざん》に入植した。恐慌のあおりを受けた農村経済の立て直しを目的に郡町村長会が送出を決めたが、経済の回復に伴い、団員は予定通り集まらなかった。無人の原野2万8000ヘクタールを開拓し、小麦や大豆などを栽培。119戸495人（終戦時）が在籍し、「聖」「田毎」「久米路」「冠着」といった故郷の名所を各集落名とした。更級在満国民学校をつくり、教育にも力を入れた。

戦後「生き残った者は何を」

祖国の目前で力尽きた教え子

満州での記念写真で、林部里江さん（中央右）の肩にそっと手を置く塚田浅江さん。この中で帰国できたのは塚田さんと伊藤やす子さん（手前右から２人目）だけだった（コープながのの冊子『ピースメッセージ』から）

庭先で水に戯れる子どもたち５人に囲まれ、笑みを浮かべる塚田浅江さん＝現千曲市出身。１９６５（昭和40）年の本紙連載《この平和への願い》の初回に掲載した写真を、おいの山口一雄さん(82)＝千曲市稲荷山＝はじっと見つめた。ずっと独身だった塚田さんにかわいがられた。

「これは井戸で、水が湧いていたのですよ」。懐かしそうに振り返る。塚田さんが暮らしたこの家は、今はもうない。塚田さんの写真も、亡くなった時に大半を処分した。

妻の静枝さん(77)は、塚田さんが秋になると出かけていった後ろ姿を覚えている。「毎年、１人で博多の港に行って花をささげていたんですよ」。手向けたのは信州の花。体がきつくなる84歳まで続けていた。

塚田さんが満州の更級郷開拓団の更級在満国民

学校に赴任したのは41（昭和16）年4月。果てしない地平と大湿原が広がり、2ヘクタールの学校園で大豆や芋、カボチャなどを育てた。43年には6教室あるれんが造りの校舎ができ、90人の子どもたちに笑顔が広がった。

長い冬から解放される4月。フクジュソウやサクラソウなどの群落が競うように地表を彩る。土曜の午後、植物に詳しい同僚らと子どもたちを連れて植物採集に出かけた。図鑑にない品種を見つけ、「牧野先生（植物学者の牧野富太郎博士）へ送ってみよう」などと語り合った。

そんな日々は45年8月、ソ連軍の侵攻で終わった。〈小学校五年生以上の男女二十余人は、横なぐりの雨のような弾丸のなかへ突っ込んでいった〉。《この平和への願い》は塚田さんの証言を記す。正村《しょうむら》秀二郎団長以下が、包囲するソ連軍に突撃を敢行。手にしていたのは、ナイフで先をとがらせた木やりだった。

塚田さんも後を追おうとしたが、近くで手りゅう弾がさく裂。右目は光を失い、左耳は吹き飛ばされた。勃利《ぼつり》の収容所で、生き延びた教え子たち20人余と再会。感染症や栄養失調で死者が相次ぎ、46年9月に葫蘆《ころ》島で引き揚げ船に乗れた時、教え子は伊藤やす子さんら4人になっていた。

だが、その4人との帰国さえかなわなかった。博多港を目前にして、衰弱が著しかった林部里江さんが力尽きた。「先生ありがとう……」。最期は、か細い声でほほ笑んでいた。水葬で送った。白布に包まれた小さな体が、やがて波間に見えなくなった。

●更級郷開拓団の犠牲

1945年8月のソ連軍侵攻による逃避行で、東安省勃利県の佐渡開拓団跡に更級郷や埴科郷、高社《こうしゃ》郷など近隣の開拓団員計約3千人が逃げ込み、集団自決も起きた。更級郷は8月27日、ソ連軍の一斉砲撃を受けて壊滅。近くに不時着したソ連機を開拓団側が焼き打ちした報復ともされる。その後の収容所生活も経て、終戦時の在籍者の8割強に当たる418人が犠牲になった。帰国者72人にはソ連軍侵攻前に兵隊に召集されていた43人を含み、佐渡開拓団跡からの生還者は5%程度とされる。

収容所では1杯のかゆと引き換えに、子どもを勝手に現地民に売り渡そうとする人がいた。必死でかばい、「このくそばばあ」と何度も足蹴《あしげ》にされながら守った命だった。

10月上旬、博多へ入港。「生き残った者が何をしなければならないのか」。帰郷後、自問しながら再び小学校で教壇に立った。「子どもたちがやる野球の審判の役目が、片目ではどうしてもできなかったんですって」（静枝さん）。教え子たちの健やかな成長を見守り続けた戦後だった。

「里江ちゃん、先生、今年も来ただよ」。博多の海でそう声をかけ続けたが、かなわなくなったのは95年。張り切って外出すると足が痛くなることが増えていた。「戦後50年、里江も許してくれるでしょう」。傍らには、里江さんと表情が似ていると言って大切にした博多人形があった。

「生還の責め」背負い続けた先生　親なき児童の「心の支え」に

1994年4～9月、84歳になった塚田浅江さんが日記をつづった1冊のノートが残されていた。満州時代の教え子がたびたび登場する。

4月27日、更級郷などの開拓団殉難者の50年忌法要。〈これで殉難者も心安らぐことであろう。英子、やす子も健やかな心境で参り何よりだった〉。共に引き揚げた3人のうちの2人、栗原英子さんと伊藤やす子さんだ。残る塚田せつ子さんは結核を患い、帰国から半年余で亡くなった。

9月には、収容所などで途中まで一緒だった高倉ハツ子さんの弟、山田昭次さんが一時帰国。自宅で歓迎会を開いたことを記した。高倉さんは重体となった友人に付き添って残り、塚田浅江さんたちに10日遅れて帰国。昭次さんは終戦時に5歳で残留孤児となり、後に生存が判明していた。

煮物や天ぷらの「日本式」の食事でもてなそうと、数日前から気持ちを高ぶらせているのが伝わる。一方、その根底にある「生還の責め」を背負う思いも吐露。80代半ばを迎えてなお、満州は塚田さんの人生から分かち難かった。

ノートは、戦後50年を前に塚田さんから話を聞き取った女性史研究家の島利栄子さん(79)=千葉県八千代市、現東筑摩郡筑北村出身=が、長年書きためられた中の1冊を預かっていた。「女性の日記から学ぶ会」を主宰。日記から「生き残ってきたという思いで毎日を丁寧に生きているのが伝わってくる」と話す。

千葉県八千代市の自宅で、塚田浅江さんをしのぶ冊子などを前に、塚田さんの日記に目を通す島利栄子さん＝2023年11月30日

本紙は教え子たちを捜した。伊藤さん、高倉さんの消息は突き止められなかった。唯一、栗原さんの一人娘の本田幸子さん(60)=埼

玉県川口市＝にたどり着くことができた。栗原さんは２００８年、73歳で亡くなっていた。

終戦時は小学４年生。父は既に他界し、姉２人はソ連軍の銃撃で死亡。翌年夏には栄養失調と過労で母を亡くした。途方に暮れていた時、再会したのが塚田さんだった。引き揚げ船で一緒に帰国。遠縁が営む地元の戸倉上山田温泉の旅館を手伝った後、上京し、父の知人の世話になった。保険外交員をした後、夫と町工場を切り盛りした。

真面目できちょうめん、勝ち気、そして「ちゃんと」が口癖で「何しろ厳しい人だった」と本田さん。だが塚田さんの評価は異なる。「デコ（英子）は一番弱虫で

塚田浅江さんの日記（1994年）から

八月四日（木）晴

八月になると敗戦記念日、あの満州での避難行がせつなく忘れ難い　今日ふっとあの切なさを、半世紀近くも経《た》つあのみじめな避難状況を書いてみたい衝動にかられる。

九月九日（金）晴

松本日中友好協会より電話があって、昭次父娘が松本に来ていることを報《しら》せて来た。十五日の晩は手料理で歓迎、ハツ子も交えて十六日は稲荷山温泉へ一泊させてリラックスさせてやりたい。生還の責めをこれで最後かも知れないが責任を果たしてすっきりと生きたい。

九月二十日（火）彼岸入り

晴中秋の名月

四十八年前の仲秋の名月の日は満州の農家のもろこし畑で収穫作業していたことを切なく思い出す。地平から昇る大きな月を見て故国の月を偲《しの》び一人わびしく泣いたあの切なかった過ぎし日を思えばよくぞ生き永らえたものよ。

●更級郷開拓団の慰霊

生き残った元開拓団員は1947（昭和22）年、初の慰霊祭を行い、塚田浅江さんらが中心となって親睦団体を結成した。塚田さんは当時の西沢権一郎知事に遺骨収集の訪中団派遣を直訴。日中国交正常化前の66年、全国で戦後初めて現地で慰霊を行った長野県民訪中友好代表団（16人）に参加した。67年、埴科郷の元開拓団員と合同で、現在の千曲市の城山に高さ18メートルの殉難塔を建設。除幕大法要には知事を含め関係者640人余が参列した。老朽化による取り壊しに伴って94年、近くの善光寺大本願別院境内に慰霊碑を建立し直した。

わがままだった」。本田さんは「本当は天真らんまん。常に人の顔色を見ないといけない生活になって、いつもちゃんとしないといけなかったのでしょう」と母の心境を思いやる。

塚田さんは戦後の教え子たちもかわいがった。「ばぁやん、いるかい？」。2000年3月、40年余り前に教わった宮原建治さん(73)＝千曲市新山＝ら10人ほどが同級会帰りに自宅を訪ねると、89歳の塚田さんは照れくさそうに慌てて部屋を片付け、皆でこたつを囲んだ。塚田さんは「みんなの顔を見たら具合の悪いのが治ってしまった」と繰り返した。6月に地元の冠着山《かむりきやま》へ一緒に行こうと約束した。

風呂場で倒れているのが見つかったのは、その2週間後だった。生前の本人の希望で遺体は献体され、葬儀は2年半後に行った。栗原さんは足が悪くて参列できず、伊藤さん、高倉さんと連名で花を贈った。「親のない私どもには心の支えでありました」。遺族への手紙に、60年にわたる絆への感謝をつづった。

たどれなくなる団員の足跡　子の世代——家族に話さず

1965（昭和40）年の本紙連載《この平和への願い》では更級郷開拓団について、塚田浅江さんの他にもう1人が証言している。終戦時24歳だった北沢ゆきさん。逃げ込んだ小屋に撃ち込まれる迫撃砲、舞い上がる砂ぼこり……。だが長男の栄喜《えいき》さん(75)＝長野市篠ノ井塩崎＝は「詳しいこと知らないんだよ。おふくろ、あまり話したがらなかったし」。米寿を迎えた2010年に亡くなっていた。

当時の更級郡塩崎村から一家6人で満州へ。父島造さんと妹芳子さん、弟の啓造さん、佑造さんは45年8

北沢ゆきさん（手前の遺影）が手を合わせ続けた両親やきょうだいの位牌（奥右側）。今は仏壇に一緒に並ぶ＝2023年12月、長野市篠ノ井塩崎

月27日、ソ連軍の攻撃を受けた佐渡開拓団跡でいずれも銃殺された。母たかさんは収容所で病死した。

死の間際のたかさんに「父さんや妹や弟のところへ行くんだもの、いいでしょう」と話すと、「それでも日本に帰りたい」と言う。「それなら魂となって私と帰りましょうね」と慰めた――。そんな手記が残る。46年10月の帰国後は村の仕事をし、仏壇の両親らの位牌《いはい》に手を合わせ続けた。

「啓造、何しに来たの?」。亡くなる前、意識が混乱したのか、満州で亡くした弟の名で栄喜さんに呼びかけたことがあった。中学生の頃、撃たれた右足首の傷痕を見せてもらったが、開拓団の話を自ら聞くこともなかった。「子や孫たちも全然知らないよ」

今、開拓団員らの足跡をたどるのは難しくなっている。

長野市川中島町今井の宮本博夫さん（64）は、祖父の弟の義徳さん一家を満州で亡くした。義徳さんは更級郡信級村《のぶしな》（現長野市信州新町）出身。家族の反対を押し切り、更級郷開拓団の先遣隊として入植。団の会計主任だった。佐渡開拓団跡で妻の鼎さん、8歳だった長女サキ子さん、三男唯一ちゃんと死亡。3歳の次男佳人ちゃんは、後に収容所で病死した。長男忠徳さんは、その前に病死していた。

戦後、1人の女性が生家を訪ねてきた――と家族から聞いていた。引き揚げから間もない塚田さんだった。「義徳さんたちはソ連兵に向かって銃を持って飛び出していきました」「佳人君は勃利の収容所まで一緒でした」。数少ない生存者として一家の最期を伝えてくれた。宮本さんは94年、84歳の塚田さんを訪ね、サキ子さんが教え子だったことなども聞いたが、塚田さんは2000年に亡くなった。

宮本家では長年、義徳さん一家のことは「縁起の悪い出来事」として「腫れ物に触るように封印されていた」という。小学生の頃、義徳さんの名を出して父から強くたしなめられた記憶が残る。開拓団の慰霊祭にも誘われたが、足が向かなかった。そのうちに、今後はもう開かないとの通知が届き、そのままだった。

子どもたちとソ連軍に突撃して果てた正村秀二郎団長。息子の昌男さん（86）＝長野市稲里町下氷鉋＝は終戦時8歳。当時の更級郡稲里村で母たちと暮らしていた。父はその1、2ヵ月前に一時帰郷し、自宅前に防空壕《ごう》を掘ってくれた。「しっかりやれよ」。そう言い残して去ったのが今生の別れになった。

兄の教登《のりと》さんは満州で兵役に就いた。シベリア抑留を生き延びて戦後、団長の息

●更級郷開拓団の幹部や団員

開拓団の送出本部は、後に続く人の多いことを期待して、更級中部青年学校教師で人望のあった正村秀二郎さんを団長に選んだ。拓殖科を設けて移民送出の一翼を担った県立更級農学校（現更級農業高校）の卒業生。団の若手には正村さんの教え子や親戚縁者が集まった。他の幹部は更級郡青年団長や、在郷軍人分会役員らが町村長らの強い要請を受けた。正村さんは1940（昭和15）年の入植式で「満州国建国の精神にのっとり民族協和の平和の戦士たるの本分を発揮し、理想郷をうち建て郷土の期待に応えよう」と決意を表明したという。

子として熱心に犠牲者の慰霊に努めた。昌男さんも２０００年、一緒に現地を訪ね、線香を手向けて父の心境を思った。その兄も17年に92歳で他界。父が満州にいた頃の手紙や記録は残っていない。

叫ぼう、物言えぬ魂のために　本物の強さ――先生からの「バトン」

冷え込んだ２０２３年12月22日。満州から引き揚げた塚田浅江さんの戦後の教え子の１人、出川益江さん（71）＝千曲市戸倉＝は、自宅前の畑で仲間と大根の収穫に精を出した。

２００１年に更埴市（現千曲市）職員を退職し、自宅を改装して喫茶店兼工房「楽々房」をオープン。地域住民が集える拠点にしようと、お年寄りや子ども、障害者、病気の患者と誰でも受け入れた。活動は新型コロナウイルスの流行で途絶え、代わりの拠点にしようと畑を整備した。

20年以上続け、自身も仲間も年齢を重ねた。踏ん張れているのは「塚田先生が心の中にいるから」という。

「あんた、ここにいただか！」。１９９８年ごろ、更埴市福祉課にいた出川さんは、窓口に現れた高齢女性から声をかけられた。90歳近くになっていた塚田さんだった。

「子どもの時には言えなかったことがある」。市内の自宅に再三誘われ、通うようになった。ある時、切り出された。「身をもって経験したことを無駄にしないため、あなたに話す」。それは「死に損ないの使命」だと言った。

ソ連兵に強姦《ごうかん》されて自ら死を選んだ女性たちの存在。知事に遺骨収集を直談判したこと。残留孤児となっ

地域住民の交流の場にしようと整備した千曲市戸倉の畑で、仲間と大根を収穫する出川益江さん（右）＝2023年12月22日

た教え子を捜し回ったこと…。メモを取りながら、小学生の時はきゃしゃに感じていた体からあふれる力強さに気おされた。

「何も変わってないさ。満州の冬を耐え忍び、春に一気に咲く花のようなエネルギーの出し方があるんだよ」。事もなげに言われた。「本物の強さとは、弱い者をちゃんと守れるか」。その義眼ではない左目。子どもたちを見つめる慈愛のまなざしを思い出した。「見えないバトン」を渡されたと感じた。

塚田さんが２０００年に亡くなった後、周囲にほそぼそと語り継いできた。熱心に耳を傾けてくれた人がいた。一方で「満州の話は気がめいる。もっと楽しい話はないの？」とも言われ、落ち込んだ。

逃避行の様子をもっと知ろうと、子どもを失った女性を訪ねた。「そんなの、聞いてどうするの」。女性はそう拒み、突き放した。「既に死んだ子の手を引っ張って歩いていた。かかとなんか骨が出ていて。もう狂っていたんです、私は」。言葉に詰まった。

死んでしまった人、生きて帰っても声を上げられない人。その人たちの分も叫ぶ——。そんな塚田さんの覚悟は、生半可には引き継げない。だが緊迫する世界情勢のニュースに触れるたび、心がざわつく。「私から何を学んだんだい?」。塚田さんにじっと見据えられている気がする。


千曲市の戸倉上山田温泉にある公園で23年7月、新たな形で更級郷開拓団などの慰霊祭が行われた。中心となったのは、近くの善光寺大本願別院の事務局長、西沢正雄さん(71)。境内に立つ慰霊碑を管理している。地元の上山田小学校で1~3年時の担任が塚田さんだった。

教え子の多くを満州から連れて帰れなかった悔恨をたびたび聞いた記憶が残る。還暦を迎えて仏教を学び、僧侶になった。慰霊碑の意味を子どもたちが知らずにいるのを残念に思っていた。

以前の慰霊祭のように碑前ではないが、地元小学生や保護者ら200人余が参列した。「かつての自分と同じ年頃の子どもたちと、先生の思いを共有したい」。今年はどんな形で開くか構想し始めた。

●更級郷開拓団の関係資料

県開拓自興会の『長野県満州開拓史　各団編』(1984年)に詳しい。塚田浅江さんについては、自著『ロマンを求めて』(86年)、島利栄子さんの『ときを刻む信濃の女　波瀾の人生19人』(95年)、手記を寄せた『満蒙開拓の手記　長野県人の記録』(79年)、コープながのが取材した『ピースメッセージ』(96年)がある。教え子の栗原英子さんは『戦禍の語部《かたりべ》　残された者の手記』(78年)に、団員だった北沢ゆきさんは『満蒙開拓の手記』にそれぞれ手記を寄せた。本紙もこれらを参考にした。また県立歴史館(千曲市)は40(昭和15)年の開拓地の風景や団の生活が描かれた絵画を保管している。

語り手はもう自分しかいない

高社郷の500人集団自決

1965（昭和40）年の本紙連載《この平和への願い》に、《終生癒えぬ心の傷》として匿名の父親の告白がある。顔見知りの何人かが既に事切れていた馬小屋。澄んだ目でこちらを見つめる5歳の男の子と3歳の女の子を干し草の上に座らせた。〈お兄ちゃんに抱っこしてなさい。いますぐいいところへ行けるから〉。

滝沢博義さんが自著に載せた開拓団時代の写真。（右から）滝沢さん、泰明ちゃんを抱くきみのさん、登美子さんが写る。左右の看板は隆四郎さんが書いた＝1943年（滝沢博義さん提供）

そう言って、後ろから小さな背中に照準を合わせる。直後、三八式歩兵銃の引き金を祈るように2回引いた――。

「ああ、きっとおやじの記憶だ」。高社郷《こうしゃごう》開拓団の一員だった長野市川中島町四ッ屋の滝沢博義さん(89)＝下高井郡木島平村出身＝は、宙を見つめた。

同開拓団は45年8月25日、満州での集団自決で500人以上が犠牲になった。その前日、滝沢さんは5歳の弟泰明ちゃんと3歳の妹喜代子ちゃんを亡くした。父隆四郎さんが手を下した、とだけ聞いていた。「戦後、おやじとは満州についてちゃんと話さずじまいだった。話せるはずがない」。父の胸中を思い、顔を覆った。

43年3月、8歳の時に家族で満州へ渡った。今も残る高社郷の元開拓団員は3人。このうち、経験を語る活動をしているのは滝沢さんだけだ。

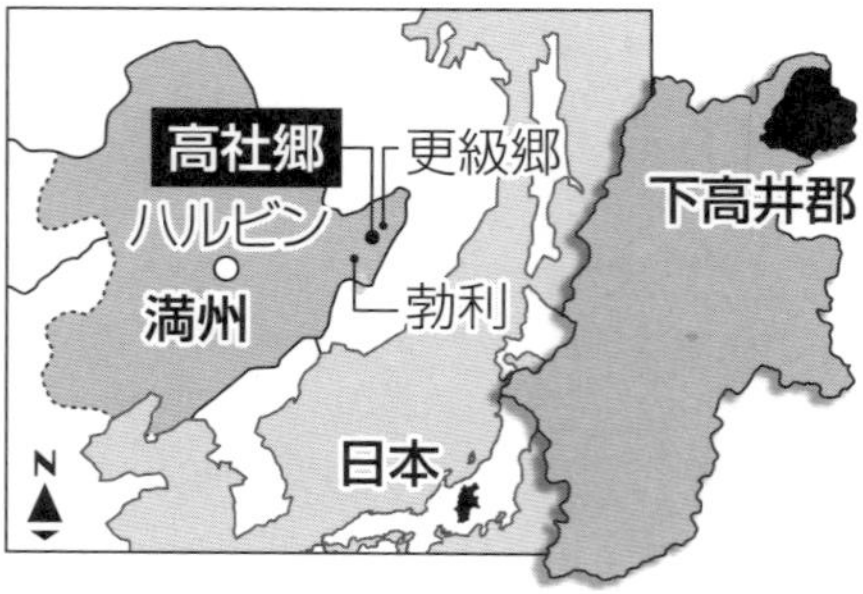

《この平和への願い》は、隆四郎さんの実名の証言も交えて集団自決の様子を伝える。火葬場と定めた馬小屋には、よく燃えるように干し草を厚く敷き詰めた。出征者の家族は開拓団幹部が〈処置〉する、幹部は全てを見届けた後に自決する――といった段取りも決めた。〈それでは一足お先に……〉。東の空が白み始めるころ、次々と馬小屋へ。2発、3発と銃声が響いた。

隆四郎さんは長男隆太郎さんだけを連れて脱出するつもりだった。滝沢さんも一時は死を覚悟したが、母きみのさん、妹登美子さんと共に2人を追いかけた。収容所生活を経て46年10月に帰郷。中野町中野中学校（現中野市南宮中）を卒業後、集団就職で横浜市の商

●高社郷開拓団

1940（昭和15）年2月以降、高社山《こうしゃさん》の麓に広がる現在の中野市や下高井郡から東安省宝清県万金山に入植した。終戦時には168戸708人が在籍した。ソ連の対日参戦を受けて45年8月9日に撤退命令が出された。敗戦を知らないまま逃げ、増水した倭肯河《わいこうが》で大勢の子どもや高齢者が流された。鹿島台開拓団跡では現地民の銃撃を受けた。勃利の佐渡開拓団跡にたどり着いた後、25日に集団自決。「長野県満州開拓史　各団編」によると、入植地から撤退した632人のうち556人が死亡、56人が帰国した。

店に勤めた。さらに旧運輸省の遠洋航海の船員、運輸局職員などとして働いた。

地元を離れていたこともあり、満州での体験は、自らは語ってこなかった。求められることもなかった。

戦後70年を迎えた2015年ごろから、中野市などで高社郷に注目が集まるようになった。滝沢さんは、元団員らでつくる「高社郷同志会」の事務局長を父や兄から引き継いでいたため、中野西高校（中野市）での講演などを任されるようになった。

加えて16年2月、同志会の仲間だった高山すみ子さん（木島平村）が92歳で亡くなった。高山さんは自決の際、幼子2人が撃たれて自分の順番が来た時、ソ連軍の襲撃があって生き残った。1987年に体験記を出版し、各地で講演していた。「すみちゃんの分も、私が語らないといけないんだな」。思いを強める。

2023年8月15日、自伝『満州開拓団「自決の地」からの生還』を自費出版した。手元にただ1枚残る開拓団時代の写真を載せた。43年秋の運動会。よく晴れた日だった。あれから80年。隆四郎さんは85年に85歳で、きみのさんは95年に90歳で亡くなった。同志会は13年から解散状態が続く。

滝沢さんは24年4月、90歳になる。あの日に見た光景、耳にした音、におい、手触り、温度。体に刻み込んだ記憶をどれだけの人に伝えていけるか。「私に残された時間は少ない」。口を一文字に結ぶ。

「とうちゃとあんちゃ追いかけろ」　生の証言を直接残さねば

高社郷開拓団の一員だった滝沢博義さん＝長野市川中島町四ッ屋＝は、日差しの強まりを感じると思いを新たにする。1945（昭和20）年の満州での逃避行の末、団員が集団自決した8月25日。帰国できた生存者たちは51年、中野市東山公園に殉難慰霊塔を建て、慰霊祭を行ってきた。

その慰霊塔が倒れかけている——。滝沢さんが80歳の誕生日を迎えた2014年4月13日、市から連絡が入った。同級生を集団自決で亡くし、慰霊塔に日参していた地元の海野定男さん（20年に92歳で死去）が見つけた。滝沢さんは、犠牲者たちに背中を押されたような気がした。元団員らでつくる「高社郷同志会」は高齢化で前年から活動しておらず、慰霊祭開催もままならなくなっていた。

元飯山市議で建設業に関わっていた市川久芳さん（20年に72歳で死去）が聞きつけ、私費を投じて補修。さらに、慰霊祭を続けていくために議員仲間や地元住民らと実行委員会を設立した。中野西高校（中野市）などに声をかけ、14年に5人だった参列者は、15年には生徒を含む数十人規模に拡大。これを機に、生存者の滝沢さんの存在が地域で知られ、高社郷の歴史に再び関心が高まった。

千曲市屋代公民館で講演する滝沢博義さん。「戦争の真実に向き合わなければ、また戦争してしまうんだ」と訴えた＝2023年11月19日

23年11月19日、千曲市屋代公民館。滝沢さんは地元の九条の会に招かれ、逃避行の顛末《てんまつ》を語った。雨で膝まで沈む泥の悪路。撤退する日本軍が橋を壊した川に阻まれ、泳ぎを知

らない大勢の人が濁流にのみ込まれた、亡くなった子どもには誰かが忍ばせていた口紅で死に化粧を施した……。滝沢さんは当時11歳。見たこと、後に聞いたことを、時を惜しむように話した。

周囲の大人や子どもたちの間には、現地民を見下し、ソ連を侮蔑する気持ちがあった。「不快に感じる人もいると思うが……」。そう断った上で、あざけりを込めて使った呼び方も織り交ぜる。「満人をばかにする歌を歌った」「露助《ろすけ》に攻めてこられた」。当時の空気を伝えるためだ。「戦争ってね、人の心をねじ曲げる」。互いに悪意を増幅させていく怖さを説く。

中野市民有志らの「十三崖《じゅうさんがけ》地下壕保存と中野の戦争を語り継ぐ会」は23年夏、初めて滝沢さんの講演会を開いた。代表の涌井純生さん(76)は、滝沢さんの母きみのさんが叫んだという「とうちゃとあんちゃの後を追いかけろ」との言葉が耳に残る。父隆四郎さんが長男隆太郎さんだけを連れて自決の地を脱出しようとしていた時、滝沢さんと妹登美子さんはその声に押されて走り、生き延びた。

「生きて虜囚の辱めを受けず」と教え込まれた時代。「流されずに個人として生きることを選択した瞬間」に触れ、涌井さんはわが身を省みる。滝沢さんは23年、須坂市職員労働組合にも招かれた。

慰霊祭の実行委員長を務める衆院議員篠原孝さん(75)＝中野市田麦＝は、祖母の兄の故桜井万治郎さんが高社郷開拓団の初代団長。慰霊祭に長年参加してきた。

●高社郷開拓団の慰霊

佐渡開拓団跡での集団自決から生き延びた56人と、現地で出征し復員した64人は「高社郷同志会」を組織。旧下高井郡の市町村全戸から資金を募り、中野市東山公園の一角に「満州開拓者殉難慰霊塔」を建てた。碑文には「殉難者決して徒死を以て目すべきでない」などと刻み、自決した開拓団員らの努力をたたえ、無駄に死んだのではない──と強調している。同志会の一部は、県内の元開拓団員らでつくった県開拓自興会（2010年解散）の1995年や2000年などの訪中に同行し、高社郷開拓団跡や佐渡開拓団跡を訪ねて慰霊した。

病気のため団長を辞して帰国した桜井さんは生前、残してきた団員たちの自決を悔いていた。篠原さんは「繰り返してはならない歴史だ。もっと広く知らせないといけない」と話す。

慰霊祭の最後は満州の方向を向いて、中野市出身の国文学者高野辰之が作詞した唱歌『故郷《ふるさと》』を合唱する。「なぜあの場所にあの慰霊塔があるのか、覚えておいてほしい」。滝沢さんは、今も広野に眠る同胞たちを思う。

なぜ分村に熱くなったのかの疑問

戦後も語れない虐殺の「生傷」

「私は書けなかったんです」。木曽郡南木曽町博物館の名誉館長遠山高志さん（76）＝南木曽町読書《よみかき》＝は、学芸員として町誌の一節《満州移民》を編さんした40年余り前を振り返る。

戦時下に当時の読書村（現南木曽町）が満州へ送った開拓団は終戦時、暴徒化した現地民に襲われ、女性や子どもを中心に約１００人が虐殺された。町誌編さんを進めた１９７０年代、多くの元開拓団員やその血縁者は心の傷を抱えながら日々を暮らし、中国に残らざるを得なかった元開拓団の女性の一時帰国も相次いでいた。満蒙開拓は「過去の歴史」にはなっていなかった。

地縁や血縁の強いコミュニティー。地元の遠山さんには見知った間柄の元団員も多く、互いに本音に踏み込みにくい部分もある。歯がゆさを感じながら、蘇南高校（南木曽町）に当時赴任していた歴史の教員に執筆を依頼。しがらみのない立場で真相に迫ってほしい——。そう願った。

「人殺し！」。45（昭和20）年8月15日夕。ソ連の侵攻から避難しようと準備していた時、読書分村に点在する6集落の一つ「洋犁片屯《ヤーリッペンとん》」の一角で叫び声が上がった。暴徒の中には同じ集落に住む現地民もいた。なたやおのを手に団員を襲った。あちこちに血しぶきが飛び、助けを求める声が響いた。

虐殺のあった洋犁片の集落跡。元開拓団員らが慰霊訪中で訪れた際、かつて住んでいた家が残っていた＝1994年（南木曽町博物館提供）

３００メートル離れた農場で働いていた当時14歳の大浦フクミさん（92）＝吾妻《あづま》村（現南木曽町）出身、津市＝は、集落で日本刀が陽光に反射してチカッ、チカッと光るのを見た。異変を感じていると、先輩が脇腹から血を流して逃げ帰ってきた。農耕用フォークで刺されていた。

同じころ、洋犁片の東側にある集落「中和屯《ちゅうわとん》」でも、暴徒が各家に乱入。女性や子どもが縄で縛られて一晩監禁された後、墓地に馬車で運ばれた。竹やりで喉を突かれ、角棒で殴られて殺された。

分村の中でなぜこの2集落だけ襲われたのか。生存者らは帰郷後、現地民への不当な仕打ちがあった――と地域で語った。「報復を受けた」とする視線が元開拓団員に向けられていった。本紙の65年の連載《この平和への願い》は、元団員らが取材に〈かたく口を閉じてしまう〉と記した。

一方、82年刊行の南木曽町誌は、現地民に積もった「不

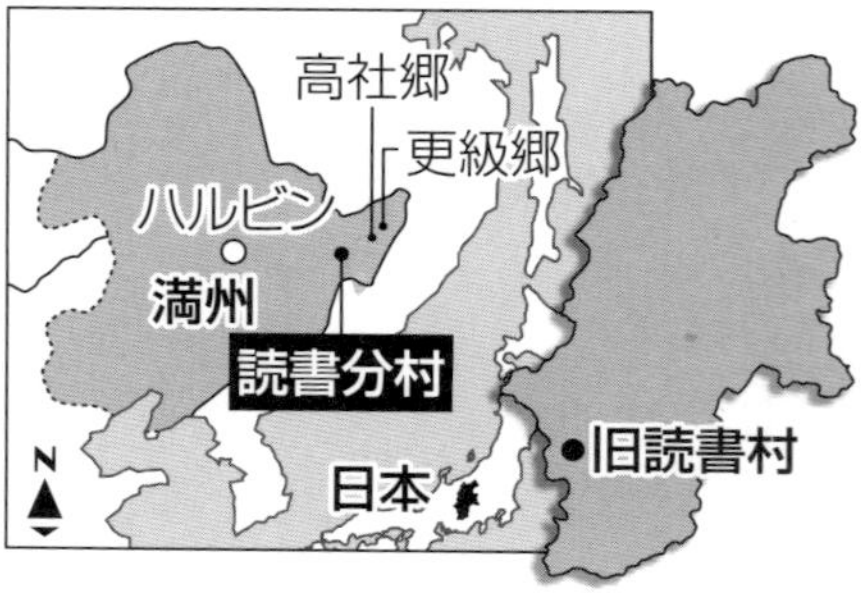

満」を記しつつ、あまり触れられてこなかった入植地域の治安面にも目を向けた。一帯では、先に入植していた在郷軍人らの武装移民による略奪や強姦《ごうかん》があり、現地民が蜂起する抗日事件が起きていたとし、〈条件が決して良いものではなかった〉と言及。遠山さんは、従来より虐殺の理由に「踏み込めた」と思う。

ただ、傷跡は心の奥底に沈んで消え去ろうとしない。洋犁片にいた当時9歳の坂本静枝さん(88)＝読書村出身、岐阜県中津川市。襲撃時はとっさに床下に隠れて助かったが、獣医師の父を亡くした。戦後50年のころ、手記を依頼されたが「惨めすぎる」と書けなかった。静枝さんのおいの松原幹夫さん(71)＝読書＝は、生き残った祖母（静枝さんの母）も「ほとんど語らないまま墓場に持って行ってしまった」と話す。

満州移民は当初、農村恐慌から農家を救う目的だったが、日中戦争下で景気が回復し、喫緊の事業とは言えなくなっていた。だが読書村は、近隣の村が計画から手を引いていく中でも断行。団員確保に県外からも縁者をかき集めた。それほど熱くなったのはなぜだったのか――。遠山さんは、送り出した人たちの胸の内を知りたいと思ってきた。

●読書村開拓団

西筑摩郡読書村が希望者を募り、「満州国」の三江省樺川県《かせんけん》公心集（現中国黒竜江省北東部）に入植。1939（昭和14）年2月から3年間で計220戸、850余人が渡った。募集に応じたのは土地を持たない農業者や、炭焼きなどの山仕事に従事する人が多かった。団員の半数は近隣の同郡吾妻村や岐阜県など村外の人だった。終戦後の虐殺や逃避行などにより、当時入植していた団員の56％に当たる460人が死亡。引き揚げた元団員らは50年、証言集『北満の哀歌』を発行した。

5 村分を単独でかき集める

熱くなる分村の「立役者」

先遣隊として出発する日の朝、地元の神社で古根武三さん（手前右端の和服姿）らから見送りを受ける房吉さん（前列中央）たち＝1938年7月15日（南木曽町誌から）

満州への移民が各地で本格化していた1938（昭和13）年4月、読書村の古根武三《ぶぞう》さんは、弟の房吉さんから「満州に渡りたい」との決意を聞かされた。代々続く農家だが、生活は苦しかった。

〈満州へ送らなければお互に食って行かれない状態にある事を思へば悲しくなって来る。然《しか》し国の為　村の為だ　又自分達の将来の為だ〉。日記では、頼りにしていた房吉さんを送り出すのは片腕をもがれる心情――と吐露しつつ、自分に言い聞かせる。「国策だし、頑張らんといかんという心境だったと思う」。武三さんの孫の一《はじめ》さん（74）＝読書＝は推し量る。

房吉さんはその後、村開拓団の受け入れ準備に当たる先遣隊の隊長となる。当時25歳。82年刊行の南木曽町誌が、分村の立役者として掘り起こした。村産業組合で書記を務め、青年団長にも選ばれたが、共産主義思想を持ち、警戒する警察から監視を受けていた。「やり手すぎる」「村の中枢には入れない」といった評もあった中、房吉さんは人生の新天地を満州に求めた。

38年7月、房吉さんは大工などの技術を持つ青年を率いて20人で満州へ出発した。移民を「チャンス」と捉える向きもあり、房吉さんから話を聞いて満州行きを即決した若者もいた。「房吉さんがいなければ分村は実現しなかっただろう」。町博物館名誉館長の遠山高志さんはそう見る。

出発2ヵ月前の5月、読書を含む木曽南部5村が合同で開拓団を送り出す協議が決裂した。「来年にも送り出すべきだ」とする読書村と「2年後にするべきだ」とする残り4村が互いに譲らず、4村は計画から引き揚げた。その日の夜、村は有力者を緊急招集。「断固として単村分村を断行する」とげきを飛ばし、5村で予定した200戸を村単独で送り出すと決めた。村の全戸数の3分の1にも及び、実情には合っていなかった。

村議だった武三さんは、開拓団員を募るため連日のように各集落を奔走した。当時は軍需景気で経済が回復傾向にあり、妻子を連れた移民のハードルも高かった。村幹部も自分の家族を開拓団に参加させ、それを説得材料に周辺の村や岐阜、三重県などから縁者をかき集めた。村は3年間で目標戸数を送出。半数は村外出身者だった。

●読書村開拓団の分村計画書

村が1939（昭和14）年に作った「分村計画書」によると、他の村と同様に、人口増加やそれに伴う農地不足を分村の最大の理由に挙げている。村人口は37年までの43年で約2倍に増えたのに対し、米や麦の収穫量の増加は5%にとどまり、食糧不足も発生している──などとしている。一方で、村の主産業の養蚕を巡っては、昭和恐慌で落ち込んだ繭の値段が回復傾向にあった。また、日中戦争や太平洋戦争準備によって軍事産業で労働力が必要となっており、満州移民の必要性は薄れていた。

町誌は、村が「過剰人口調節」などを分村推進の理由に挙げていたと記すが、なぜ無理を押したかは分からないままだった。一方、房吉さんを取り上げたことで、移民推進の中核だったとの見方が地域で広まったが、遠山さんは「房吉さん一人の力ではない」とも思う。房吉さんが別の村にいたら、同じようにその村で分村は実現しただろうか。読書村にしかない理由は――。

敗戦で房吉さんの人生は暗転する。現地で召集されていたが46年に帰郷。「移民を進めた責任を取れ」。冷たい視線にさらされた。7年後、満州で生き延びていた妻が帰国。逃避行中に1歳の三男を川に流し、5歳の長男は病死したと聞いた。56年3月、房吉さんは胸を患って岐阜県の病院で療養中に、下呂市の国鉄高山本線で自死した。

一さんは小学生の頃、武三さんに連れられ、町内に元団員が建てた慰霊碑の除幕式を見に行った。碑には房吉さんらの名前があるが、武三さんは移民を送り出した側でもある。きっと何かを伝えたかったに違いない――。

「おじいがすまんことをした」。一さんは、長年抱えてきた葛藤を打ち明けた。武三さんは満州についてほとんど語らなかったが、思いを改めて知りたい。武三さんの日記を読み解いていくつもりだ。

記憶の風化を防ぐ礎に　村長が残した資料の山に向き合う

木曽郡南木曽町博物館に２０１９年、軽トラック一杯分の資料が届いた。その中にあった一通の手紙。

〈叔父さん達より先に、自分を処理せねばならぬ事が有《ある》かも知れません〉。戦時中に読書村の村長を務めた早川楽造さんの長女で、村が満州に送り出した開拓団の一員だった摺木《するき》房江さんが1945（昭和20）年7月、村内の親戚に宛てた。

ピストルのような絵も描かれている。〈充分覚悟は致して居りますが（中略）こんなものなど有れば大変心強いと思います〉。開拓団は戦況の悪化や国際情勢を知らされていなかったが、その頃、男性団員が大量に召集されていた。摺木さんは何らかの不穏な空気を感じとっていたのか。

同8月15日。35歳だった摺木さんは、暴徒化した現地民に団員が虐殺された集落の一つ「洋犁片屯」で4歳と6歳の娘と共に命を落とした。楽造さんは村議や村長として開拓団員を勧誘。自分の家だけ団員を出さないわけにはいかないと、摺木さんを参加させていた。

資料には、村の予算書や会議の通知、楽造さんが交換したらしい名刺などが含まれていた。楽造さんの孫で町議会副議長の早川親利《ちかとし》さん（73）＝南木曽町読書＝が自宅の建て替えを機に寄贈した。楽造さんは移民を送り出した側。親利さんは「（資料を）全部公開して、必要なものを後世に残して

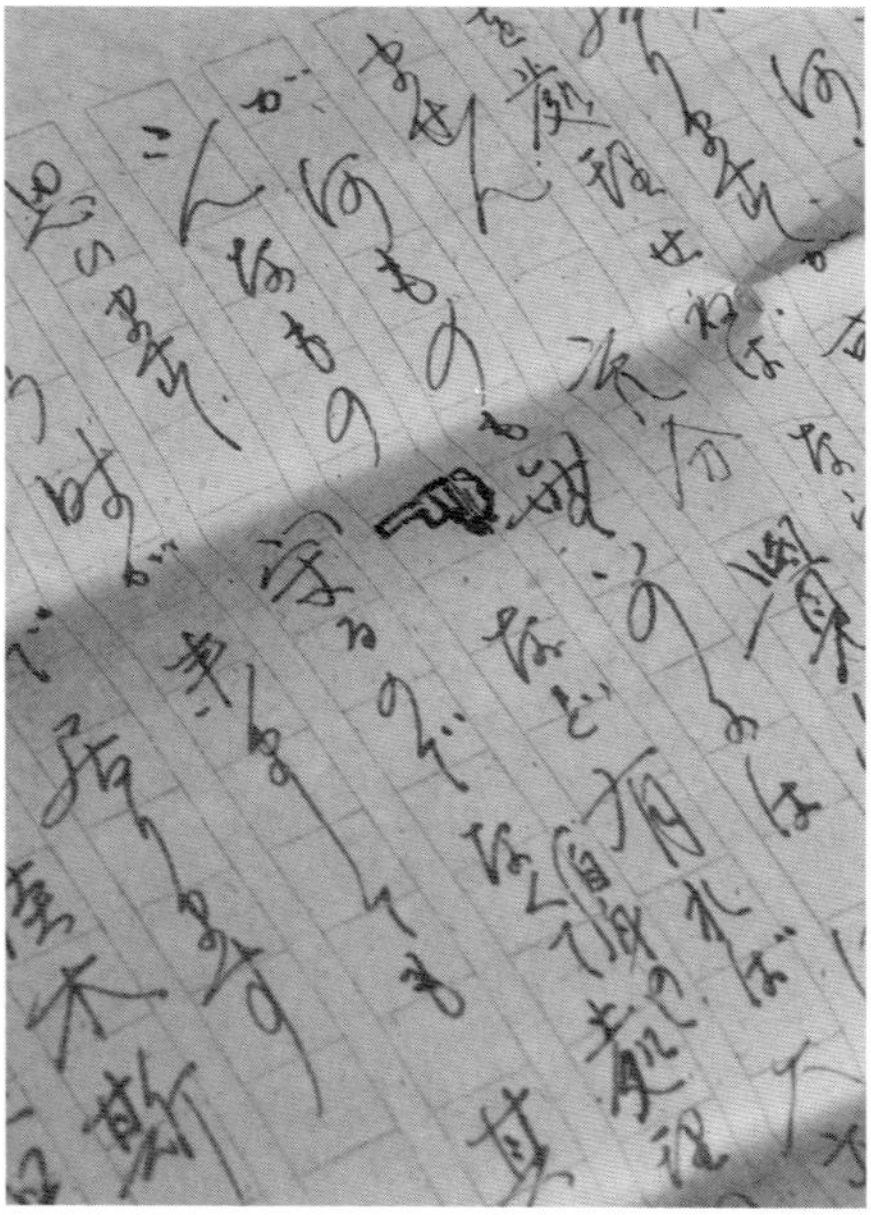

ピストルのような絵が描かれた摺木房江さんの手紙＝2023年12月（南木曽町博物館蔵）

南木曽町博物館の書庫で満蒙開拓団の資料を確認する遠山高志さん（左）と磯村和美さん＝2024年12月21日

いってほしい」との思いを込めた。

町博物館名誉館長の遠山高志さんは、村が満州移民に熱くなった理由の手がかりがないか、期待を高めた。

調査には遠山さんと、博物館学芸員の磯村和美さん(47)が当たった。養蚕が主力だった読書村が昭和恐慌で抱えた負債は約40万円で、現在の価値に換算すると2億5千万円余。これに対し、「経済更生特別助成村」として満州移民の実行などに国から受ける助成金は年約4万円。磯村さんの疑問の一つは、その程度の助成金が無理をしてでも分村を推し進める理由になり得たのか、ということだった。

遠山さんは楽造さんの日記を読み込んだ。楽造さんが村役場内の権力争いで村長を辞し、満州で開拓団の農場長に就いたことが分かった。楽造さんも大きな渦の中で「流されていた」ように感じた。一方、開拓団員を懸命に集めた際の心の内が分かるような記述は見つからなかった。

町は２０２４年3月、早川家の資料で分かったことを町誌に付け足す「補遺《ほい》」を発行した。知事が木曽の産業視察の際だけでなく、被害がそれほど大きくない水害時にも村へ立ち寄っていたと示す記録が新たに見つかり、県には読書村の移民を後押しする意図があったのではないか——と従来より踏み込んだ考察も載せた。

だが、遠山さんの疑問への答えは、結局出なかった。

南木曽町でも近年、満州移民の証言集を自費出版した体験者が相次いで亡くなった。読書村開拓団について知りたい人が来れば何か分かる——。記憶の風化が進む中、町博物館がそんな場であり続けたいと、遠山さんは思う。

町誌の補遺を書いた磯村さんも読書に生まれ育ち、親戚が読書分村の学校長だった。資料をめくると知った人の名前が目に付き、顔が浮かんだ。満州移民が、遠くの誰かではなく身近な人に起きた出来事だったのだと実感が湧いた。埋もれそうな歴史が「この先の人たちにとっても必要なものになるように」。補遺の結びに願いを込め、光を当てる務めを自身に課した。

●経済更生特別助成村

昭和恐慌で疲弊した農村を農業経営の組織化などで立て直す農林省の政策「経済更生」は、満州移民が国策化された1936（昭和11）年以降、満蒙開拓と表裏一体の政策に変化する。「経済更生特別助成村」に指定された町村は、助成金を活用して満州移民を実行し、過剰人口や土地不足の解決に当たった。これらを進めるために強化された政府、県、郡、町村といった命令系統や、新たに整備された町村内のさまざまな組織網は、戦争遂行を下支えした。読書村は38年に助成村の指定を受け、翌年に開拓団を送り出した。信用、販売、購買事業などを行って経済更生の中軸を担った「産業組合」から団幹部を輩出した。

第2部

ある少年の回想

第２部は黒台《こくだい》信濃村開拓団を舞台に、元同団員の画家三石忠勇《ただお》さん（91）＝佐久市＝の作品と共に、終戦時11歳だった三井寛さん（89）＝中野市＝の目を通して開拓移民の実相に迫る。満蒙開拓の歴史に詳しい立命館大の細谷亨准教授（44）と、開拓団に特化した全国唯一の資料館、満蒙開拓平和記念館（下伊那郡阿智村）の三沢亜紀事務局長（57）が背景や課題を解説する。

国民学校の校庭の畑で笑顔を見せる三井寛（中列左）たち。育てたヒマは軍に供給した

第２部は敬称略。当時の写真は三井寛さん提供、絵画作品（実際の作品はカラー）は全て三石忠勇さんの画集『難民逃避行　受難の記録』より

解説者プロフィル

細谷亨（ほそや・とおる）

立命館大経済学部准教授。専門は日本経済史、日本近現代史。1979年山形県生まれ。横浜国大大学院博士課程後期修了。慶応大訪問研究員などを経て2015年から現職。著書に『日本帝国の膨張・崩壊と満蒙開拓団』など。

三沢亜紀（みさわ・あき）

満蒙開拓平和記念館（下伊那郡阿智村）事務局長。1967年広島県生まれ。大東文化大卒。94年に飯田市に移住。2009年まで飯田ケーブルテレビで番組制作に携わった。同記念館の開館準備を経て13年から現職。

「先駆けの村」誇らしく

全国初、県単独編成の「村」に父と参加

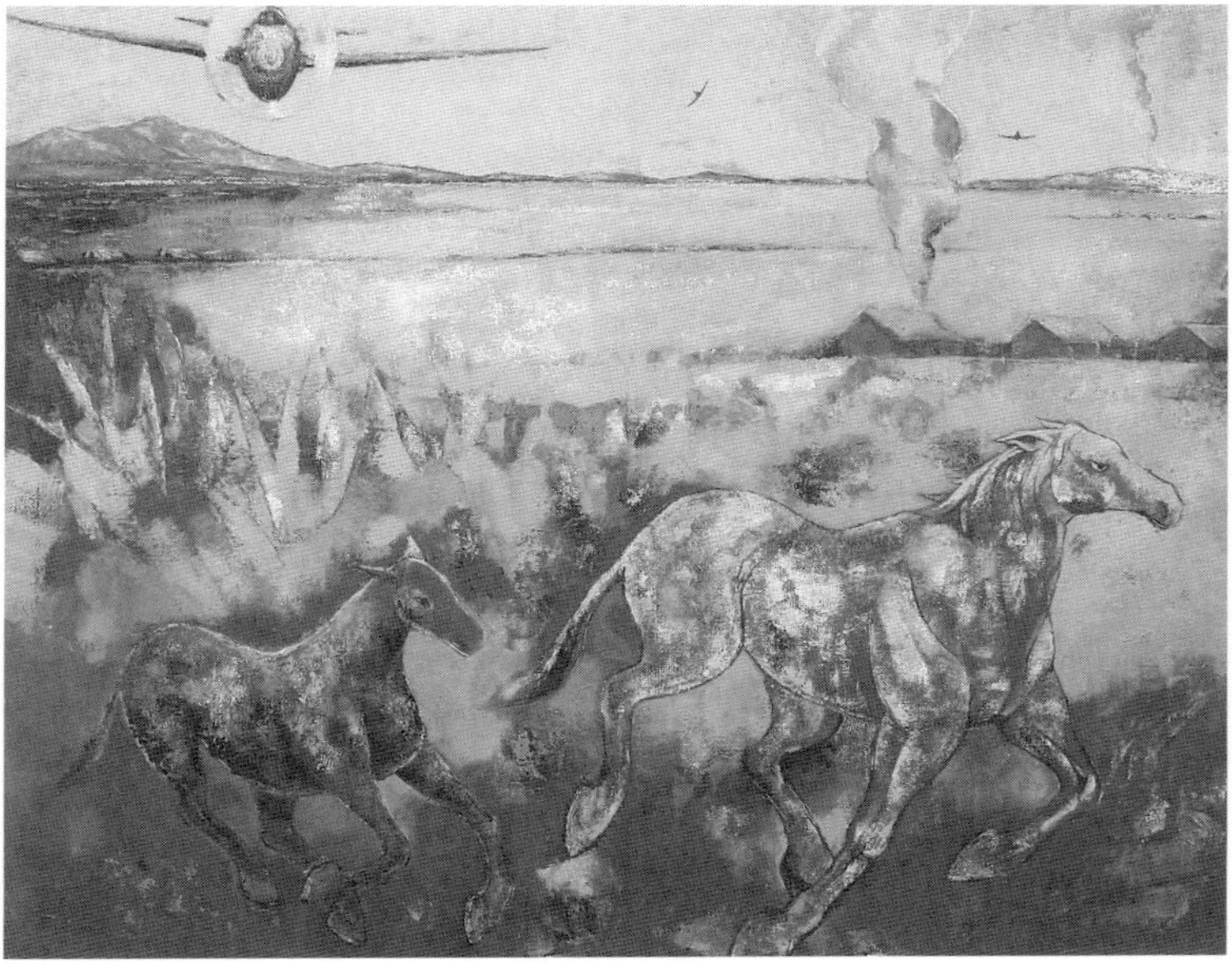

ソ連参戦の日

ソ連が日ソ中立条約を破棄し、満州に侵攻を始めた1945（昭和20）年8月9日。朝を迎えると、国境に近い黒台信濃村開拓団もあちこちで飛行機の機銃掃射に見舞われた。小型爆弾も落とされ、平和な村は一日で激しい戦場になっていった（1984年制作）

そのまん丸の実は夏の訪れとともに黄に色づき、霜が降りるまで次々となり続ける。満州と呼ばれていた中国東北部の黒竜江省で35年前、中野市中野の三井寛が、かつて住んでいた建物のあった更地で見つけ、持ち帰った食用ホオズキだ。庭の畑の隅で毎年、絶えることなく生い育つ。口に含むと広がる甘味と酸味。そんな時、80年ほど前の記憶が脳裏を巡る。

両親や現地の人たちと一つ屋根の下で暮らした。平穏な日々はソ連軍の侵攻で打ち砕かれた。身近な人たちの死。「女狩り」に来るソ連兵との攻防。収容所ではひもじい思いをしたが、中国人養父が救ってくれた。そして、ホオズキを通じた父との思い出――。

全国初の県単独編成の開拓団として長野県が大々的に募集し、1936（昭和11）年に満州へ入植した黒台信濃村。翌37年、2歳の時に連れられて渡り、終戦まで少年時代を過ごした。

広大な畑に大豆や麦が実る。その先には親や先生たちから教わった通り、「満州国」の目指す理想の姿「王道楽土」が待っているような気がしていた。ただ振り返ると、開拓移民は日本の侵略政策の最前線に立ってもいた。

43（昭和18）年、黒台信濃村開拓団が入植した満州の東安省《とうあん》密山県（現中国黒竜江省）。国民学校3年だった寛は学校帰りに、たびたびいたずら心が湧いた。地元のおじさんが育てるホオズキ畑に忍び込み、実を五つ、六つと盗み食う。甘い。うまく隠れたつもりでも、ランドセルは葉の隙間を行き来するのが見えていたと思う。子どものすることだから――と大目に見てくれていたのだろう。

ところがある日、そのおじさんが家に来た。畑に落とした雨がっぱを届けてくれたのだ。いたずらがばれた。「謝りに行ってこい」。おじさんが帰ってから、父豊吉は言葉少なに言う。こういう時のおやじは本気で怒っている。菓子折りを持って歩く足取りは重く、日も暮れてきた。「ええい、しらばっくれちゃえ」。だが振り返った先に後をつけてきた父の姿が小さく見え、観念した。

日本の兵隊たちは「支那人は三等民族」「豚と同じだ」と現地の人をさげすんだ。だが豊吉は分け隔てしなかった。

満州へ行けば20町歩（約20ヘクタール）の地主になれる――。

下高井郡倭村《やまと》（現中野市）に生まれ育った豊吉は、黒台信濃村開拓団の宣伝のため長野県中を飛び回った。元々は共産党機関紙の記者。共産主義思想の取り締まりの一環か、長野の拘置所に何ヵ月間か収容された。詳しいことは分からないが、出所したら今度は満州開拓の旗振り役に生まれ変わった。36年4月、団の先遣隊として満州に渡った。

全国に先駆けた県単独の開拓団に県民の関心や国の期待は大きく、37年2月、長野市で開いた本隊の壮行会はラジオが実況を放送。長野駅から大勢の万歳に送られて旅立った。同7月、24歳の豊吉は、23歳の妻正子と2歳の寛を倭村から呼び寄せた。「最初の本格的移民。県を挙げての一番大きな村だ」。もう少し大きくなってから、寛は大人たちが誇らしい様子で話すのを聞いた。

三井寛が国民学校入学前に満州で撮った記念写真＝1941年

開拓団には小学校や診療所などの他、牛馬の種付けをする農事試験場まであった。鉄工所で農業機械を作り、蹄鉄《ていてつ》所では

●黒台信濃村開拓団

全県から希望者を募集。八つの区を設け、終戦時は計357戸1610人が近隣の郡出身者ごとに暮らした。団名に地名の「黒台」を冠し、県単位の後続の信濃村開拓団と区別した。田畑を耕し、医療・学校教育施設の充実、育苗や植林、畜産に注力。戦争末期の1945年8月に成年男性の約7割が召集され、残された女性や子どもたちはソ連の対日参戦による逃避行を余儀なくされた。帰還者は450人で全体の3割弱。応召者を除くと、1335人中277人にとどまった。

くわや鎌もこしらえる。団本部の背丈より高いカウンターから奥をのぞくと、配給制で内地では買えないような生活必需品が並んでいる。何一つ不自由はなかった。

細谷亨さんの視点

「農民救済」から「半強制」へ

長野県はブラジル移民の伝統があり、「満州国」ができた1932（昭和7）年段階で（全県から移民を募る）信濃村計画が立ち上がっている。長野県ならではの動きだ。満州への大量移民に向けた国の地ならしは、36年に移民が国策化される前から進んでいたが、蚕糸業が昭和恐慌で影響を受け、もっと多くの移民を送り出して農村救済につなげようという地域の動きと国の意図が合致した。

長野県の翌年からは熊本、宮城、福島などが県単独の開拓団を送っている。37年に日中戦争が始まると、総力戦に対応するため、穀倉地帯の満州で食糧を増産するための要員が必要となった。統制経済による転廃業者らの移転先、空襲被災者の疎開先にもなり、農民救済の目的が失われていく。戦争の論理に転換し、半強制的な動員が顕著になっていった。兵役や軍需産業の活性化で働き口が増え、過剰人口は解消されたにもかかわらずだ。

左翼的な思想は反体制運動につながりかねず、国は警戒していた。そうした人がどんな過程で国策移民に加担していくのか、重要なテーマだ。

周辺には対ソ巨大要塞

軍民一体の村で兵士に憧れた

国境の夕日

満州の赤い夕日が果てしない広野の先に沈むころ、くわを置き、畑仕事を終えた母が帰ってくる。白米に卵焼き、野菜炒め。天井からつるしたランプの下、夕食を済ませる。冬は一晩中ストーブをたく。その明かりで大好きな科学の本を読み、眠りに就いた（1997年制作）

寛が満州に渡った翌1938（昭和13）年の春。黒台信濃村開拓団の東方、ウスリー川を挟んでソ連との国境をなす山岳地帯に、日本陸軍の関東軍は巨大な地下要塞《ようさい》を完成させた。対ソ防衛の拠点、虎頭《ことう》要塞だ。一般人は近づけない。一体どんな所なんだろう――。幼かった寛は、工事に1万人超の中国人労働者が動員されたとは知らなかった。

41年、村内は慌ただしかった。燃料を入れた百本ほどのドラム缶の山が、知らないうちに畑の中にいくつもできている。歩哨《ほしょう》も立っている。ドイツとソ連の開戦を受け、日本もソ連への侵攻をうかがっていた。父豊吉が各戸に呼びかけ、あちこちに生えるドロヤナギを掘り出した。要塞のカムフラージュに使われた。

丘に立つと、国境の向こうにソ連の長い列車が見える。現地民の襲撃にも備え、何門かの砲を積んだ列車が家の前の線路を行き来していた。開拓団のある連珠山駅から東に1駅、西東安には満州第2639部隊が駐留する。待ちに待った遠足。隊のお祭りでは旗が10本もはためいていた。兵隊が敬礼をしてさっそうと歩く姿に憧れた。

さらに東隣の東安には飛行場もあった。村はみそやしょうゆを造って軍に供給。野菜や軍馬の飼料も毎日納めた。学校の畑では、ひまし油の原料にもなるヒマ（トウゴマ）を育てた。軍に出すと、飛行機のエンジンオイルに使われた。逆に部隊の約2千人が村に来て、豆畑で何千羽ものキジを追い立て、捕まえて帰ったこともあった。村と軍は持ちつ持たれつの関係だった。

軍は開拓団の諏訪神社を軍社としていた。神職でもあった豊吉は、よく司令部に赴いた。団本部の倉庫には野砲に軽機関銃、それに小銃が50～60丁並んでいた。豊吉はドイツ製の銃を支給され、外出時には携帯用のピストルもワイシャツの下に忍ばせていた。

41年12月、日本は米ハワイ・真珠湾を奇襲攻撃し、米英などとの太平洋戦争にも突入した。戦線が拡大し、日本が苦境に立たされた44年。兵役が免除される

●虎頭要塞

1932（昭和7）年の「満州国」樹立後、日本の関東軍がソ連国境の虎頭《ことう》に築いた大規模な地下要塞。34年、対ソ戦を見据えて国境を流れるウスリー川左岸の山岳地帯で構築に着手し、38年に完成した。工事には1万人を超える現地の労働者を動員し、多数の犠牲を生んだとされる。指揮所や弾薬庫、発電所、病室などがあり、多い時で1万人超の国境守備隊が常駐した。45年8月のソ連の対日参戦で激戦地となり、守備隊や避難してきた開拓団員ら計約2500人が立てこもったが、26日に陥落。大半が犠牲になった。90年代に日中合同調査が行われた。

といわれた開拓団員も召集されていった。

団の事実上の責任者となっていた豊吉は軍の依頼か、自宅の奥で赤紙（召集令状）を書いていた。「弱ったな。あいつは子どもが生まれたばかりだし……」。ぶつぶつ独り言をこぼしていた。

45年、国民学校の5年になると、銃剣術の訓練が課せられた。「やーっ」。木銃を手に、校庭に立てたわら人形の胸や腹を狙って突撃する。「下過ぎる！」。指導役の退役軍人からげきが飛んだ。

三沢亜紀さんの視点

ソ連から見れば軍事拠点

黒台信濃村などの開拓団は、それ以前の（在郷軍人らが入植した）武装移民の延長にあると言える。虎頭に対ソ連の要塞構築を計画し、鉄路を延長する過程で、周辺に軍隊と共に配置された。満州の支配のために位置づけられたように見える。同時に中国人労働者も大量に連行され、要塞構築などに従事させられた。

開拓団はソ連から見ると、対ソ防衛の日本軍の軍事拠点に他ならなかった。その視点と、純粋に開拓団として満州に渡った人たちの思いの乖離《かいり》にがくぜんとする。開拓団は軍がいるからこそ、安全が保たれ、供出物資の買い取りによる恩恵もあったが、結果的には軍隊と一体だったことでソ連に攻撃されてしまった。

開拓団には、みそやしょうゆなどを大量に納める「軍納」が割り当てられた。軍馬の管理を任され、野菜の栽培契約を結んだ。ヒマの栽培は愛知県出身者による東三河郷開拓団員の証言にも出てくる。

開拓団は兵役を免除するというのは触れ込みに過ぎず、対ソ防衛で戦争末期には日本国民として根こそぎ動員された。満州国に国籍はなく、日本としては都合がよかった。

「きっと不満の塊だったろう」

現地民の農地を安く買い取った「開拓」

〽暁天遥《はる》か輝けば　希望は燃えて緑なす　見よ大陸の新原野　拓《ひら》く我等《われら》に光あり　お丶満洲信濃村――

黒台信濃村開拓団で少年期を過ごした寛は今でもそらで口ずさめる。『満洲信濃村建設の歌』の1番だ。

モーゼルの銃を構える三井豊吉＝1936（昭和11）年冬

全国初の県単独編成の開拓団送出に当たり、1936（昭和11）年に信濃毎日新聞が公募し、この歌詞を選んだ。作詞者は下伊那郡河野《かわの》村（現豊丘村）の八十二銀行員。ことあるごとに歌った。

だが団の農地は原野を一から開拓したわけではなかった。そこに暮らす現地民から1反歩（約10アール）1円20銭で買い取ったと聞いた。「苦力《クーリー》」と呼んだ現地の労働者の日当と同水準だった。

その上で現地民たちを追いやり、村の西方にあった滴道《てきどう》炭鉱で働かせた。過酷な労働で事故死が後を

暴徒の襲撃

炭鉱で働いていた中国軍の捕虜や労働者が日本の敗戦を知り、牙をむいた。男手は兵隊に取られており、女性や子どもだけの馬車を襲うことなどたやすかった。軍隊の捨てていった武器や大鎌を手に、コーリャン畑や物陰から襲いかかってきた（１９８５年制作）

絶たず、逃げ出せば見せしめに殺された。「不満の塊だっただろう」。寛はいま、その心境を推し量る。彼らは日本の敗戦時に反乱を起こし、逃避行中の日本人を虐殺することになる。

父豊吉は現地民と仲が良かった。一番の相手が、現地民のリーダー格の「村長さん」だ。丸刈りでまだ若い。一つ屋根の下、村長さんをはじめ現地民らと暮らした。子ども同士も一緒にこま回しやお手玉を楽しみ、張った氷の上で滑る距離を競って遊んだ。

ある時、豊吉と酒を交わしながら村長さんが言った。「日本が海を渡って中国大陸に進出しても、成功したためしがない。やがてあんたたちもここを引き揚げていくんだ」。

豊臣秀吉の朝鮮出兵を引き合いに出した。「俺たちはここに骨をうずめるつもりだ。おめえたちを侵略しているなんて気持ちはさらさらない」。豊吉は反論した。2人は腹を割って話せる間柄に見えた。

39年5月のある夕方、日本軍の戦車が現れた。寛たちは集められ、内地に送る手紙に、ある出来事に触れないよう憲兵らに命じられた。モンゴルとの国境線を巡り、日本軍とソ連軍が衝突したノモンハン事件のことだった。それ自体、初耳だった。

だが、現地民はその前から情報を得ていたらしかった。思い当たる節がある。畑や湿地帯で度々、仕掛け花火のようなのろしが上がっていた。村長さんらが外部と連絡を取り合っているようだった。スパイ活動をしていたのか——。

「キツネとタヌキの化かし合いなんだな」。寛は振り返る。村長さんはいつのころか、こつぜんと姿を消した。

村長さんの言葉は45年8月9日、ソ連の対日参戦で現実のものとなる。その夜、東の方角の軍関連施設が赤々と燃え、暗闇を照らした。

●ノモンハン事件

日中戦争中の1939（昭和14）年5～9月、満州とモンゴルの国境を巡り、日本軍の関東軍とソ連・モンゴル軍が大規模な武力衝突をした。ソ連軍の戦車などによる総攻撃で関東軍は大打撃を受けた。8月にドイツとソ連が独ソ不可侵条約を結んで国際情勢が変化したこともあり、9月に停戦した。事件を機に日本軍の対ソ強硬論は弱まり、南進論が優勢となって、太平洋戦争に向かうきっかけになったともされる。

細谷亨さんの視点

軍が同席、逆らえぬ雰囲気

満州移民のための土地買収は、初期は日本軍側がどこを買うかを決め、開拓団の関係者、地元の有力者らと売買契約をした。住民には立ち退き料を払った。後に国策会社「満州拓殖公社」が中心となって買収を進めるようになるが、軍人も立ち会い、住民が逆らえない雰囲気がつくられていた。価格も当時の満州の一般的な地価の4割未満。納得のいかない人たちは買収をやめるよう集団で陳情したが、中止された例はほぼない。

クーリー（労働者）の日当にも民族差別があり、炭鉱労働者だと日本人が一番高く、中国人が次で、朝鮮人が一番安かった。開拓団はクーリーに農作業だけでなく家屋修築や子守、風呂たき、除雪作業なども任せ、軍は「匪賊《ひぞく》」の討伐時に物資を運ばせる人足として雇った。奴隷的な扱いに不満を抱く人もいた。

蔑視はしても、満州で暮らすためにクーリーはいなくてはならない存在で、彼らに学ぶ姿勢を見せた開拓団員もいた。両者の交流にはさまざまな局面があり、単純な評価はできない。暴力を振るって互いを殺してしまう事件も起き、危うい関係にもあった。

ソ連軍からの逃避行——進退窮まる

父の最期、いつもの姿はなく

カーチャン・アンョが痛いョ

避難が始まり8月10日夕刻から雨になった。昼夜の強行軍に馬もくたびれ、馬車を捨てる。「遅れまい」。精神力だけで行軍が続く。誰もが自分のことに精いっぱいで助けてくれない。休めば皆から遅れ、暴徒の餌食になるだけだ（1984年制作）

満州の夕日は本当に赤かった。１９４５（昭和20）年8月13日の夕刻。国民学校5年生だった寛は、背中を真っ赤に照らされた59人の男性たちがソ連兵に連行されるのを見送った。それが、父豊吉を見た最後となった。

逃避行を続けていた黒台信濃村開拓団はこの日、鶏寧《けいねい》街でソ連軍に遭遇。敵は少数と思い、撃ちかけた。たちまち短機関銃の連射音が響き、何人かが倒れた。「白旗を揚げろ！」。たまらず声が上がった。大人の男性だけ近くの麻畑に連れて行かれ、戻らなかった。逃げ出した人も後日捕らえられ、ごみ捨て場で撃ち殺された。残された女性や子ども約３００人は、事務所のような建物に収容された。

逃避行は3日前、ソ連の対日参戦翌日に始まった。寛は1年生2人を学校から家へ送り届けた帰り道、ソ連機の機銃掃射に見舞われ、夢中で逃げた。村は広く、皆が集合するには半日かかる。一部団員らは独自に避難を始めた。団は既に統制を失っていた。

夜、空を見上げた。漆黒の闇をペルセウス座流星群が彩る。「98、99……」。数える隣で、母正子は言った。「星が流れるたび、人の命が消えるのよ」

「おったちゃん（おとうさん）、堪忍！」。12日、通りがかった集落から半狂乱の声が聞こえ、やがて静かになった。物置をのぞくと、うつろな目がこちらを見ている。

「難民逃避行 受難の記録」から作成

別行動を取った団員たちだった。血まみれの女性。義父母や子どもを包丁で殺し、自決を図ったが死にきれずにいた。

裏庭に回ると、子どもたち十数人の遺体が折り重なっていた。見知った女の子の顔もあった。別の場所には撲殺された40～50人の子どもが野ざらしになっていた。着物を剝がされ、雨にぬれていた。

13日朝、「10時までに帰らなかったら死んだと思うように」と言い残して偵察に出た団長は、昼になっても戻らなかった。数百人での集団自決が決まった。突

●開拓団の逃避行

男性の多くが召集されて女性や子ども、お年寄りばかりとなっていた開拓団は、日ソ中立条約を破棄したソ連が1945（昭和20）年8月9日に対日参戦し、逃避行を余儀なくされた。日本軍の関東軍は橋などを爆破しながら先行して撤退。団員たちはソ連機の機銃掃射を浴びながら山中を徒歩で逃げ惑った。進退窮まった末の集団自決や現地民による虐殺の他、収容所での飢えや寒さ、感染症のまん延で多くが命を落とした。全国の開拓移民約27万人のうち約8万人が死亡。約3万3000人を送り出した長野県では1万5000人余に上った。

き殺すための木を山から切り出し、60～70本の先をとがらせた。だが結局、行けるところまで行くことになった。鶏寧の発電所の煙突がかすんで見えた。

分かれ道にひげを生やした地元の男性が現れた。指をさし、しきりに何かを豊吉に訴えている。この先は炭鉱の労働者が反乱を起こした、向こうの街にもソ連軍がいる、どちらも行けない—そう教えてくれているらしい。突然、豊吉は日本刀で男性を切りつけた。堤防の下に蹴り落とした。「おやじも、ここまで来るともうクレイジーだ」。そこにいつもの父はいなかった。

たどり着いた鶏寧街でソ連兵に投降した。豊吉たちは銃殺されたと聞いた。戦後に訪ねると、麻畑は中学校の校庭になっていた。

三沢亜紀さんの視点

団員の深い傷に理解を

ソ連はドイツ戦後に兵力を増強し、満州を西と東から計１７４万人で攻めた。更級郷開拓団などが逃げ込んだ佐渡開拓団跡や麻山《まさん》、葛根廟《かっこんびょう》の３ヵ所での自決や虐殺はソ連軍による攻撃を伴い、死者も多かった。他にも小規模なものから数百人単位まで各地で集団自決が起きた。日本は国としては圧倒的な加害者だが、その中にも被害者がいる。

満州の悲劇は、現地民による襲撃の背景をたどる視点も大切だ。開拓団が襲われたのは土地収奪への報復とよく語られるが、全体で見ると鉄道や要塞、飛行場の整備に現地民の大きな犠牲が出た。一般農民が反満抗日勢力とつながらないよう強制移住させてもいる。日本の統治に不満を持つ人たちも大勢いただろう。

客観的に見て、開拓団は軍事目的だったと言わざるを得ない。だが戦後、傷を癒やす場もなく、国のために身を投じた満州移民が「侵略」だったと言われても、受け止めがたい。被害者であったことが認められ、共感してもらうことで、相手に思いを寄せられる。そうした立場に配慮しつつ、歴史を客観的な視点で検証することが必要だ。

闇に紛れて押し入ってきたソ連兵　女性ら…弱き者から犠牲に

逃避行の末、男性たちがソ連兵に銃殺された黒台信濃村開拓団。1945（昭和20）年8月13日夜、女性や子どもばかりが収容された建物に、夜陰に紛れてソ連兵たちが押し入ってきた。カンテラの明かりを団員たちの顔に近づけていく。女性と分かると、次々と連れ出していった。

便所や渡り廊下で、11歳だった寛は人の気配を感じたが、暗くて見えなかった。翌朝、水をくもうとして井戸をのぞくと、中に女性たちが浮いていた。5、6人か。死にきれずにいる人もいて引き上げた。

ソ連兵が再び入ってこられないよう窓に板を打ち、畳を立てかけた。寝場所の天井裏で、近づいてくる足音が換気口から聞こえると、皆に知らせた。それでも押し入ろうとするソ連兵には、顔を目がけて灰をまいた。ソ連兵は上方へ銃を撃って脅した。そんな夜を幾度か繰り返した。

巡回してきたソ連の将校に訴え出ると、何人かの兵士を連れてきて、顔を確かめるように言う。誰も分からず、答えられなかった。兵士たちはそのまま銃殺された。

「望まぬ妊娠中の人、可能性のある人は、秘密は固く守られますので、安心して申し出てください」。46年5月に乗り込んだ引き揚げ船内で、繰り返し放送が流れていた。

ソ連軍への投降直後、寛の周りで見知った顔が次々と自決を図った。直前に撃たれて死亡した診療所医師増田三喜《みつぎ》の妻たつをと、末娘の包子《かねこ》は青酸カリを口にした。包子は16歳。本国の女学校を卒業し、4月に親元へ戻ってきていた。従軍看護婦を志し、診療所で見習いをするためだった。数分後。崩れるように座り、左肩からうつぶせに倒れて動かなくなった。

寛の母正子が真夜中に収容所を抜け出すと、たつをが死にきれずにいた。もう声も出せず、首を絞めて――と手ぶりで懇願する。正子は願いをかなえた。遺体を道の脇に寝かせた。「楽にしてあげてきた」。帰ってきてつぶやいた。

　知的障害があり、逃避行中に足をけがした少年が急にいなくなったことがあった。ソ連機の空襲が途切れた合間に、産気づいた妊婦がコーリャン畑に姿を隠したが、その後、赤ちゃんは見なかった。「人の死に

恐ろしい夜

年頃の娘さんたちは髪を切り、炭を顔に塗り、収容所の天井をねぐらに片時も気の休まらない生活だった。「私たちはいったい何のために満州に来たのだろう。内地では今頃、母さんがどんなに心配していることか…」。終戦間際に勤労奉仕に来た女子隊員が嘆いた（2005年制作）

恐怖の時　雨のような弾丸。降伏するとソ連軍は銃口の先で男性と女性や子どもを振り分けた（1995年制作）

ショックも受けなかった。もうばたばた死んでいたのだから」。寛は言う。

元開拓団員らの県開拓自興会が1984年に発行した「長野県満州開拓史」。団員の家族構成や消息を記録や聞き取りからまとめた名簿編で、親が手をかけた子どもの死因が「栄養失調」とされているケースがある。増田家の三男三善《みよし》＝当時(23)＝は、45年8月13日に鶏寧の街で「衰弱死」したとある。寛の記憶では、三善は13日に鶏寧にいなかった。逃避行前は結核で療養中だった。

●開拓団員女性の性被害

ソ連の対日参戦で逃避行中、収容所などで開拓団の女性たちがソ連兵に連れ去られ、強姦《ごうかん》された。そのまま殺されたり、自決したりした女性も少なくなかった。現地の住民に襲われることもあった。一部の開拓団は、ソ連兵に警護してもらう見返りとして団員女性に「性接待」を強いたとされる。引き揚げ船には医療者が乗り込んで相談に応じたが、日本上陸前に海に身を投げた妊婦がいた――との証言がある。港では婦人向けの相談所で問診や検査をし、秘密裏に堕胎手術も行われた。

細谷亨さんの視点

性被害は相当程度広がっていた

ソ連兵らによる性被害は相当程度広がっていたとみられる。強姦されるのを恐れて自決した人がいたことにも注意したい。自分たちを守るために娼婦や従軍慰安婦だった人に金を渡し、ソ連兵の相手をさせることもあった。開拓団男性は日ごろ都市部で女性を買っており、彼らの性規範が絡んでいないか検討を要する。女性への蔑視は、性暴力の問題を考える上で重要だ。

ソ連軍の規律の程度はよく分からない。ソ連兵が子どもをおぶり、身重の女性を大事に扱うといった親切さを伝えるエピソードもある。

引き揚げた女性に旧厚生省は組織的に人工妊娠中絶を行った。「純血」を守り、性病のまん延を防ぐことが主眼で、政治的な狙いが強かった。堕胎は当時禁止されていたが超法規的な措置で、戦後の優生保護法（現母体保護法）の前史と位置付けられる。

近年は日本近現代史でジェンダー研究が盛んになっている。開拓団史の書き手は男性で、女性固有のつらさや経験が見落とされている。

一方、障害者も見過ごされがちだ。極限状態の中でどういう立場に置かれたのか、考える必要がある。

収容所を出て中国人養父の元へ　生きるためアヘンの密売関与

カレーのルーのようなキャラメル色の薄い板。小さく割り、出たくずを耳かき2杯分ほど紙に包む。11歳だった寛が片棒を担ぐことになったのは、当時の中国社会にはびこっていたアヘンの密売だった。

逃避行の末、ソ連軍に投降した寛たちは1945（昭和20）年10月、満州でも大都市の奉天で、駅前の小学校に収容された。地元の日本人たちが支援してくれるが、食糧は乏しい。さらに、不衛生な環境下でシラミが媒介する発疹チフスがまん延。亡くなる人が相次ぎ、プールが遺体であふれた。

「これでは死を待つだけだ」。母正子は、じゅうたん工場の従業員募集に飛びついた。ただし「未婚に限る」との条件。子どもがいても暮らす場

別れの時Ⅱ

収容所では栄養失調や発疹チフスで仲間が次々に死んだ。「この子だけでも助けてやりたい」―。中国人女性が、病気で寝ている難民の傍らから子どもを抱き上げ、もらっていこうとしている。中国には婚姻時に夫側が妻側に金品を贈る「売買婚」の習慣があり、女の子の方が喜ばれた（1990年制作）

所がないという。なりふりを構ってはいられない。誰か寛をもらってくれる人はいないものか――。収容所には子どもを欲しがる現地の人たちが毎日ぞろぞろと訪れた。

「俺の所、来ないか」。寛に声をかけた男性は「李《リ》」と名乗った。名前は覚えていない。独り身で、50歳近くに見えた。渡りに船だった。

「李ツエンチン」と名付けられた。4畳1部屋での2人暮らし。養父は警察相手に人力車を引く仕事をしていた。ただそれは表の顔だった。

靴の製造・販売の店に連れて行かれ、数日して、裏手に回るよう言われた。顔を出すと、4、5人の若者たちがアヘンを紙に包んでいる。任されたのは、その監視役。勝手に持ち出さないよう、作業中のトイレにも付いて行った。小分けもたまに手伝った。

養父は、客がアヘンを吸う「アヘン窟《くつ》」の界隈で顔が利き、金回りも良かった。豪華な食事や浴場に連れて行ってくれた。警察とのパイプもあり、周囲は一目置いていた。

「日本に帰ったところで、ろくなことはない。家は新しく買う

黒台信濃村開拓団に暮らしたころの三井寛（左）と母正子

●アヘン（阿片）

ケシの実から作った粉末状の麻薬。主成分はモルヒネで強力な鎮痛・催眠作用があり、医療に使われたが、多用すると不眠や幻覚、手足の震え、言語障害などの強い中毒症状を起こす。1840年、英国が密輸するインド産アヘンを清国が禁輸とし、アヘン戦争が勃発。敗れた清国でアヘン貿易が合法化された。「満州国」ではケシの栽培からアヘンの製造・販売、吸飲所「アヘン窟」の設置などを専売公署が独占。日本軍や満鉄も絡んだ。1937（昭和12）年ごろの中国大陸の中毒者は2000万人とされる。満州国皇帝溥儀《ふぎ》の妻婉容《えんよう》、軍閥の張学良も中毒だった。

から、３人で暮らさないか」。養父は母も引き取ることを望んだ。寛もまんざらではなかった。だが、46年５月に迎えに来た母は、首を縦には振らなかった。

北奉天駅で屋根のない貨車に乗り込んだ。発車まで３時間、養父は少し離れた線路上で、ただじっと立っていた。列車が動き出す。養父は動かない。少しずつ姿が小さくなり、やがて見えなくなった。

船で博多に引き揚げ、再び日本の土を踏んだ。かつて暮らした倭村（現中野市）の自宅は売ってしまっており、近くの親類宅を頼った。変わり果てた姿に、両親の仲人も務めたおばちゃんは２人だと信じてくれなかった。30分ほどのやりとりを経て、ようやく「正子かぁ…」と母を抱きしめた。入植先の黒台信濃村を９ヵ月前にたってから、初めて母の涙を見た。

三沢亜紀さんの視点

都市部の日本人とも格差

開拓団員らはいわゆる難民となり、日本人が使っていた学校などに収容された。生きていくために職を求め、コークス拾いやソ連兵の靴磨きなどでも食いつないだ。

幼子を抱えた母親が、生きるか死ぬかの瀬戸際で、子どもを現地の人に預けたり売ったりした。残留孤児が生まれた。現地の人の妻になる決断をした婦人もいた。残留孤児は女性の方が多いという研究結果がある。母親が跡取りとして息子を優先的に日本へ連れ帰ったとされ、ジェンダーの問題につながる。

現地の側も人道的な善意の他、独身男性や子どものいない家庭が妻や養子を欲しがり、男の子は労働力として求めた。中国東北部の農村では「売買婚」が一般的で、貧しい男の人たちは結婚できない。このため収容所の日本女性を妻や嫁に迎えたがった。

終戦時、満州の日本人居留民155万人の多くは都市部に住み、逃げてきた開拓団の人たちとは格差があった。ただ、日本人会で帰国のための寄付を募り、収容所で必要な布団を集めるといった支援もしている。それぞれに複雑な思いが交錯していたのが終戦直後の満州だった。

同胞を思い「生き残りの務め」

帰国事業に心砕く戦後

満州から引き揚げた寛の右足は義足だ。1945（昭和20）年8月の逃避行中、銃弾を浴びせかけられて馬車から飛び降り、足首を痛めた。帰国後間もなく結核を患い、その影響か患部が悪化。中学校に通えず自宅で療養し、3年の夏に切断した。

母と2人で帰郷後、しばらくは両親の仲人宅で世話になり、その年の冬は伯母の家の座敷を借りて越した。さらに親類宅の物置、農協の倉庫を転々とした。障害者が社会に出るのが一層難しかった時代、担任の骨折りで中野実業高（現中野立志館高）に進み、松葉づえを突いて通った。

足の不自由さもあって、大学進学や就職は思うように行かなかった。生活が軌道に乗ったのは、身体障害者職業訓練校を経て59年、やよい（84）と見合いで結婚し、理容室を開いてから。2年で立ち仕事に耐えられなくなったが、妻の切り盛りで30年続いた。

「本当に人の世話になった。だからその分を返さないといけない」。91年から、残留日本人の肉親調査員の委託を国から受けている。県内の調査員は、満蒙開拓平和記念館（下伊那郡阿智村）の館長で両親が開拓団員だった寺沢秀文(70)と2人だけだ。

だが中国の同胞との関わりには難しさも付きまとう。91年、中国・黒竜江省に残留婦人らを訪ね、夕食を共にした。女性たちは食事に箸も付けず、中国語でぼそぼそ話すだけだった。日本人だと周囲に知られたくないようだった。

79年に永住帰国した別の残留婦人。国民学校で仲の良かった同級生の姉だった。そのよしみもあり、日本での生活を応援したいと、女性の息子に理容室の後を継いでもらうことを投げかけた。息子は訪ねてきてくれた。だが日本語が話せず、接客は難しい。結局、うまくいかなかった。

廃墟に立ちてⅠ

中国のソ連との国境近くに入れるようになり、黒台信濃村開拓団の元団員も1993年に慰霊の旅をした。歳月がたっていたが、井戸や神社の松並木が残っていた。崩れた土塀の土にニレやドロヤナギが成長し、大木になっていた（1993年制作）

調査員としても、ここ5、6年は「開店休業」の状態という。物心つく前に孤児になり、日本名も出身地も曖昧な照会が多いためだ。それでも、開拓団を実際に経験した調査員は現在、全国でも数えるほど。生き残りの最後の務め——と今後も続けるつもりだ。

黒台信濃村開拓団の最後の慰霊法要で、碑に手を合わせる三井寛（手前左）ら＝2019年３月20日、長野市

２０１９年3月、長野市の善光寺雲上殿。黒台信濃村開拓団がことあるごとに歌った『満洲信濃村建設の歌』が彼岸の空に響いた。団の慰霊碑前で法要を行い、寛は世話人代表を務めた。47年に始まり、多い年で２００人を超えた参列者は高齢化で減少。10人になったこの年が最後となった。

今春の彼岸も自宅で手を合わせる。父豊吉、母正子。満州の土となった人たち。幼なじみ。養父。豊吉が切った現地の男性……。89年に夫婦で訪中した際に持ち帰ったホオズキは、庭の雪の下で芽吹きを待つ。

●中国残留日本人

1945（昭和20）年の敗戦前後の満州では、逃避行で肉親と死別したり生き別れたりした日本人孤児が数多く生じた。81年から集団訪日による肉親捜しが始まった。厚生労働省によると、72年9月の日中国交正常化から2023年末までに、終戦時におおむね13歳未満だった残留孤児は2557人、13歳以上だった残留婦人らは4168人が永住帰国。15年時点で、中国に残留したままの孤児は262人を確認している。肉親調査員は、孤児を引き取った状況などの養父母の説明や写真といった資料を基に、開拓団関係者らに当たって孤児の肉親を捜す。

細谷亨さんの視点

孤児調査──遅れた国の対応

終戦直後、満州に送り出した側の引き揚げ者への責任として、長野県は生活再建のための予算を組んだ。住宅を建てた村もある。引き揚げ者も多くが生活保護を受けた。ただ、それだけでは十分でなかったのも実情で、（引き揚げ者による）原野の開拓が政策として進められた。北佐久郡軽井沢町大日向や、全国では北海道や茨城県、岩手県などに入植。大変な苦労だった。

政府は現地の残留者の存在を確認していたが当時は中国と国交がなく、「戦時死亡宣告」で戸籍から抹消して幕引きとした。国が（残留者への対応に）責任を取らなかった。肉親調査は１９７０年代までは故山本慈昭《じしょう》さん（阿智村）ら民間が進め、旧厚生省主導での調査は80年代からだ。

残留日本人の身元は、親族でも再婚や代替わり、経済的負担などで引き受けたがらない場合も多く、間違いなく親子だと分かっても否定することもあった。制度が整備され、肉親以外でも心ある人が引き受けられるようになった。

帰国者には言葉の壁がある。十分な教育を受けられなかった人も少なくない。２世も老齢にさしかかっている。孤立しがちな残留孤児・婦人の自立や定着には地域コミュニティーの役割が大きい。

全てを語った　後悔しないために

「相当無理しているんだよ。でも、知っていることをみんなあんたに言っておこうと思って」。取材中、三井寛さんはたびたび目薬を差しながら言った。2023年10月から何度も自宅に通い、長い日は6時間も話してくれた。つらい記憶を呼び起こしながら説明するのはエネルギーが要るはずだが、気が付けば日が暮れていることも多かった。

三井さんには後悔がある。逃避行中の1945年秋、ハルビン駅前。寒空の下、横たわって動けない青年が「お守りを預かり、ここで死んだと古里の家族に伝えてほしい」と道行く人に訴えていた。一瞬目が合った。だが、そのまま通り過ぎた。当時は自分も「明日をも知れぬ身」だったからだ。熊本の兵士を名乗っていた。

今も顔を思い出す。お守りくらい受け取ればよかった、青年の願いをかなえられたのは自分だったのではないか――。

戦後79年。黒台信濃村の生き残りは当時子どもだった数人ばかりとなった。三井さんはこの夏、90歳になる。「伝えておけるうちに語っておこうと思ってさ。そうすることで、満州で一緒に暮らし、亡くなっていった人たちの生きた証しを残したかった」。一般的に日本人が差別したとされる現地の人たちとの交流も、強調したかったという。

そして「戦争は人を狂わせる」ということ。父は現地の人と親しく付き合ったが、逃避行中はやいばを向けた。

三井さんは、現地で関わったそれぞれの人に親しみや申し訳なさを抱えながら生きてきた。「彼らのことを忘れずにいたいんだ」

証言者　三井寛さん

開拓団の記憶を振り返る三井寛さん＝2024年1月26日

生きられなかった妹たちに

三石忠勇さんの作品は、ソ連の対日参戦で余儀なくされた過酷な逃避行の経験に基づく。ソ連軍に投降後、母は2人の妹を手にかけ、三石さんは自決に失敗して生き延びた。「戦争は絶対にしてはならない」と訴える。

7歳になる1939年、南佐久郡青沼村（現佐久市）から母つ祢《ね》さん、3歳になる妹みや子ちゃんと満州へ移住。父登さんは小諸の薬店に勤めていたが、もともと三石家は小作農家。満州で地主になれる――との誘いに乗ったのか、先に渡っていた。満州で下の妹たみ子ちゃんが生まれた。

三石忠勇さんが小学1年ごろの家族写真。左からつ祢さん、みや子ちゃん、三石さん、登さん（本人提供）

満州生活では、村に建立された諏訪神社の御柱祭が思い出に残る。全県から希望者を募った開拓団の団結の核として、内地の氏子会が社殿の造営費を寄進。団には諏訪出身者もおり、おんべを手に木やりを響かせた。臨時列車が運行され、近隣の都市などからも見物客が訪れた。「信濃村の一番いい時だった」

ただ、暮らしは軍の強い影響下にあった。実家の祖

絵画紹介　三石忠勇さん

三石忠勇さん。体調を崩してからも絵筆を握り続けている＝2024年1月31日

大根畑で作業する三石忠勇さん（手前右）たち。上から4分の1ほどが検閲で消され、戦後、諏訪神社（左奥）などの風景を鉛筆で描き足した（本人提供）

父母に送った写真。畑で草取りをする子どもたちの背景が、検閲で真っ白に消されていた。山々が連なり、諏訪神社が丘の上に立っていた。開拓団本部や個人家屋も見えた。ソ連との国境地帯のため、地形や建物の配置などが分からないようにしたのか。戦後に引き揚げてから、見慣れていた風景を鉛筆で描き足した。

　45年８月。逃避行を始めて３日後、たどり着いた鶏寧でソ連軍から銃撃を受け、投降した。収容所では、足手まといになる子どもは処置された。母も覚悟を決め、まず３歳のたみ子ちゃんの細い首に手をかけた。数日前、昼食にパンを食べた際、「おててがばばく（汚く）なったね」と言う母に「もうじき死ぬんだから、いいねー」と返し、周囲をぎょっとさせた。「３歳の子がもう死を知っていた。恐ろしい話だ」

　９歳になったみや子さんは「死ぬ時には先に死なせて」と母の前に座った。母は極力苦しませないよう、帯か何かで首を絞めた。「おまえは大きいから自分でやって」と言われた三石さんは、法被を裂いて縄をない、廊下のはりで首をくくった。だが縄がちぎれ、床に体を打ち付けて気を失った。次の機会をうかがっているうちに終戦になった。

　生き抜くため、野菜のごみ捨て場から、しみたカボチャを拾って食べた。汽車の灰捨て場で燃料になるコークスを集め、金に換えた。ロシア語を覚え、ソ連兵に菓子を売った。46年秋に両親らと帰国。その後、営林署に勤めた。84年に当時の絵を描き始めた。

　引き揚げ時、妹２人の骨の代わりに土を持ち帰り、墓に納めた。93〜２００４年に計4回、開拓団跡地などを訪問。鶏寧の街は様変わりしていたが、収容所の跡を突き止めることができた。線香を手向け、妹たちに手を合わせた。

特集 「満州」県民意識調査

埋もれる移民の記憶

「記憶つなぐ」場は教育に

第2次世界大戦前後の歴史を巡る信濃毎日新聞の県民意識調査で、満州に日本がつくった傀儡《かいらい》国家「満州国」や、全国から満州に渡った移民についての認識や記憶の定着度は、広島と長崎に落とされた原爆などに比べて大幅に低いことが明らかになった。県内から満州へ都道府県別で最多の開拓民が渡ったことを「知っている」としたのは60・1％。本紙が2005年に行った同様の調査より5・5ポイント低下した。

専門家は、戦争が米国に対するものとして強く記憶され、中国と戦争をした認識が薄いことが表れている――と指摘。満蒙開拓を巡り、全国で突出して多くの開拓団員を送り出した県内でも記憶が埋没しつつあり、戦後80年を前に地域で歴史をどう継承していくかが改めて課題に浮かんだ。

戦争の歴史を巡って「写真や映像が思い浮かぶ」出来事を複数回答で聞いたところ、「広島・長崎の原爆」が89・9％で最も高く、「特攻隊」(69・8％)、「終戦(玉音放送など)」(68・2％)が続いた。『満州国』・満州移民」は40・5％にとどまり、「日本の植民地や占領地(朝鮮、台湾、東南アジアなど)」や「日中戦争(南京事件、重慶爆撃など)」は20％台だった＝グラフ下。

長野県内からの満州移民の数が約3万3千人で、都道府県別で県内が最も多いことを「知っている」としたのは、40代は39・2％、50代は57・2％で、05年に比べてそれぞれ20ポイントほど低下した。30代(35・4％)までは年代が下がるほど認知度が下がるが、18歳～20代は39・3％。05年の20代は17・1％だった。30代は05年比1・6ポイン

第2次世界大戦前後の出来事で、写真や映像などが思い浮かぶのは？

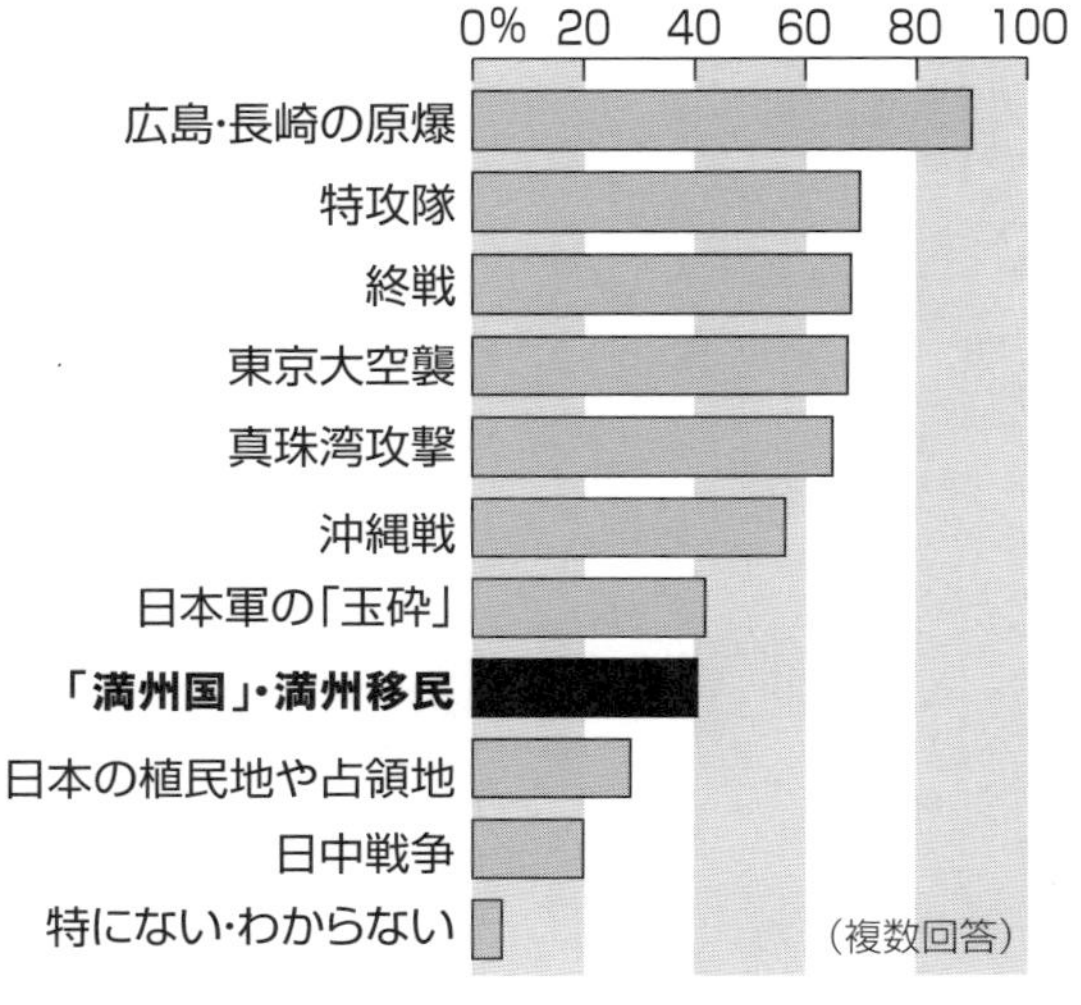

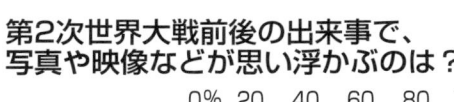

ト増で、若い世代で認知度の下げ止まり傾向がみられる＝グラフ左。

「満蒙開拓団」という言葉を「知っている」と答えた人は全体で73・3％。年代が若くなるほど知らない人が増え、18歳～20代では46・4％が知らないと答えた。日本の敗戦で、開拓団にいた女性や子どもの多くが中国に残され、「中国残留孤児」や「中国残留婦人」と呼ばれるようになったことを「知っている」としたのは83・7％。05年比で9・5ポイント下がった。

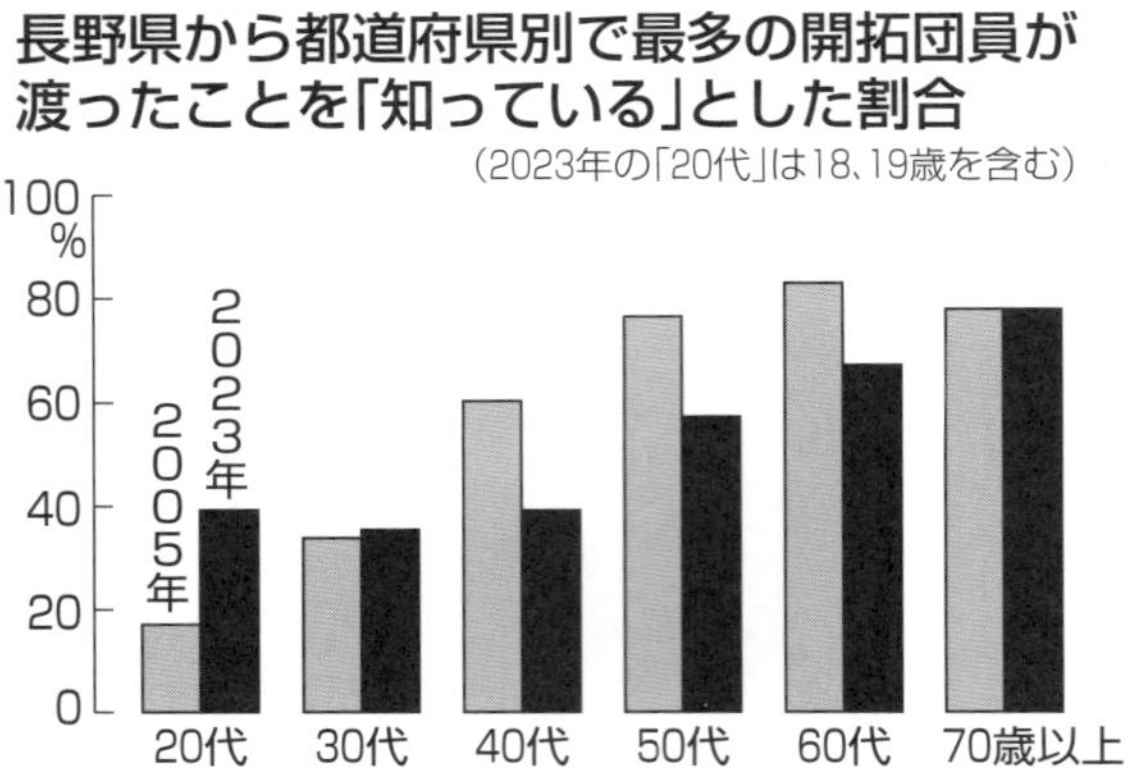

どこで知ったか――「テレビや映画」6割

満蒙開拓団を知っていた人（73・3％）に、どこで知ったかを尋ねたところ、40代以上は「テレビや映画で見た」が最多で、全体では63・3％。60代や70代以上では7割を超えた。一方、30代以下は「学校の授業や平和学習で教わった」が最多。18歳～20代は83・3％に上り、全体（33・8％）を大きく上回った＝グラフ左。

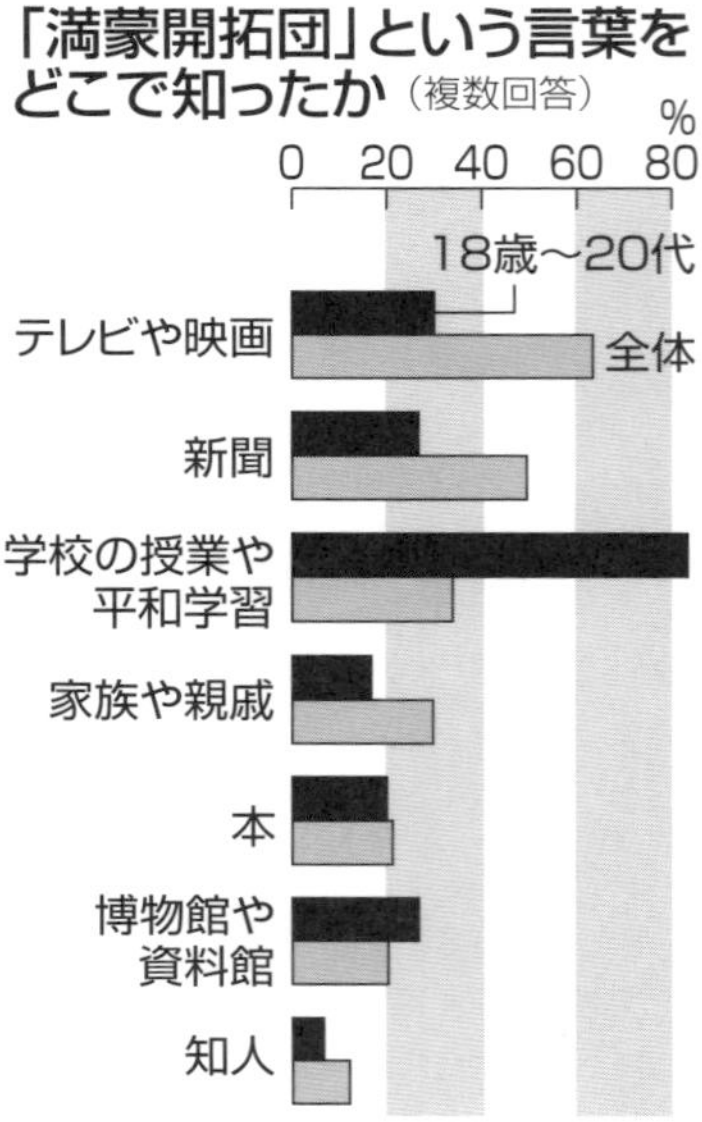

回答分析

県民意識調査では、「満蒙開拓団」という言葉を「学校の授業や平和学習で教わった」とした若い世代が目立った。関連する出来事の知識は一部で若い世代ほど高く、教育による効果もうかがえる。戦争を直接知る世代が少なくなる中、地域の歴史継承の現場が教育や平和資料館に移りつつあることが浮き彫りになり、埋もれかかった記憶をつないでいくために、各現場の役割の重みは増している。

また、旧ソ連軍が対日参戦し、旧満州（中国東北部）へ攻め込んだ日付が1945年8月9日だと知っている人は、18歳〜20代が16・1％と全世代の中で最も高くなった。全体は9・5％だった。

県歴史教育者協議会の佐藤喜久雄会長(76)＝松本市＝は、学校現場では長年、教員が満州に教え子を送り出した負い目から「満蒙開拓を授業や学校現場で扱うことに抵抗があった」とする。自らの責任に触れるよりも「語りやすいことに（指導内容が）偏っていった」とし、平和学習では広島や長崎の原爆のような日本人の苦難を取り上げるケースが増えたと説明。「満州国」や満州移民の認知度の低さの一因になったとみる。

満蒙開拓を巡っては戦後、引き揚げや残留孤児の肉親捜し、帰国者への支援など、その時々の課題に社会が向き合ってきたため、振り返る対象として捉えにくい期間が続いた―との指摘もある。

一方、伊那弥生ヶ丘高校（伊那市）の小川幸司教諭(57)＝世界史＝は、県内の学校現場では満州移民の歴史を扱おうという意識は以前からあるとした上で、2013年に下伊那郡阿智村に満蒙開拓平和記念館ができ、近年は学習で取り上げやすくなっていると分析。22年度に日本と世界の近現代史を総合的に学ぶ「歴史総合」が始まり、教科書に開拓団や中国残留孤児についても記載されているため、これまで以上に高校生が知る機会は増えるとみる。

松川高校ボランティア部の生徒ら（中央）から説明を聞く全国交流会参加者たち＝2024年12月、阿智村の満蒙開拓平和記念館

調査では、戦争中の体験を直接聞いたことが「ある」とした人は58・6％だった。誰から聞いたかを尋ねたところ、60代以上では父母が8割以上を占めたのに対し、18歳〜20代では「平和学習や講演など」が72・4％と最多で、祖父母は48・3％、父母はゼロだった。

小川教諭は、戦争体験者がいなくなり、生徒たちにとって戦争が「知識」になっていく中、「歴史の悲劇だけではなく、なぜその悲劇が生まれたか議論しながら考えていくことが必要だ」と指摘した。

話や記録に触れる――

阿智の記念館が効果

開館から10年余が過ぎた満蒙開拓平和記念館。全国で唯一の満蒙開拓の歴史に特化した記念館として、全国の元開拓団員のよりどころとなり、戦争を知らない世代にとっては戦争の記憶と新たに出合う場となっている。だが知名度はまだ低

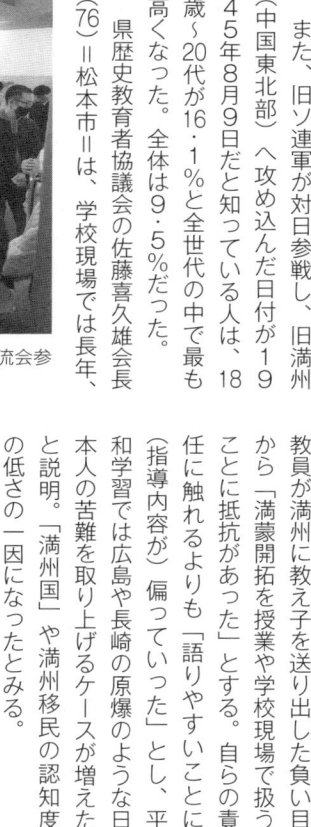

地元開拓団について話を聞いたり記録を読んだりしたことがある人の割合

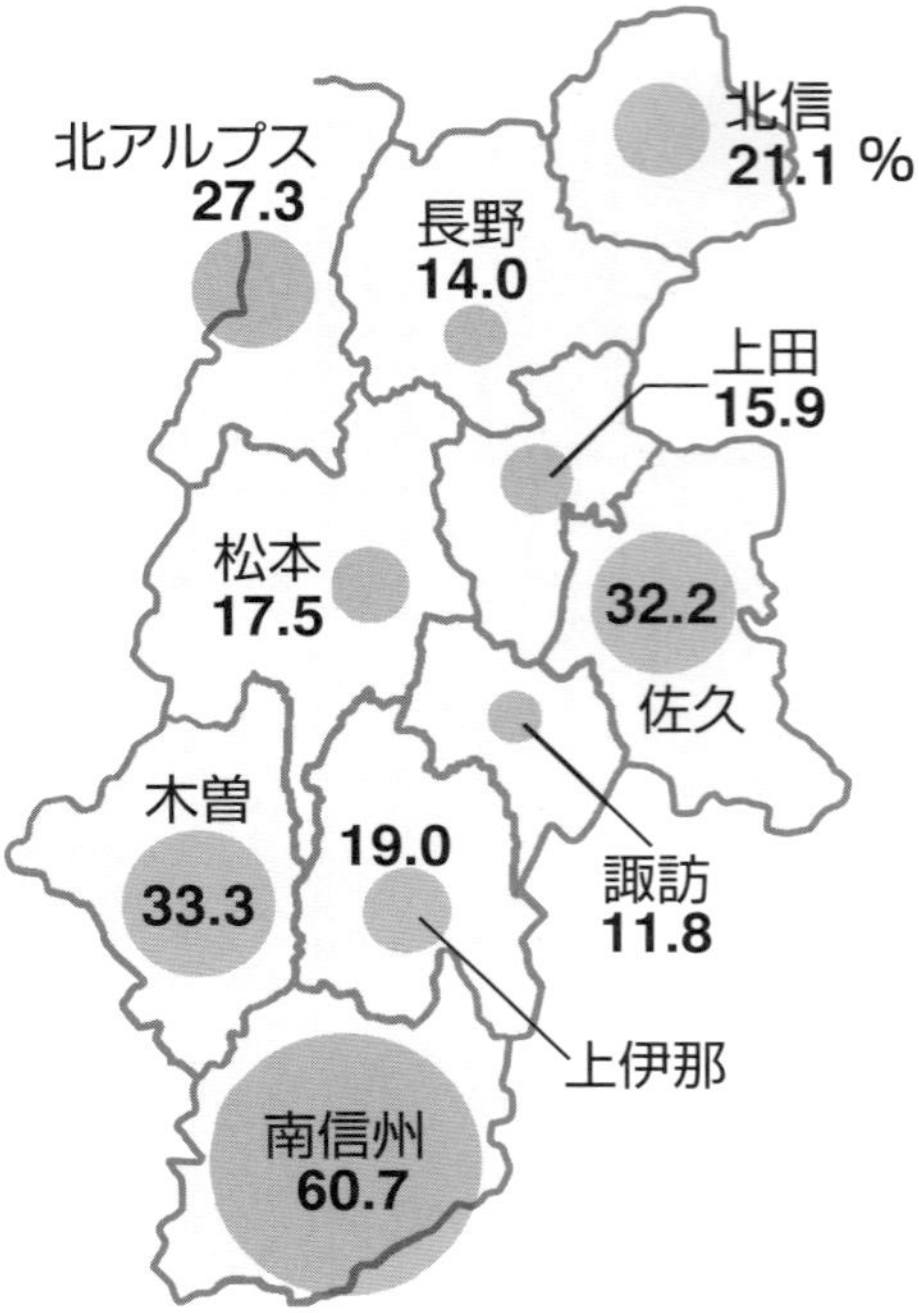

く、県民意識調査では記念館を「知っている」としたのは33・3%にとどまった。存在感を高めようと、取り組みの特色や意義のＰＲに注力している。

23年12月に記念館で開いた「平和のための博物館・市民ネットワーク」の全国交流会。プログラムの一つとして、松川高校（下伊那郡松川町）ボランティア部の生徒が展示の案内をした。集まった平和資料館関係者らは、若者が伝える言葉の一つ一つに耳を傾け、うなずいていた。

交流会は戦争体験者が少なくなる中、いかに戦争の記憶を継承するかが論点の一つ。寺沢秀文館長(70)は「この中の1人でも満蒙開拓と関わり続けてくれれば、それだけで価値がある」と期待する。

調査では、居住地の地元から満州に渡った開拓団について、話を聞いたり記録を読んだりしたことが「ある」としたのは21・9%だった。10広域圏別でみると、南信州（飯田下伊那）は60・7%と突出して高く、記念館の存在や、住民グループによる元開拓団員らへの活発な聞き取りなどの影響がうかがえる。諏訪（11・8%）、長野（14・0%）などが低かった＝上の地図。

寺沢館長は、原爆や東京大空襲などと比べて満蒙開拓の歴史は「戦争の悲劇だけでなく、加害性も伝えることに意義がある」と強調。展示では現地民から土地を奪った側面にも触れており、多様な立場や視点から戦争を捉えることで他者の痛みへの想像力を得られる—とする。「その先に、最大の人権侵害である戦争を防ごうという意識が生まれる」と訴える。

記念館は、年5万円で会員となってもらい、職員や教員への研修の実施などで還元する「自治体パートナー制度」なども通じて活動への理解を広げていきたいという。

識者に聞く

「中国と戦った」意識の低さが見える結果に

金沢大教授　小林信介さん（日本経済史・長野市出身）

日本人の戦争観として、「あの戦争」は対米戦争だったという意識が高く、中国と戦争をしたという意識が低い。広島と長崎に原爆を落としたのは米国であり、東京大空襲も真珠湾攻撃も相手は米国だ。対中戦争意識が対米戦争意識に埋没していることが、きれいに表れている調査結果だ。今、太平洋戦争開戦の12月8日は気にしても、日中戦争が始まった7月7日を気に留める人はほとんどいない。

日本の敗戦後、連合国軍総司令部（GHQ）による占領統治下で、戦争観の矯正があった。実質米国の単独占領の中、アジア諸国を白人社会から解放し、大東亜共栄圏の確立を目指す―と最終的に定義づけられた「大東亜戦争」という呼び方を米国は禁止した。

この呼称は、日本にとって聖戦だったとの認識につながりやすく、円滑な占領統治を図る米国にとっては不都合だった。代わりに用いられたのが、米国が使っていたパシフィック・ウォー（太平洋戦争）だった。太平洋では中国と戦っていない日本からすると、ここに対中戦争は入らない。こうして醸成された対米戦争意識を、メディアも教育界も戦後再生産し続けている。

戦争の歴史を継承する際、戦争の名称は重要だ。満州移民の発端は満州事変にあり、事変後には親日的かいらい政権の樹立を図る形で侵略行為が続いていたことを認識するためにも、満州事変以降を含めた「アジア太平洋戦争」として理解していくことがまず必要だ。

満州移民の体験からは、あの時代と戦争の多様性がうかがえる。アジアに対する日本人の優越感、国内の耕地不足、ジェンダー問題を映す「大陸の花嫁」（開拓民の配偶者として送り出された女性）、多くの犠牲を生んだ逃避行、戦後に課題が持ち越された中国残留日本人など、さまざまなことが凝縮されている。

歴史を継承していくには、自分たちの歴史だという当事者意識が大事だ。その点、長野県では地域の歴史として満州移民を語ることができる。だが、今回の調査でも、県内での満州移民の歴史への認知度は必ずしも高くない。長野県は全国でも突出して開拓団を送り出したことを考えると、私たちが語らずして誰がこの歴史を語るのか。歴史を継承する責任を、戦後世代の私たちは既に持っている。

それが、亡くなった多くの人たちに応える唯一の道だ。そのことにより、戦争のない状態を少しでも長く続けていきたい。

主な調査結果（数字は%）

◇第2次世界大戦前後の出来事で、写真や映像などが思い浮かぶものは（複数回答）

広島、長崎の原爆	89.9
特攻隊	69.8
終戦（玉音放送など）	68.2
東京大空襲	67.6
真珠湾攻撃	64.9
沖縄戦	56.4
サイパン島や硫黄島などでの日本軍の「玉砕」	41.9
「満州国」・満州移民	40.5
日本の植民地や占領地（朝鮮、台湾、東南アジアなど）	28.5
日中戦争（南京事件、重慶爆撃など）	20.0
特にない・わからない	5.4

◇第2次世界大戦前後の出来事に関連し、日付を知っているものは（複数回答）

終戦記念日（8月15日）	88.6
広島原爆の日（8月6日）	86.9
長崎原爆の日（8月9日）	82.5
真珠湾攻撃（太平洋戦争開戦、12月8日）	38.6
東京大空襲（3月10日）	31.0
沖縄慰霊の日（6月23日）	12.5
旧ソ連軍の対日参戦（8月9日）	9.5
降伏文書調印（9月2日）	8.6
出陣学徒壮行会（10月21日）	6.4
盧溝橋事件（日中戦争開戦、7月7日）	3.7
特にない・わからない	5.3

◇戦中、「満州国」に日本から多くの開拓団が渡り、長野県からは全都道府県で最も多い開拓団員が渡った歴史を知っていますか

知っている	60.1
知らない	39.5

◇現在お住まいの地元から満州に渡った開拓団について、話を聞いたり記録を読んだりしたことがありますか

ある	21.9
ない	78.0

◇日本の敗戦で、開拓団にいた女性や子供の多くが中国に残り、いわゆる「中国残留孤児」「中国残留婦人」と呼ばれるようになったことを知っていますか

知っている	83.7
知らない	15.9

【調査方法】県世論調査協会の協力を得て、県内市町村の選挙人名簿から1500人を無作為抽出。2023年11月下旬～12月下旬に郵送（一部ファクス、インターネットで回収）し、754人から回答を得た。

満蒙開拓平和記念館が開いた慰霊祭「鎮魂の夕べ」。松川高校ボランティア部の生徒らが花を手向け、満州で犠牲になった人や歴史を語り続け鬼籍に入った元開拓団員に思いを寄せた＝2024年8月11日

第3部

国策の影いまも

帰国した中国残留日本人への新たな生活保障などを盛った改正帰国者支援法が2008年に施行したが、その枠からこぼれ落ち、苦しい生活を余儀なくされたままの人は少なくない。地域とのつながりも乏しいままだ。第３部は、戦時下に国策で進めた満州移民が今も影を落とす帰国者の暮らしの現場をたどる。

正月に遊びに来た孫の赤星弥友さん（右）とおしゃべりする帰国者の渋谷幸子さん＝2024年1月4日、飯田市　☞本文91ページ

同じ苦労をしてきたのに…

母の祖国で支援受けられず

「戦争なければ、お母さんは向こうへ行かないし、私も生まれなかった」。1985年に中国・長春から母の生まれ故郷の飯田下伊那地域に来た渋谷幸子《さちこ》さん(77)＝飯田市大瀬木＝は、穏やかな表情の奥に、わだかまりを抱え続けている。敗戦直後、満州に取り残された母と中国人の父の下に生まれた。法的には残留日本人に当たらず、2世の扱い。帰国者への生活保障は1世が対象で、幸子さんは受けられない。

残留孤児たちが2002年から国を相手に長野など全国15地裁で起こした損害賠償請求訴訟は、政治決着として新たな支援制度を勝ち取った。08年から、満額の老齢基礎年金の受給をはじめとしたさまざまな支援が受けられるようになった。それらは多くの帰国者の暮らしを支えてきた。

幸子さんは12年、自分も支援制度の対象になるかと思い、満額の老齢基礎年金の受給を厚生労働省に申請した。だが結果は「却下」。帰国者支援法の第2条1項が定める「中国残留邦人等」に該当しない、との通知が届いた。

国は同法で、ソ連が対日参戦した45年8月9日以後の混乱で日本へ引き揚げることなく中国に残された日本人と、そうした両親の下に生まれて中国に居住する子を中国残留日本人と定めている。

国が起こした戦争のために、戦後の中国で生きざるを得なかった幸子さん。来日後も残留孤児と同様に支援を必要としてきた。なぜ父母の国籍によって線引きされるのか。母の祖

飯田市竜丘で開かれた日本語教室で会話を楽しむ渋谷幸子さん＝2024年3月3日

飯田市竜丘公民館で「好友会」の仲間たちと記念写真に納まる渋谷幸子さん（右から2人目）＝2024年3月3日

国は、この切なさを受け止めてくれないのか――。

2024年3月3日、飯田市竜丘《たつおか》公民館主催の日本語教室「好友会《ハオユウ》」。ベトナムやフィリピン、中国出身の人たちがにぎやかにおしゃべりを交わす中に、幸子さんの姿があった。中国から来て、日本で暮らし始め39年。20年来、この教室に通う。

「どうやって日本語を勉強していますか」。ベトナム人の若者が尋ねた。幸子さんは笑顔で答えた。「とにかく日本人と交流するの大事。分からなくて悔しくて、次は分かるように勉強する。日本語分からなくて仕事できないの、悔しいでしょ」

幸子さんが生まれたのは中国・黒竜江省の林口県。母の喜代子さんは下伊那郡智里村（現阿智村）出身で、敗戦間近の1944（昭和19）年、農繁期の作業を手伝う勤労奉仕隊として満州（現中国東北部）へ渡った。同郡出身者らの東横林《ひがしおうりん》南信濃郷開拓団で働いた。当時18歳だった。

45年8月、ソ連軍が侵攻。喜代子さんは身寄りもなく極寒の地で逃避行を強いられ、中国人の家に入って命を救われた。そして、46年11月、その家の息子との間に幸子さんが生まれた。

幸子さんが1歳の頃、喜代子さんは日本へ帰ることを決意。幸子さんを抱いて、こっそりと家を出た。乳飲み子を抱えて若い女性が一人で日本を目指すのは難しかった。家へ戻り、養母に幸子さんを託した。「日本に帰ったら、必ず迎えに来るから」。喜代子さんは泣く泣くそう言ったと、後に養母から聞いた。

だが、それはかなわなかった。喜代子さんは、帰国を待つ間にハルビンで病のため亡くなっていた。幸子さんは養父母に育てられた。

中国残留孤児や婦人の帰国が相次いでいた85年。幸子さんは母の故郷へと、当時12歳だった一人娘、美子《よしこ》さん(52)を連れて来日。飯田市で暮らし始めた。夫とは話し合い、後に離婚した。

小さな公営住宅で、母娘2人で始まった暮らし。来日から間もなく工場で働いた。当時は日本語教室はなく、辞書を持ち歩き、紙がくしゃくしゃになるまで勉強した。

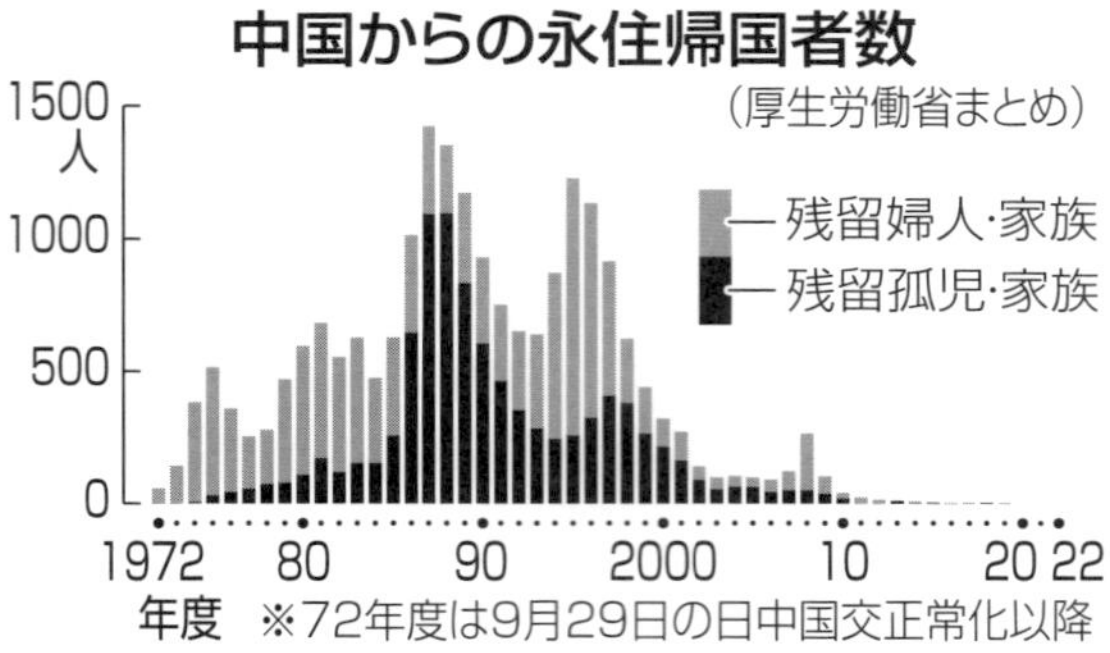

●改正帰国者支援法の新支援策

中国残留日本人が帰国前に公的年金に加入できなかった期間などについて、国負担で保険料を追納し、満額の老齢基礎年金を受給できるようにした。世帯収入が一定基準に達しない場合、支援給付も実施。単身で生活保護を受ける世帯で当時、最大月8万円だった支援が、年金と給付金で計14万6000円となった。対象は1世のみ。また、都道府県や市区町村が行う日本語教室の経費や医療・介護の通訳派遣などを国が全額補助する。1世と、国費で1世と同伴帰国した2世のみが対象。

2008年に始まった中国帰国者への新支援制度は、日本語教室の講師を通じて12年に知った。新制度は、日本で働く期間が短く年金がもらえなかったり、日本語が分からず孤立し、差別を受けたりと苦境にあった当事者たちが、運動や裁判を通して勝ち取ったものだ。幸子さんも同じ苦労をしてきた。教室の支援者らの協力を得て、満額の老齢基礎年金の受給を申請した。

だが国は却下した。幸子さんは翌13年、日本人でありながら戸籍がない者として、戸籍を新たに作る「就籍」が88年に認められていたことから、出生時にさかのぼって日本人だった——と異議を申し立てた。結果は変わらなかった。

幸子さんの暮らしは厳しい。63歳まで働き、月々もらえる年金は厚生年金分を含めて6万5千円。うち家賃に2万3千円を支払うと、わずかしか残らない。節約し、貯金を取り崩して暮らす。73歳まで掃除の仕事を続けたが、今は体を壊して働けない。「私と同じような立場の人がいたら、一緒に声を上げたい」。無力感と、何かが変わることを信じたい思いが交錯する。

この地に生きることを選んだが…　頼みの綱は家族の支え

中国にいる時から大切に握りしめてきた1枚の小さな写真。渋谷幸子さん＝飯田市大瀬木＝は、住んでいる市営住宅の一室に大切に飾っている。少女時代の母喜代子さんだ。「お母さんは私の生命をくれた人。一番大事な人」。自分の母親が日本人だと知ったのは17歳の時だった。

高校卒業前の１９６６（昭和41）年、中国で文化大革命が始まった。就職活動で身元を調査され、教師から「母親は日本人」と告げられた。頭が混乱した。幼い時からテレビでは反日映画が流れ、日本人は見下げる対象だった。養母に尋ねると、喜代子さんを引き取り、幸子さんを授かった後、喜代子さんが家を出ていった経緯を教えられた。

「お母さんはどんな人だろう」「どういう気持ちで私を産んだの」「なぜ私を置いていったの？」。出自を知り、感情があふれた。母親への思いをひそかに募らせた。

72年の日中国交正常化後、日本のことを知りたくて、日本映画を何本も見た。その一つ、森村誠一原作の『人間の証明』。日本人女性と黒人米兵との間に生まれた息子が日本に産みの母親を訪ねるが、母親は迷惑がり殺してしまう。「私は母親にとって余分な存在かもしれない」。母親探しからいったん遠のいた。

本格的に探し始めたのは、日本政府による訪日調査が始まった80年ごろ。最終的に分かったのは、喜代子さんは53年、26歳の時にハルビンで死亡していたということだった。家を出た後、帰国の機会を待つ間に日本人男性と結婚。男児をもうけたが、息子が1歳の時に病気で亡くなった。男性に言い残していた。「私にはもう一人、女の子がいる。必ず探し出して、日本へ連れ帰ってほしい」

幸子さんは日本に来てから、喜代子さんの故郷の下伊那郡阿智村智里を訪ねた。母の同級生に会い、通った学校にも足を運んだ。気丈な人だったと聞いた。「短い人生だった。お母さんの分まで生きたい。どういうふうにつらかったか、知ってあげたい」

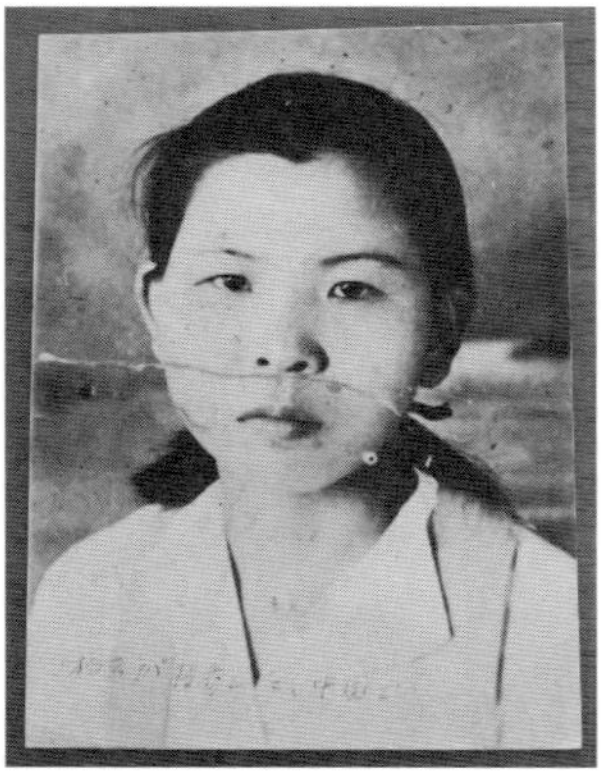

渋谷幸子さんが大切にしている母喜代子さんの写真（幸子さん提供）

幸子さんはかつて、結婚して大分に住む一人娘の美子さん（52）から、一緒に住まないかと誘われて悩んだ。長く暮らしてきた飯田には、困った時に相談できる友人がいる。公民館の文化祭でギョーザを作って振る舞ったり、文化講座を楽しんだり。車の運転も好きだ。結局、飯田で生きることを選んだ。

そんな幸子さんの人生に最近、大学4年の孫、赤星弥友《みゆ》さん（22）＝東京＝が関心を抱いている。小学6年の時、阿智村に満蒙開拓平和記念館ができ、家族で訪れた。祖母の日本語が「少し変」だったり、祖母には中国語を話す友達がいたりと、疑問に思うことがたくさんあった。帰りのバスの中で、家族の物語を母から聞いた。学校では満州の歴史も習っていた。「おばあちゃんが関係していたのか」

２０２４年の正月、幸子さんの家に弥友さんが遊びに来た。幸子さんの得意料理の肉まんを皮から一緒に手作りした。大学で中国語を習っており、北京への留学を目指している。「おばあちゃんが年を取って日本語を忘れてしまった時のために、私が勉強する」

屈託なく話す孫の気持ちが、幸子さんはうれしい。だがそれは、帰国者2世である自身の生活にとって、家族や地域の支えが頼みの綱となっていることの裏返しでもある。「私たちは日本では弱い階層。一番下の下」。遠くない将来への不安が重くのしかかる。

支援は残留1世の母にだけ　2世も老境に 日々募る不安

上田市の宮下多美子さん（74）は、残留婦人だった母の松代《まつよ》さん（101）＝旧小県郡武石《たけし》村出身＝と市営住宅で2人暮らしだ。毎晩1回は起きて、母の様子を見る。再び床に就いても眠れず、さえた目で夜を明かすこともある。

多美子さんが料理をしている時や、オンラインで日本語教室を受講している間も、松代さんがトイレに立つたびに慌てて駆け寄る。と言っても、自身も足腰を痛めている。「すぐは立てない。お母さんも転んじゃう時あるの」

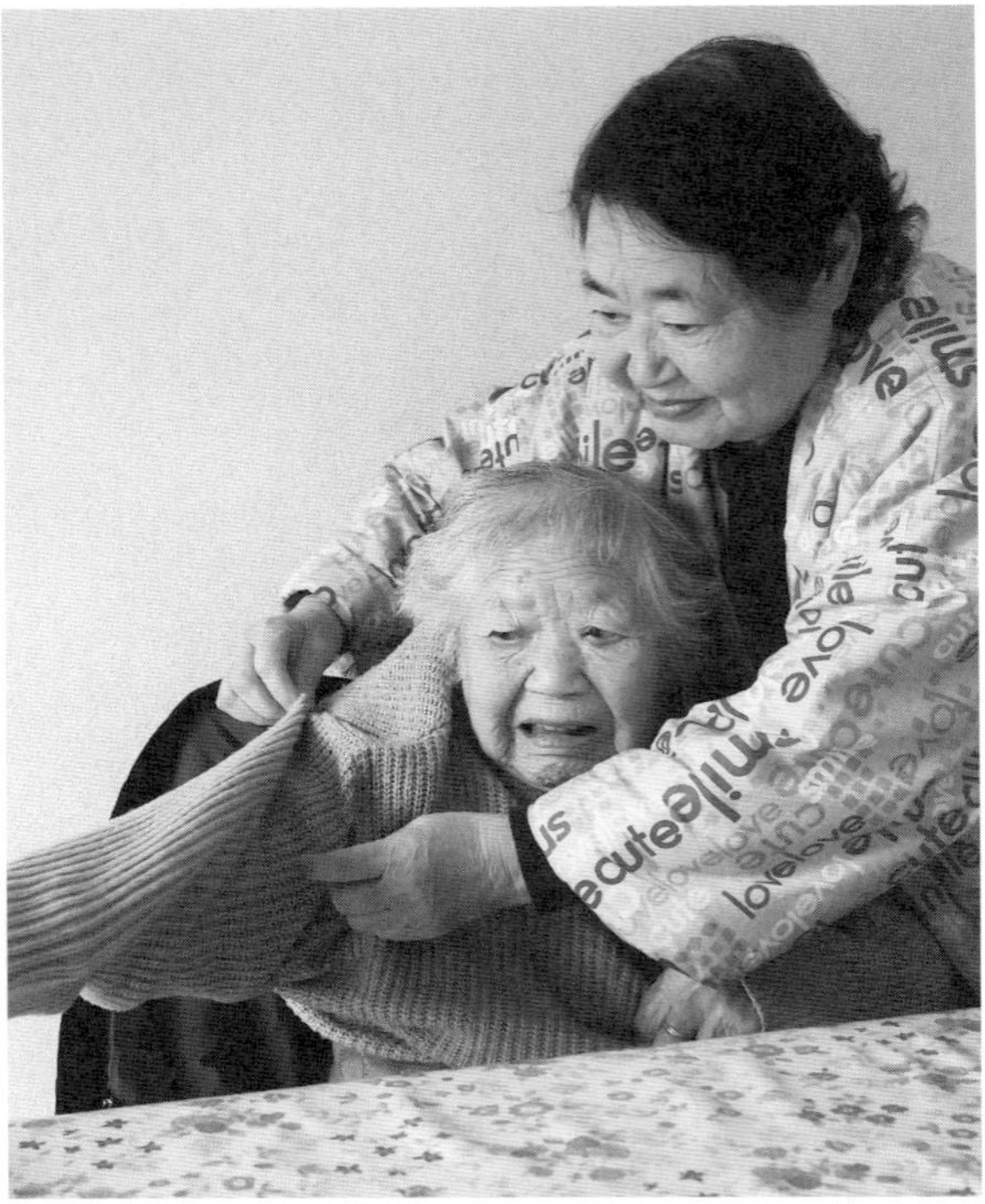
上田市の自宅で松代さん(手前)に服を着せる娘の宮下多美子さん＝2024年3月6日

1992年に一家で中国・天津から帰国。当時43歳だった多美子さんは中国での経験を生かし、65歳まで市内の病院で介護の仕事をし、父母の生活を支えた。結婚はしておらず、子どもはいない。近くに住む弟と一緒に両親を世話し、父も5年前に101歳で亡くなるまで面倒を見た。

多美子さんが日頃の悩みを打ち明ける場は少ない。日本語の日常会話は話せるが「たくさん分からないことがある」。例えばごみの日。資源回収が月1回あるが、いつなのか分からない。

放送で流れているようだが聞き取れない。地域での交流も少ない。夏祭りでみこしを担ぐ子どもの姿を遠目に見ているだけだ。

将来のことも気がかりだ。年金は月に約6万円。生活保護の申請に行ったことがあるが、軽自動車を持っているため認められなかった。母を病院や風呂に連れて行くのに必要で手放せない。

残留日本人1世である母は、2008年に始まった帰国者への新支援制度によって満額の老齢基礎年金と給付金をもらえ、家計を支えている。自身にはそうした支援はない。「お母さんいなければ、どうするか」。持病を抱えるが、受診は控えている。温泉施設で月2回、深夜0時まで夜勤で掃除の仕事を続ける。

楽しみは、日本語を勉強することだ。上田日中友好協会が開く月2回の教室に参加し、県日中友好協会（長野市）がオンラインで開く教室でも学ぶ。「勉強、やめちゃえば忘れちゃう。元気なうちに、もうちょっと勉強したい」。2024年3月6日、自宅を訪ねた記者が松代さんに、日本へ来たことは良かったか——と尋ねると、「うん、うん」とうなずいて返事をしてくれた。そんな母の様子を、多美子さんは優しい笑顔で見つめた。

残留日本人2世の帰国時の年齢は幅広いが、多くは中高年になってから。この2世世代が晩年を迎え始め、老後の生活に不安を抱えている。

23年12月、飯田市で飯田日中友好協会が初めて開いた2世や3世の交流会。「年金

●中国残留日本人２世への国の帰国支援

日本政府は中国残留日本人の帰国を巡り、2世については当初、20歳未満で未婚の場合しか国費での来日を認めなかった。1994年に要件を緩和し、65歳以上（現在は55歳以上）の残留日本人を扶養する場合は、成人か既婚の2世も国費による同伴帰国の対象とした。ただ対象は1世帯のみで、多くの2世は呼び寄せ家族として私費で来日。1世が先に帰国し、身元引受人や渡航費を確保してから呼び寄せるため、とりわけ年長の2世は帰国が遅れた。

は月2万円。ぎりぎりの生活をしている」「歩いて20分かけて買い物に行き、担いで持って帰る。一度行くと、3日くらい休んでいる」。来日した喜びの一方、困り事や苦労が次々と挙がった。

「お母さんは若い時、苦労をした。幸せになってほしくて一緒に来た」。2世の女性は話した。そんな2世たちに「自己責任」を求めるばかりでいいか。協会は、交流会で出た意見を県や県日中友好協会に届ける予定だ。「いろんな人たちの力を借りて考えたい」。どうすればより深く2世や3世の声に耳を澄ませられるか、事務局長の池田真理子さん(68)は思案する。

妻は50代で逝き支援得られず
独り日本で法のすきまに

日本語のテキストに指を添わせ、一文字一文字、丁寧に読み上げていく。「おからだ、ふきましょうか」「おねがいします」。2024年2月1日、上田日中友好協会が上田市の「室賀温泉ささらの湯」で開いた日本語教室。帰国した中国残留日本人1世と2世の計7人が、介護の現場で交わされる会話を学んだ。ボランティアに導かれ、孫祥《スンシャン》さん(91)＝埴科郡坂城町＝も一生懸命に日本語を発音した。

協会は月2回、上田地域などの中国帰国者向けに、ささらの湯で教室を開いている。一緒に昼食も食べ、お風呂へ入って帰宅する。それぞれ高齢となり、言葉が伝わらないため地域でも引きこもりがち。この日は楽しそうな中国語が飛び交った。

だが終わりに近づくと、孫さんは日本語と中国語を交えて漏らした。「独りで寂しい。娘、別々。仕事ない。年取ってずっと1人でいるから、日本語も中国語も忘れかけている。孤単《クータン》(孤独だ)」。

上田市ささらの湯で開いた日本語教室で、テキストを懸命にたどって日本語を練習する孫祥さん（中央）＝2024年2月1日

孫さんは、中国残留孤児の故山城和四《かずし》さんの夫。和四さんは更級郡村上村（現坂城町）出身で、更級《さらしな》郷《ごう》開拓団の一員として満州に渡った。夫妻は中国・黒竜江省の勃利県から１９８７年７月、子ども７人のうち３人を連れて来日。坂城町内で暮らし始めた。孫さんは54歳、和四さんは52歳。後に、他の子ども４人も来日した。

孫さんは、日本語を学ぶ間もないまま製造業の工場で働いた。時給は当時６００円ほど。生活は逼迫《ひっぱく》していた。

和四さんは、家族で日本に来られたことこそ喜んだが、慣れない暮らしで持病が悪化。医療費の心配から受診を控え、中国から送ってもらう薬を飲み続けた。定期健診を受ける方法も分からなかった。来日から１年半ほどの89年３月の朝、自宅で倒れ、病院に運ばれたまま亡くなった。

「日本に来てから、何の楽しみも味わう間がなかった」。来日時、小学６年だった末娘の三浦奈美さん（49）＝長野市＝は母を悼む。和四さんは、最期に中国語で奈美さんの名を呼んだという。

孫さんは62歳で退職後も、別の会社に移って75歳まで働いた。２０１４年、帰国した残留日本人本人の死後に、その配偶者が困窮しないよう、日本政府は新たな支援金制度をつくった。孫さんも町役場に問い合わせた。だが対象外だった。対象になるのは残留日本人本人が60歳以上で死亡した場合。和四さんは亡くなった時、54歳だった。

「すべての配偶者に支援給付・配偶者支援金を！」。中国残留孤児国家賠償訴訟の弁護団全国連絡会などは23年7月、訴訟終結後も毎夏に行っている厚生労働相との面談で、六つの要望事項を掲げた。その筆頭が配偶者への支援拡充だ。孫さんのような例は少なくないからだ。「法のすきまとも言える不合理な格差だ」。連絡会の米倉洋子弁護士（東京）は国の対応を注視する。

孫さんは現在、生活保護を受給する。来日当初から住む町営住宅は老朽化し、入居者が減ってがらんとしている。娘と同居したいが、子ども世帯の収入が考慮されて受給額が減ったり、もらえなくなったりする可能性があり、独り暮らしを続ける。

「自分に力があれば養えるのに……」。奈美さんは自分を責めてしまう。足しげく通い、料理を作り置きして帰る。娘の車が見えなくなるまで、外に出て手を振る孫さん。バックミラーに小さく映る父の姿に、いつも泣けてくる。

●中国残留日本人の配偶者への支援

中国残留孤児たちによる国家賠償訴訟をきっかけに日本政府が2008年に創設した新支援制度で、帰国した残留日本人の配偶者も支援給付（月額最大8万円）を受けられるようになった。14年には残留日本人の死後に配偶者が困窮しないよう、満額の老齢年金の3分の2相当額（23年度は月額約4万4000円）の支援金制度を設けた。厚生労働省によると、支援給付は老後の経済的安定を図ることが目的だとして、60歳以上で死亡した残留日本人の配偶者を対象としている。

国に流れ続ける「棄民の水脈」

残留孤児訴訟が問うたもの

2024年1月19日、東京都小金井市で市民グループが開いた音楽会。戦中の満蒙開拓と、戦後の原発政策という二つの国策の犠牲になった人たちを描いた合唱曲が披露された。

会場に、弁護士の小野寺利孝さん（83）＝東京＝が招かれていた。中国残留孤児たちによる国家賠償訴訟で弁護団全国連絡会の共同代表を務めた一人。促されて壇上で話した。「棄民ということに最初に問題意識を持ったのは、残留孤児の皆さんからご相談を受けた時のことでした」

中国残留孤児訴訟を振り返る小野寺利孝弁護士＝2024年2月22日、都内

後に原告団代表となる池田澄江さん（79）＝東京＝ら5人の元孤児が小野寺さんを訪ねたのは01年。既に13人の弁護士に依頼を断られていた。

池田さんは、当初は訴訟までは想定していなかった。中国で暮らした感覚からは、国と争うことは発想し難い。老後の生活保障を求めて署名運動やデモ行進を実施。国会には2度、請願を出した。

だが請願はともに審議未了で不採択となった。厚生労働省の対応も冷淡に感じていた。同じ頃、ハンセン病元患者が立ち上がって国の隔離政策は違法だと裁判で訴え、勝訴した。小泉純一郎首相（当時）が謝罪、

首相官邸を訪れた中国残留孤児訴訟の原告団代表と面会する安倍晋三首相（当時、手前左）＝2007年1月31日（共同通信社提供）

全面解決を表明し、池田さんらを大きく勇気づけた。

「裁判に訴えるしかない」

小野寺さんは当時、中国人の強制連行など戦争被害を巡って国と争っていた。多忙を極めていたが、中国人の戦争被害の救済に取り組むのに、孤児たちの依頼を断る理由はない。国会が孤児の声を無視して動かないことに怒りも感じた。弁護を引き受けた。

弁護団活動は、孤児一人一人の人生をじっくり聞き取ることから始めた。国の責任の所在について研究者も交えて協議。一連の政策に通底する基本姿勢は「棄民政策だ」との認識に至った。

「私たちは3度捨てられた」。孤児たちは法廷内外で訴えた。敗戦時に国に捨てられ、長年にわたり帰国の手は差し伸べられず、帰国後も支援を十分受けられなかった――。

結果は、神戸地裁で唯一となる勝訴。07年1月30日、小野寺さんの足元の東京地裁では主張が全て退けられ「大負け」した。判決の報告集会で、涙しながら謝った。

だが、政治は既に動き出していた。敗訴の翌日、安倍晋三首相（当時）は孤児らを首相官邸に招き、支援を約束した。直後の国会では「日本人として尊厳を持てる生活」の実現を図るとした。

国家主義的と評されることもある安倍元首相。小野寺さんは「『日本人としての尊厳を傷つけた』というのは、安倍さんの心情に訴えるものがあったのだろう」と分析する。政権の支持率向上への思惑もちらついた政治決着だったが、記者団に囲まれた池田さんは「昨日は地獄、今日は天国」と満面の笑みを見せた。

訴訟による決着を目指してきた小野寺さんは、複雑な気持ちで眺めた。その後、支援内容を巡って厚労省と折衝を重ねた。訴訟では国が法的責任を認めた上で謝罪することを求めたが、そこにこだわることは、もはや難しかった。高齢の孤児たちの生活を救うには時間がない。07年夏、支援策案を受け入れた。

小野寺さんは1967（昭和42）年、重金属カドミウムによる安中《あんなか》公害訴訟などで弁護士人生をスタートした。今、その最後の仕事として、東京電力福島第1原発事故で古里を奪われた人たちの訴訟に取り組む。戦前戦後を通じて「日本には一貫して棄民政策が脈々と流れている」と捉える。「その水脈を暴き出して、除去しなきゃ駄目だ」

●中国残留孤児による国家賠償訴訟

中国から帰国した全国の元残留孤児計2211人が2002年12月の東京地裁を皮切りに全国15地裁で訴訟を起こした。原告らの苦境は国の無策によるものだとして、1人当たり3300万円の損害賠償を国に求めた。神戸地裁は勝訴した一方、大阪、東京、徳島、名古屋、広島、札幌、高知の7地裁は敗訴した。07年11月の帰国者支援法改正で残留日本人1世は満額の老齢基礎年金などを受けられるようになり、各控訴審や山形、福岡、鹿児島、岡山、長野、京都、仙台の7地裁で訴えを順次取り下げた。

新支援策「もっと早ければ」　残留1世によぎる思い

「良い家族に恵まれたから、今は幸せだ」。２０２４年3月4日、長野市柳原の県営団地の一室。１人暮らしをする宮本秀夫さん（83）は、久しぶりに訪ねてきた長男の竜一さん（38）に中国語で笑顔を向けた。「そんな話はいいよ」。竜一さんは日本語ではにかんだ。

秀夫さんは、中国残留孤児が国家賠償を求めた長野地裁の集団訴訟で原告に名を連ねた。政治決着に基づく新支援制度で満額の老齢基礎年金と支援給付を受け、現在は月約15万円の収入で暮らす。「日本と中国のはざまで生きた人生も、少しは報われた」

敗戦時は4歳。混乱下で家族とはぐれ、養父母に育てられた。１９８５年の訪日調査などで身元が判明。埴科郡松代町（現長野市）出身で、生まれて間もない41（昭和16）年、埴科郷開拓団の一員として家族で満州へ渡っていた。父は召集され、ソ連軍の対日参戦で母と兄、姉は自決したらしかった。

養父母はかわいがってくれた。だが学校では日本人のため差別され、通えなくなった。そのせいもあり、今も読み書きが苦手だ。15歳の頃、養父母を亡くした。「大陸に独りぼっちだった」。25歳で中国人の妻と結婚、6人の子どもを授かった。黒竜江省七台河《しちだいが》市で農業を営んでいた91年、50歳で家族と帰国した。

建設作業員として働いた。日給8千円。同じ仕事なのに他の人より金額が低かった。言葉が通じず、同僚から「ばか」と言われた。娘の学費もあって生活が苦しい中、帰国者仲間から国賠訴訟について聞き、原告団に加わった。「どうして何十年という長い間、助けてくれなかったのか」。提出書面で国に訴えた。

同じく原告の林とし子さん（88）は千曲市八幡の市営団地で1人暮らし。58歳で帰国した。膝や腰が悪く、

長野市の団地の一室で、帰国してからの日々を長男の竜一さん(右)と振り返る宮本秀夫さん＝2024年3月4日

日本語は不自由なままで不安はあるが、デイサービスに週2日通い、家庭菜園を耕す楽しみもある。暮らしぶりは「まあまあ」と笑顔で話す。

須坂市豊丘の市営団地に住む富沢一誠さん(82)は、中国で結婚した妻と51歳の時に帰国。訴訟の原告に加わった当時は、夫婦のアルバイト収入などで生計を立てていた。今は車を持ち、近くの温泉施設にも通える。「良かった」。訴訟を経て獲得した新支援制度に、孤児1世たちの暮らしは支えられてきた。

ただ多くの孤児は中国の農村で厳しい暮らしを余儀なくされてきた。文化大革命(1966〜76年)で日本人も弾圧され、息を潜めるように暮らしていた頃、日本は急速な経済発展を遂げていた。「日本に普通に帰れていれば、普通の日本人の暮らしができたのではないか」。宮本秀夫さんは、歩んだかもしれなかった別の人生を思う時がある。

竜一さんは5歳の時に来日。日本の小中学校を卒業した。中国で中国語を学び、結婚後、父の住まいの近くに自宅を構えた。会社に勤め、新潟県長岡市に単身赴任中。週末に帰宅する。言葉を武器に、中国での商談もこなす。子どもの頃は両親が中国語を話すのが「恥ずかしい」と思うこともあったが、今は「必死で育ててくれた」と感謝する。

3年前、満蒙開拓や残留孤児について調べ始めた。妻や子ども3人と県立歴史館（千曲市）や満蒙開拓平和記念館（下伊那郡阿智村）を訪ね、埴科郷開拓団の名簿に秀夫さんの名前も見つけた。両親の苦労と日中間の複雑な歴史が、頭の中で結び付きつつある。子どもたちの世代には双方の歴史を見つめてほしい。それが「おやじの人生を糧とする」ことだと思うからだ。

●長野地裁の中国残留孤児国家賠償訴訟
2002年12月の東京地裁での提訴を受け、県内でも04年1月に原告団と弁護団を結成。4月、67人が原告となり、長野地裁に提訴した。6月にはさらに12人が提訴し、原告団は計79人となった。口頭弁論では原告側証人として、残留孤児問題に詳しい作家の故井出孫六さん（佐久市出身）が移民の実態などを証言した。07年11月に新たな支援制度を盛った改正帰国者支援法が成立したことを受け、08年3月に訴えを取り下げた。

悲痛な中国語「私は日本人じゃないの？」
「ヤミ畑」批判された元孤児

呼び鈴を鳴らすと、小柄な高齢の男性が穏やかな表情で玄関先に顔を出した。だが取材のお願いを切り出すと、まなざしは不信感を帯びた。「いまさら話しても仕方がない」。困ったような表情で口を閉ざす。やりとりを続けるうちに、わずかだが話してくれた。中国語で繰り返した。「私は日本人じゃないの？」

中国残留日本人の帰国者が多く暮らす長野市篠ノ井地区の県営みこと川団地。残留孤児だった男性は、篠ノ井塩崎の千曲川河川敷の、本来は許されない場所で耕作していた一人だ。２０２３年秋、ユーチューバーが耕作を「不法中国人によるヤミ畑」と批判して配信した動画に、カメラを向けられて日本語で思うように話せず戸惑う姿が映っていた。

「土地が余っていると、もったいないと思っちゃうの」。同じ団地に住む帰国者の女性は「良くないこと」とした上で、耕作者たちの思いを代弁する。帰国者たちの暮らしは余裕があるわけではなく、生活の足しにするため「みんな、どこかで畑をやっている」。女性も近くに土地を借りている。収穫した野菜は、交換することで隣人との交流のきっかけにもなる。「畑は社交場。小さな生きがいなの」

多くの中国帰国者が暮らす長野市の県営みこと川団地。部屋の明かりがまばらに見えた＝2024年3月17日

男性は２００４年、中国残留孤児が国家賠償を求めた長野地裁の集団訴訟に原告として加わっていた。その資料などによると、敗戦時は推定2歳。正確な生年月日は分からず、現在は81歳くらいだ。満州へ渡った開拓団の一員として黒竜江省通河県にいた。出身地や本名、両親の名前なども分からない。中国人の養父母に育てられた。結婚して農業を続けた。身元未判明のまま１９８９年に家族と永住帰国した。

子どもたちの独立後、職を失って収入が年47万円の年金だけだった時期もあった。訴訟を踏まえて07年に改正された帰国者支援法に基づき、1世の帰国者は新たな生活支援を受けられるようになった。

男性の暮らしは、ユーチューブ動画をきっかけに騒がしくなった。男性にとっては突然断罪されたように感じたが、指摘には反省し、畑は引き払った。自宅には警察も来た。騒動で「子どもや孫に迷惑をかけた」と落胆する。

何より、日本語が話せないことで「不法外国人」と扱われたことがショックだった。子どもの頃、学校では「日本鬼子《リーベングイズ》」と蔑称で呼ばれた。帰国後の勤め先では、日本語が不自由なため、人のミスを自分のせいにされた。中国では「日本人」と、日本では「中国人」と差別されてきた記憶がよみがえった。

ただ、地域には耕作者たちへの厳しい視線もある。近くの男性(85)は「やめてほしいと言っても聞いてくれなかった」。一帯にはごみの投棄もあった。動画が違法状態の解消につながったと受け止める声は、少なからずある。

24年3月3日、畑のあった河川敷を千曲市の元教員、飯島春光さん(70)が訪ねた。近くの篠ノ井西中学校でかつて、満蒙開拓や中国残留日本人についての学習に力を注いだ。傍らには、その時の教え子で明治大3年の北原康輝さん(22)＝東京＝がいた。北原さんは残留日本人4世に当たる。

日本語を話せる3世や4世が社会に溶け込むに連れ、地域で満州移民の歴史への

●千曲川河川敷の「ヤミ畑」問題

長野市篠ノ井塩崎の千曲川河川敷で帰国した中国残留日本人らが無許可で耕作し、2023年9月、県外のユーチューバーが違法と指摘した。テレビのニュースやワイドショー番組も取り上げた。国土交通省千曲川河川事務所（長野市）によると、耕作は少なくとも2010年から続き、面積は計約1ヘクタール。耕作者数は不明。長野南署との合同巡視後、耕作者たちは畑をやめ、建てていた小屋も撤去した。河川法は、河川敷の国有地を占用する場合は許可が必要としている。1965年の同法施行前から民間が利用してきた土地は一定の条件で耕作が認められる。

関心は薄まっていると感じている。だがそうした中では「ヤミ畑」のような件が互いの溝を深め、地域の分断のきっかけになってしまわないか。２人は同じ危機感を抱いていた。

知らないから「下」に見る　先生と生徒がつなぐ歴史への理解

「日本語ができないくせに何で日本にいるんだ」「中国人、中国に帰れ」。２０２４年3月1日、千曲市の屋代高校附属中学校。「そう言われたら、どうしますか」。平和学習で招かれた元教員の飯島春光さん＝市内＝が３年生80人に問いかけた。長野市篠ノ井西中でかつて実践した中国残留日本人の学習を振り返った。同市篠ノ井地区は、中国から帰国後に県営みこと川団地に住み、退去後も地区内で暮らす元残留孤児やその家族が多い。２０００年に同校に赴任した時、20人以上の帰国者の子どもや孫が生徒にいた。

日本語が話せず授業では座っているだけだったり、家族の通院に通訳として付き添うため欠席したり。いじめの標的になりやすかった。反抗心で暴力を振るう生徒もいた。

本人も周囲も歴史を知らないことが壁になっている――。飯島さんは、生徒たちと一緒に満州への開拓移民や帰国者について学んだ。帰国者の生徒とは祖父母らへの聞き取りもした。

中国に取り残されながら命をつないできた家族の記憶は、帰国者の生徒にとって自信となった。残留孤児をわが子のように育てた中国人養父母の話は、他の生徒たちに中国への敬意を芽吹かせた。それらは、それぞれの存在に優劣はあるのかとの問いを生徒に突き付けた。「つらい言葉を言ってしまい申し訳なかった」。いつしか、自らの行いを悔いる生徒も出てきた。

違法な耕作地のあった長野市篠ノ井塩崎の千曲川河川敷を訪ねる飯島春光さん（左）と教え子の北原康輝さん＝2024年3月3日

「問題の歴史や背景を知れば、互いを思いやれるはずだ」。この時に得た飯島さんの信念は、今も変わらない。

3月3日、教え子の北原康輝さんと一部の帰国者が違法耕作していた篠ノ井塩崎の千曲川河川敷を訪れた。曽祖父母の一家は開拓団として満州へ。1990年、北原さんの祖父母や両親たちが帰国した。違法耕作を巡るユーチューブ動画には、そもそも中国人を「最初から下に見て誤解している」と感じた。

北原さんは篠ノ井で生まれ育った。スーパーマーケットなどで両親が中国語で話し始めると、恥ずかしく感じた。北原さんを救ったのが、中学3年時の飯島さんの授業だった。「ようやく家族や自身を肯定できるようになった」

23年、日本と中国の学生友好団体「日中学生会議」の運営委員を務めた。卒業論文は帰国者の記憶や体験の継承をテーマにする。24年8月から中国に1年間留学すると決めた。

歴史をみんなと一緒に学ぶことや、そうした機会や場があることの大切さを、身をもって体感してきた。「それじゃあ、今度は北原君の番だね」。そのための役割を促す飯島さんの言葉に、北原さんは強くうなずいた。

「もう一度、帰国者について市民と学びたい」。違法耕作の問題を受け、同市篠ノ井布施高田の酒井春人さん(74)は思いを強めている。

最近、いつも通う篠ノ井駅前の中華料理店が帰国者の経営だと知った。地域の歴史関連の本を多く出版してきた龍鳳書房《りゅうほう》(長野市)の社長。中野市などから満州に渡った高社郷《こうしゃごう》開拓団の生存者、滝沢博義さん(89)=長野市=の著書の編集に関わった。店を営むのは、その中に登場する別の団員の孫だった。「関係者がこんなに身近にいるとは」。満蒙開拓の歴史は地域と切り離せないと改めて感じた。

酒井さんが会長を務める「篠ノ井まちづくり研究会」は24年、満蒙開拓をテーマに講座を計画した。篠ノ井地区住民自治協議会も、地域史を学ぶ市民講座で帰国者の歴史や背景に触れられないか検討を始めた。

社会への扉、帰国者に開いた「集い」　居場所こそ生きていく力

トン、トン、コトン。柔らかな日差しが降り注ぐ松本市芳野の複合施設「なんなんひろば」の調理室。2024年2月17日、トマトやニンジンを刻むリズミカルな音と、にぎやかな中国語の会話が飛び交った。

帰国した中国残留日本人のグループ「陽《ひ》だまりの集い」による料理教室だ。市内の守安威象《もりやすいぞう》さん(84)が支援している。この日は帰国者1、2世の19人と地域の8人が参加。中国の旧正月「春節」を祝うメニュー

松本市なんなんひろばで開いた料理教室で、帰国者たちと話す守安威象さん（中央）＝2024年2月17日

として、日本側はブリの照り焼き、中国側は酢豚や五目サラダ、スープを作って味わった。

手際よく3品を作り終えた帰国者たち。テーブルに並べる時、帰国者2世の橋詰絹枝さん（58）＝松本市＝は手を止めて少し考えた。「箸の向きはどっちだっけ」。思い出して箸を置いた後、ご飯を左、汁物を右に置き、きれいに和食流の食卓を整えた。

橋詰さんは母の里枝さん（88）が元中国残留孤児。1996年に北京から来た。当初は言葉も分からず「閉じこもり状態」。孤独に耐える日が続いた。夫や子どもは、職場や学校で差別やいじめに遭った。里枝さんも「日本語も話せず、帰国したことの後悔が続いていた」と振り返る。

そんな生活を変えたのが「陽だまりの集い」だった。毎月、日本語教室やボウリング大会、カラオケ教室、畑作業、料理教室があり、母娘で出かけた。日本の食卓のルールもここで覚えた。中国では学校に通えず文字が分からなかったが、平仮名や片仮名、漢字を徐々に覚え、半年もたつと書けるようになった。「集い」の旅行で広島や大阪を訪ねたのが大切な思い出だ。

グループの長年の活動は、松本地域で帰国者たちが社会とつながり、生き生きと暮らすために力を与えてきた。

守安さんが中国帰国者と出会ったのは２００５年。岡山県出身で、定年退職を機に松本市へ移住。地域貢献を目指すＮＰＯ法人「ナルク信州まつもとだいら」をつくった。手始めに料理教室を開き、講師に帰国者を招いた。

そのお礼にと春先、森の中でのバーベキューに帰国者４人を招待した。すると女性たちは一張羅の服にヒールのある靴で現れた。それぞれ来日７～８年。守安さんは、その場にそぐわない格好に驚くと同時に、女性たちが日本社会との接点をあまり持てずに来たのだと思った。残留日本人の歴史を学び、苦労も知った。「何とか力になりたい」。「集い」をつくり、支援に熱を入れていった。

帰国者たちへ一方的に世話をする形にならないよう、心がけてきた。日本語教室を開く際は、準備と片付けを帰国者自身にお願いした。活動費は08年に始まった国の新支援策で全額補助されるが、レクリエーションでもあるボウリング大会では参加費２００円を集め、景品代に充てた。「（帰国者も）おんぶに抱っこじゃ駄目だ」。疑問に思うことがあれば伝え、時には本気でけんかし合った。

春節を祝う料理教室には、04年に県内の残留孤児が長野地裁に起こした国家賠償訴訟で原告団副団長を務めた石坂万寿美さん（81）＝塩尻市＝も、久しぶりに元気な姿を見せた。裁判を経て経済的な支援を得られるようになっただけでは暮らしは豊かにならず、こうした居場所が必要だったという。「毎日うちに、駄目です。参加したら張り合いある。山見て、川見て、空気おいしくて、心広くなる」

先細る国の支援に不安

揺らぐ日本語教室・通訳派遣

2024年2月20日、松本市岡田町の障害者就労支援施設「岡田希望の家」で、帰国した中国残留日本人2世の女性3人が利用者に交じって黙々と作業していた。長年参加する竹内順子さん(73)は作業の手を休めると、切実な表情で言った。「みんな一緒に活動、楽しい。活動、続けてほしい」

施設を訪ねたのは、守安威象さん＝市内＝が代表を務める松本地域の中国残留日本人のグループ「陽だまりの集い」。いつもは日本語や料理の教室などを開いているが、「自分たちも社会に貢献したい」と毎月1回、ボランティアに訪れている。この日は、施設が企業から請け負った袋詰めを手伝った。

だが事業はこの春、節目を迎える。守安さんは定年退職後に支援に携わり始めた。帰国者を支えることに喜びを感じてきたが、年齢を重ね、自家用車での送迎に不安がある。後継者はつくれなかった。次の年度からは頻度を減らしつつ集う場を設けたい考えだが、帰国者には不安が募る。

飯田市のデイサービス施設「羽場赤坂デイ」(定員12人)は、帰国者2世が立ち上げたNPO法人「共に歩む会」が運営する。中国語に対応している。この半年で2世の利用が増え、1世の利用をしのぐ勢いだ。市からの委託で開く帰国者向け日本語教室も、2世の参加が過半数を占める。事務局長の下平尚志《たかし》さん(47)は「1世よりも2世の方が日本語を話せない人が多い印象」と話す。

そうした中で課題を感じているのは、市の委託で行う医療・介護現場への通訳派遣だ。全額が国補助でまかなわれるが、派遣対象は1世と、国費で1世と同伴帰国した2世のみ。大多数の2世は、1世が呼び寄せて私費で帰国しており対象外だ。通訳の派遣依頼を受けても、その場では帰国が私費か国費かは分からな

飯田市のデイサービス施設「羽場赤坂デイ」を利用する中国帰国者たち＝2024年2月16日

い。断ることはないが「ボランティアの部分が大きい」。新たな支援の枠組みが要ると考えている。

帰国者支援の取り組みが活発な兵庫県尼崎市で23年11月、関西で活動する帰国者への支援相談員の座談会があった。「国からの予算が大幅に減額されている」「例年より補助が4割削減されると言われた」。危機感を訴える声が相次いだ。自治体の日本語教室開催や通訳派遣などは全額に国補助を受けるからだ。

実際に広島や大阪、兵庫などでは教室を一時閉じたり、自治体が急きょ自主財源を充てたりと対応に追われた。長野県によると、県の支援事業では本年度、国補助の減少による支障はなかった。ただ支援の現場には他県の情報が伝わり、不安が一時高まった。

厚生労働省は結局、帰国者支援向けを含む補助金の枠内で他事業と調整し、年度途中に1億3千万円を追加交付した。本年度当初の補助額は2億5千万円で前年より8千万円少なかった。自治体側は予定通りに日本語教室などを開けたが、単独で補助金枠が確保されず、他事業に予算が左右される不安定さが浮かぶ。

3月12日の閣議後記者会見。武見敬三厚労相は本紙記者の質問に補助額変更の経緯を説明。「自治体には限られた予算の中で効率的な事業運営を行っていただくよう引き続き要請する」とも言った。そもそも補助金の枠は年々縮小傾向にあるという。

帰国者への支援の必要性が高まる一方で、現場にとって先を見通し難い状況が続く。

しわ寄せを放置、社会に声を上げる　生活と尊厳を守るために

東京が春の陽気に包まれた2024年3月15日の昼下がり。国会前の参院議員会館の一室に、首都圏の中国帰国者2世の約30人が集まった。「親のために日本に来たのに」「子どもたちに迷惑をかけたくない」。厚生労働省の中国残留邦人等支援室の職員3人と向き合い、歩んできたそれぞれの人生をあふれるように語った。

夫の母が飯田市出身の残留婦人だった麦島小百合さん(71)＝東京＝も、いてもたってもいられず口を開いた。「日本人と、生活面も人権も、いろいろ平等になりたい」

北京から1982(昭和57)年、下伊那郡鼎町《かなえ》(現飯田市)へ家族5人で来た。地方での生活は慣れず、間もなく東京へ。スーパーやクリーニング店、焼き肉店などで働き、子育てをした。自身の現在の収入は年金の月2万9千円。夫は母が日本人のため戦後の中国で後ろ指をさされながら生きた。日本の戦争の影響を人生全体で受け止めてきた2世に生活上の支えがないのは腑《ふ》に落ちない。

厚労省側は、残留日本人の1世が戦後に引き揚げたくても引き揚げられなかったのに対して、2世にはそうした事情はない、との見解だ。2時間余の面談でも「そもそも2世は援護の対象としていない」との立場を崩さなかった。

東京・参議院議員会館で、厚生労働省との交渉に臨む麦島小百合さん（右）ら中国帰国者2世たち＝2024年3月15日

残留孤児たちが全国15地裁で起こした国家賠償訴訟は08年からの新支援策につながった一方、対象からこぼれ落ちる残留日本人の2世や配偶者への対応などは当初から課題とされていた。1世も2世も年齢を重ね、それらは現実のものとなっている。原告団と弁護団の全国連絡会は、医療や介護を受ける全ての2世への通訳派遣や、言葉の壁に配慮した介護環境の整備などを国に申し入れてきた。

県内でも対応を求める声は上がる。県松本保健福祉事務所で6年前まで中国帰国者への支援相談員をしていた中西玲名さん(57)＝松本市＝は当時、2世や3世が窓口へ来て、通訳の利用を希望しても、支援対象外のため断るしかなかった――と残念がる。「理解できる言語で医療を受け、説明を受ける権利は全ての人にある」。広く来日外国人も含めて、行政を巻き込んだ支援を考えられないか、かつて支援員を務めた友人たちと思いを共有している。

帰国者2世と厚労省の面談を開いた日本中国友好協会（事務局・東京、井上久士会長）は、2世への支援拡大を求めて10万人を目標に署名運動に取り組む。現在6万筆余。これに協力する摂南大（大阪府）現代社会学部教授の浅野慎一さん(67)は、これまでに約450人の中国残留日本人に聞き取りをしてきた。たどり着いたのは、日本の社会が、帰国者たちのように人生の途中から参入せざるを得ない人たちの存在を想定していない、との視点だ。日本国内で生まれ、義務教育を受け、定年退職まで働いて老後に備える。そんな人生のコースが前提だからだ。

だが日本生まれの日本人でも不安定な非正規雇用の人や、年金で老後を支えられない人たちは増えている。「残留日本人や2世が日本の地で尊厳を持って生きられる社会を実現することの意義は、帰国者の救済だけにとどまらないだろう」。市民グループの学習会などで訴えを重ねる。

残留婦人の母(101)と暮らす上田市の宮下多美子さん。これからに望むものを尋ねると、中国と日本の漢字を交ぜて「老後無忧《ラオホウウーヨウ》」と書いた。「忧」は憂いのことだ。歩いたり食事をしたり、病院へ行ったり。そんなことに「悩みや心配がない」ような、ささやかな日常を求める。

日本が満州に傀儡《かいらい》国家を造り、国民を送り込んだことのしわ寄せは、国境をまたぎ、子や孫の代まで尾を引いている。問題の在りかは、もう示されている。

特集 中国帰国者のいま

戦後政策が生んだ被害者

摂南大教授 浅野慎一さんに聞く

中国残留日本人の問題を考える上で大事なのは、単なる「戦争被害者」ではなく、戦後の日本国憲法と民主主義の下で日本政府の政策が生み出した被害者だ―と理解することだ。引き揚げ政策から取り残され、帰国後の支援も十分ではなかった。

近年の研究で、日本政府は1958（昭和33）年、中国敵視政策の下、悪化する日中関係を利用して引き揚げ事業をあえて中止した可能性が指摘されている。また、72年の日中国交正常化に伴って、残留日本人の国籍は、本人の意向を問わず日本から中国へ変更した事例があり、日本人として帰国する道を奪った。さらに、日本政府によるさまざまな制限政策で帰国が遅れ、自立した生活は一層困難になった。

中国帰国者2世の生活状況
（浅野慎一さんが2002～20年に71人の2世から聞き取った内容を分類。年齢は帰国時）

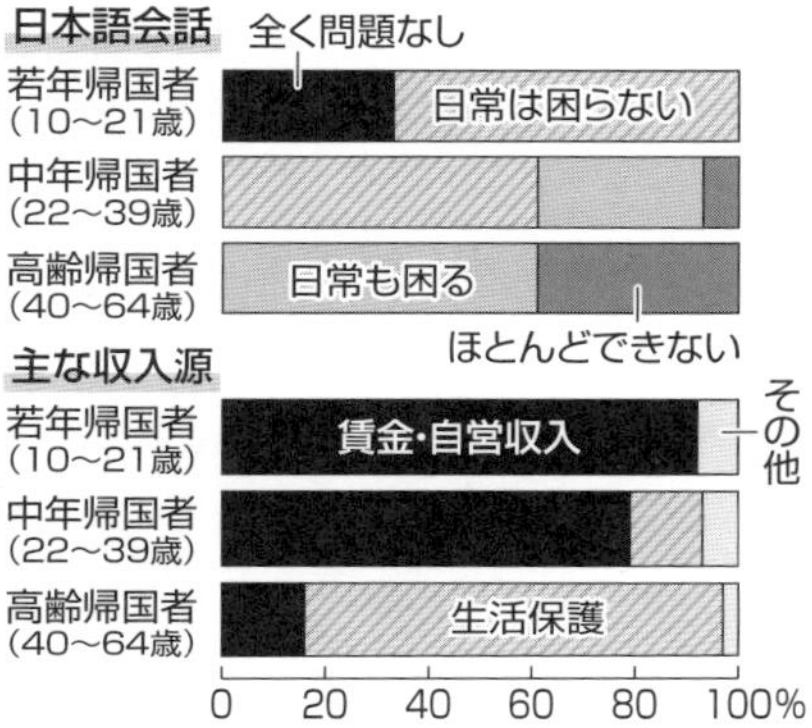

近年、残留日本人の2世の問題が耳目を集めつつある。

当初、1世に対しては、日本の肉親による身元保証を要求した。後に緩和されたものの、1世の帰国は大幅に遅れた。2世の帰国は1世以上に厳しく制限し、1世の帰国時に、20歳未満で未婚の2世に限って国費での同伴帰国を許可した。それ以外の2世の帰国は、1世が先に帰国し、身元引受人や渡航費を確保しなければならなかった。

2世は、帰国時の年齢が10歳未満から60歳以上と極めて多様だ。私の調査によると、2世の帰国後の生活は帰国の時期や年齢に左右され、大きく三つに分かれる。

21歳未満で帰国した「若年帰国者」は、日本語に不自由はあまりないものの、学校でのいじめなど被差別経験が多い。22～39歳の「中年帰国者」は、不安定な就

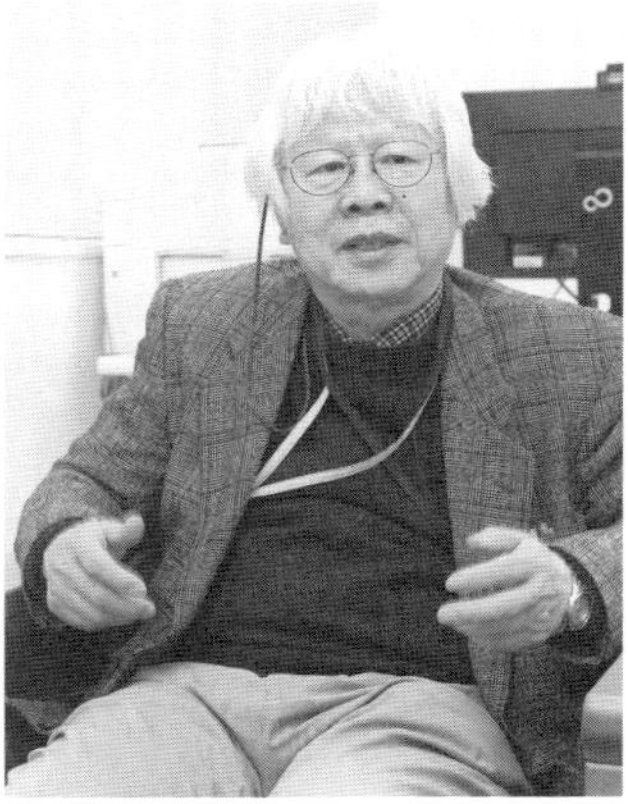

【あさの・しんいち】
1956年神戸市出身。専門は地域社会学。摂南大現代社会学部特任教授、神戸大名誉教授。「中国『残留日本人孤児』を支援する兵庫の会」代表世話人。帰国者へのインタビューを重ね、共著に『中国残留日本人孤児の研究』など。

労と老後の不安にさいなまれている。

　40歳以上で帰国した「高齢帰国者」は、貧困と孤立の中にある。日本語がほとんどできず、日本での就職がとりわけ困難だ=前ページグラフ。帰国後の年金納付期間が短いため、年金額は夫婦合わせて月3万円以下ということも多い。

　このように、戦後の日本政府の帰国制限と貧弱な自立支援政策の被害者という点で、1世と2世は何ら変わりない。それにもかかわらず、政府の公的支援は現在も、1世や、国費で同伴帰国した2世だけを対象としている。2世、とりわけ私費で帰国した中高年帰国者への支援が必要だが、放置されたままだ。それは、残留日本人を「戦争被害者」と位置付けており、戦争被害は国民が等しく受忍すべきで、政府には補償義務がない――としているからだ。家族の責任で対処すべきだという立場に固執している。

　2008年、国は1世のための新たな支援給付制度を設けたが、支給額は全員一律ではなく、収入がある場合はそれに応じて減らす「収入認定」を課した。これも、政府の支援はあくまで残留日本人とその家族への恩恵的、側面的な援助で、決して政府の責任を認めた上での補償ではない――との立場からだ。

　しかし02年以降の国家賠償訴訟で、判決を出したほとんどの地裁は、勝訴・敗訴を問わず、残留日本人の損害を「国民が等しく受忍すべき戦争被害」とする政府の主張を認めなかった。戦後の政策が十分だったとは言えないことを指摘した判決もあった。

　残留日本人の問題は戦争被害と結び付けて考えられがちだが、それでは戦後の日本政府の責任の重さを隠蔽《いんぺい》してしまう。2世たちの苦難は、その事実を主権者である国民一人一人に問いかけている。

中国残留日本人を巡る主な動き

1936	満州移民が国策化
45	ソ連軍が満州に侵攻
	日本人はできる限り現地にとどまらせると決定。敗戦
46	前期集団引き揚げ開始。中断する48年までに約100万人が引き揚げ
49	中華人民共和国建国。日本は承認せず
53	民間レベルでの引き揚げ(後期集団引き揚げ)開始
58	長崎切手展で中国国旗侮辱事件。後期集団引き揚げが終了
59	「戦時死亡宣告」で中国残留日本人を含む約1万3千人の戸籍抹消
66	中国で文化大革命始まる
72	日中国交正常化。これを機に中国を国家として承認、残留日本人らの中国籍への変更を認めるように
74	日中友好手をつなぐ会(山本慈昭会長)などの肉親捜し開始
75	厚生省による第1回公開調査。81年まで
76	日中友好手をつなぐ会が残留孤児の訪日調査を日本政府に要望
81	厚生省による第1回訪日調査
84	埼玉県所沢市に中国帰国孤児定着促進センター開所
93	永住帰国できなかった残留婦人12人が強行帰国
94	議員立法による帰国者支援法が公布
96	最低2万2千円の国民年金受給などが可能になる特例措置
2001	残留孤児らが老後の生活保障を求める国会請願。審議未了で不採択
	残留婦人が東京地裁に提訴。05年さいたま地裁でも
02	再度の国会請願が審議未了で不採択
	残留孤児が国家賠償を求め東京地裁に提訴。以降、長野など14地裁で集団提訴
05	孤児訴訟が大阪地裁で敗訴。超党派の勉強会や与党プロジェクトチーム(PT)結成
06	残留婦人訴訟が東京地裁で敗訴
	孤児訴訟が神戸地裁で勝訴。政治的解決を求める機運高まる
07	孤児訴訟が東京地裁で敗訴。判決翌日、原告団代表が安倍晋三首相(当時)と面談
	全国の原告代表が与党PTの支援策の受け入れ決定
	新たな支援策を盛った改正帰国者支援法が成立。孤児訴訟は訴えを取り下げ
08	全国原告団・弁護団代表と厚生労働相が面談。以降毎年、支援拡充を要望
09	残留婦人訴訟で最高裁が上告棄却・上告不受理を決定
14	支援法改正で「配偶者支援金」創設

第4部

見過ごしてきたもの

満州国へ渡った被差別部落の人たちを巡る証言や資料は、全国的にもほとんど残されていない。日本の植民地だった朝鮮から大勢が移ったことも、あまり顧みられてこなかった。国家の歴史の主流ではない存在として私たちは見過ごしてきたのではないか。第４部は、それらを掘り起こし、いまに生かす動きを見る。

満州で集団自決した熊本・来民開拓団員の供養塔＝2024年4月、熊本県山鹿市 ☞本文122ページ

「弱き者」にはさらなる苦しみ

「渡満すれば差別なくなる」と信じたが…

手描きの地図を見せながら、戦時中に満州で暮らした開拓団時代の記憶を呼び起こす。そこには、出身地域別につくった集落だけでなく、日本の被差別部落から移り住んだという人たちがいる「朝日部落」や、朝鮮族の人たちでつくる「朝鮮部落」といった集落名もある。

「満州でも差別はあったと思う。私たちだって、国がやったこととは言え、現地の人を追い出したのだもの」。2023年12月、下伊那郡阿智村の満蒙開拓平和記念館。同館で語り部をしている北村栄美《えいみ》さん(90)=岐阜県池田町=は、平和関連の展示を行う博物館の職員らの交流会で、約40人を前に静かに振り返った。

下伊那郡大鹿村出身。7歳だった1941(昭和16)年、下伊那などから満州に渡った大古洞《たいこどう》下伊那郷開拓団に家族で参加した。ハルビンから東北東へ約200キロ、松花江《しょうかこう》支流の大古洞川の両岸に広がる大草原地帯に入植した。

一家が暮らした集落「宮野田部落」から南東へ3キロほど離れたところに、朝日部落はあった。暴徒の侵入を防ぐため、他の集落は高い土塀で囲まれているのに、朝日部落だけ塀がない。丘の上の日が当たる場所だった。12戸の宮野田部落より規模は小さく、家屋の高さが低かった。

被差別部落の出身者がいる——。周囲の大人たちから聞いた。「そういう人がいるから、あそこに近寄ってはいけないんだって」。聞きかじった言葉を母ますゑさんにそのまま言ったことがある。「めったなことを言うもんじゃない」「針金で口を縫うぞ」。母は真っ赤になって怒った。「二度と言うまいと思った」。今でも思い出すとビリッと体がしびれる。母は、誰かを他の人より低く扱うことに対し毅然《きぜん》とした態度を通した。

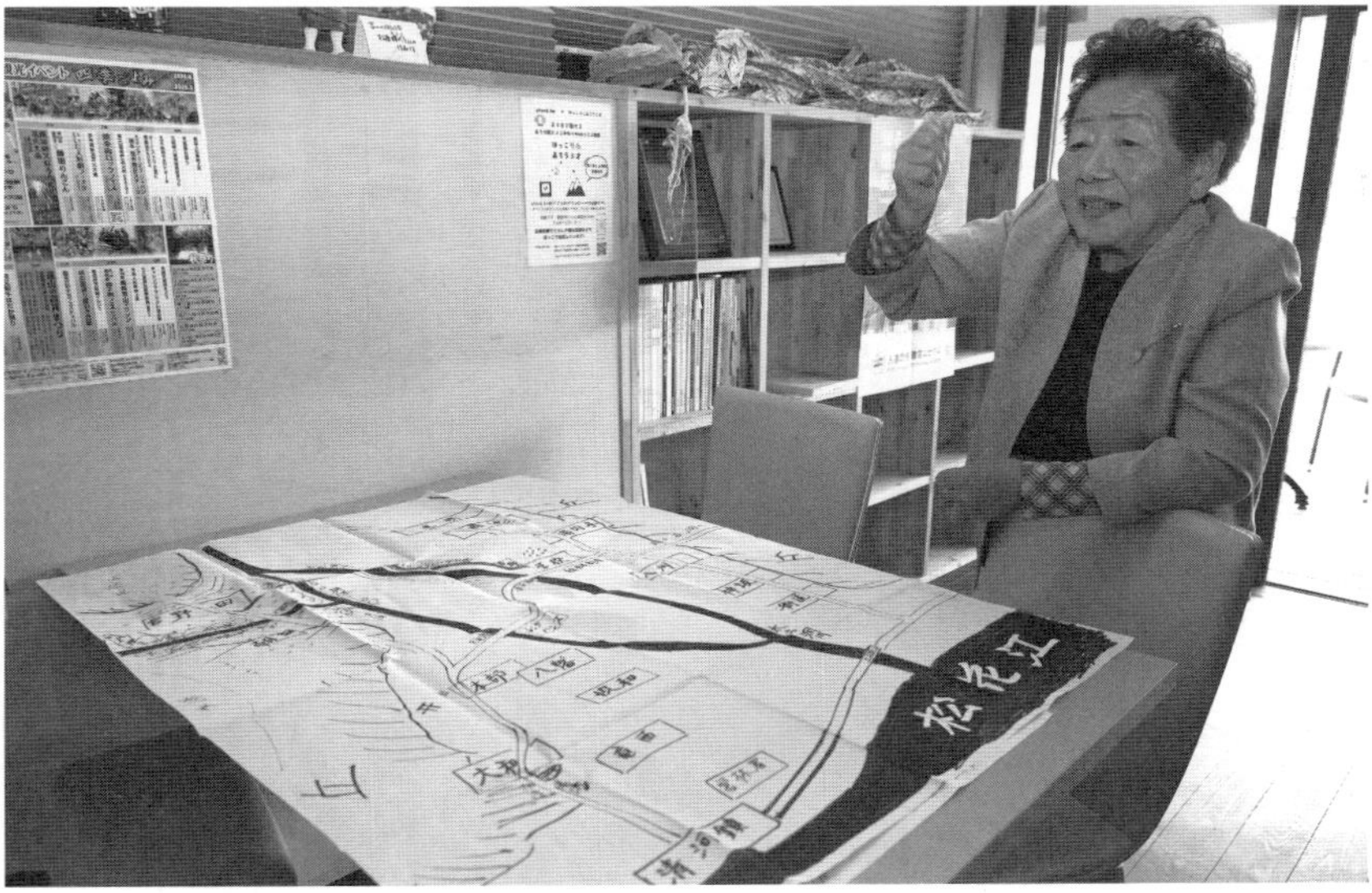

阿智村の満蒙開拓平和記念館で、自作した大古洞下伊那郷開拓団の地図を見ながら記憶を語る北村栄美さん＝2024年4月13日

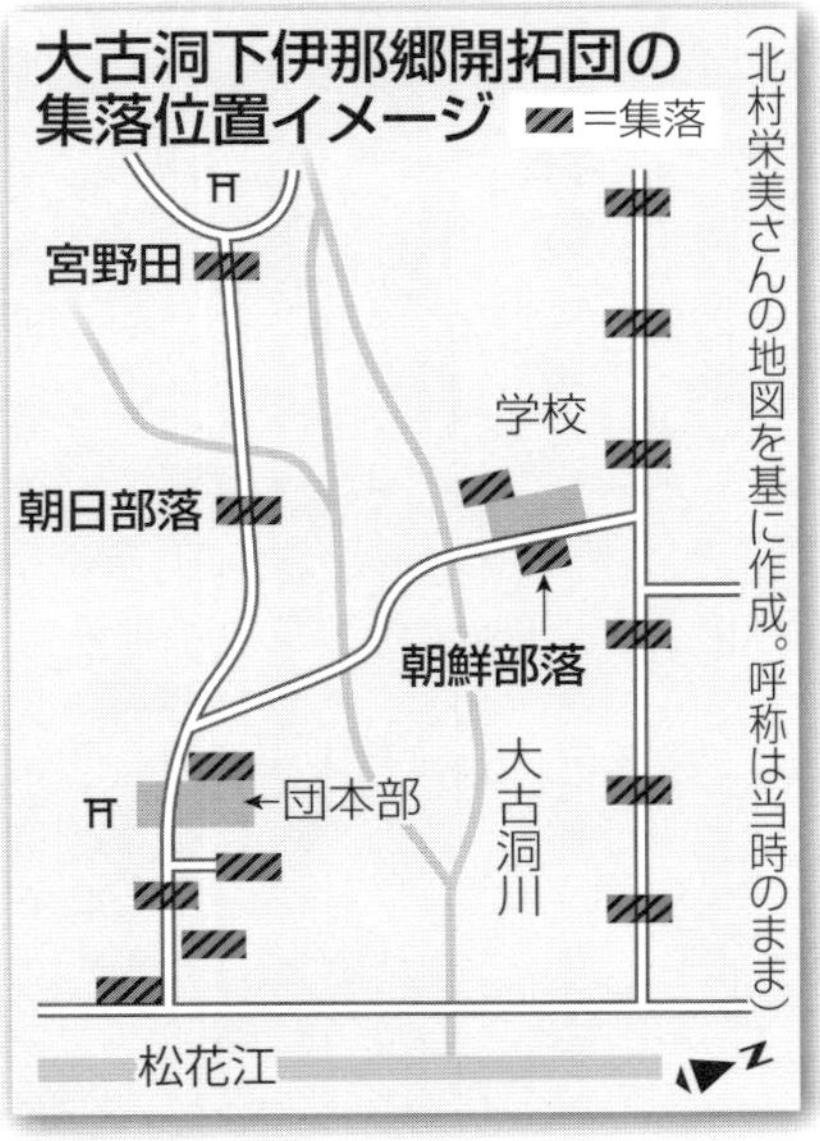

（北村栄美さんの地図を基に作成。呼称は当時のまま）

通った学校には、朝鮮族の子も数人いた。勉強ができて、日本の植民地支配によって強制されていた日本語を流ちょうに話した。開拓団の子どもたちに溶け込んでいたが、けんかになると、朝鮮の子が日本人の子に手を上げることは一切なかった。

北村さんは、誰にも分け隔てなく接した母の影響で、朝鮮の子の家に遊びに行って靴の縫い方を教えてもらったり、朝日部落の家に行って子守をしたりした。「母の生き方に助けられた」。人と人が対等に出会えるよう導いてくれたことに今も感謝している。

満州には敗戦当時の45年、約216万人の朝鮮人がいた。155万人ほどだった内地からの日本人を大きく上回る。植民地支配によって満州へ移住せざるを得なかった人も多い。また、新天地での暮らしに一筋の光を見た被差別部落の人たちもいた。「満州に行けば差別がなくなる」とする評論が、国の力で差別解消を目指す運動の機関誌に載り、入植をあおった。

そうした人たちも、他の開拓団員と同様に対ソ連防衛や食糧増産の役割を担った。日本がつくった傀儡《かいらい》国家「満州国」は、差別や抑圧から逃れたいという人たちの思いも利用して維持されたのか──。「より弱い立場の人が苦しめられるのが戦争。繰り返してはいけない」。北村さんは、当時の様子を記した地図をそっと手でなぞった。

「お国に貢献」のつもりが… 差別に加担した無念

大古洞下伊那郷開拓団の元団員、北村栄美さんが満州で被差別部落の出身者たちがいたと記憶する集落「朝日部落」。10歳だった北村さんが、ここで子守をした女性(81)が飯田市に暮らす。当時は1、2歳。父は馬の繁殖、母は牛の世話をして過ごしていたと聞いた。

女性は、被差別部落にまつわることは両親から何も聞いていないが、母からは「どんな人とも分け隔てなく接しないといけないよ」とよく言い聞かされた。両親は当時、家で働いていた現地の人にも手荒なことはせず、それもあってか、ソ連の対日参戦後の逃避行では現地の人に助けてもらったという。

部落差別問題などに取り組む人権センターながの（長野市）の事務局長、高橋典男さん（64）も「朝日部落」については聞いたことがない。古い資料に当たったが、来歴は分からなかった。被差別部落から満州へ渡った記録は、全国的にもほとんどない。

ただ、国などは差別の解消と貧困からの脱却を掲げて被差別部落の人たちを満州へと誘った。天皇を中心とした「民族融和」によって差別解消を図るとする国家主義的な「融和運動」の一環だった。

全国で唯一、被差別部落の人たちを中心に組織された満蒙開拓団の来民《くたみ》開拓団。熊本県来民町（現山鹿《やまが》市）から満州へ渡った。同県や町は準備金も用意し、１９４１（昭和16）年から吉林省扶余《ふよ》県五家站《ごかたん》に入植。82世帯３１６人が暮らしたとされる。

厚い土塀に囲まれたれんが造りの家。５家族が一組となり、コーリャンや大豆、キビなどを計30町歩（約30ヘクタール）の畑で育てた――。地元に伝わる元団員の証言記録からは豊かな暮らしぶりがうかがえる。

一方、心痛も吐露している。荒野を開拓するつもりで着くと、現地の人たちから買い上げた農地や家屋などが用意されていて、そのままの形で入植した。家屋からは住民に退去してもらわなければならない。〈出て行くときゃ涙ぐんで……。あんときゃ、自分ながら心を打たれたです〉。農地などの買い上げには日本の関東軍が関わっていた。

敗戦直後、開拓団は現地民の襲撃を受けた。出征者を除く女性や子ども２７６人のうち、顛末《てんまつ》を古里に報告するための１人を残して全員が45年８月17日、集団自決した。

「満州移民に差別の構造があると気付いたのは、渡った後や引き揚げた後だったようです」。同開拓団の歴史の語り部で、遺族会長を務める森山英治さん(69)＝山鹿市＝は話す。叔母が団員だった。

父の故義男さんは43年、開拓団を心配して満州に渡り、南満州鉄道に就職。程なく召集されて仲間と離れ、悲劇を防げなかったことを悔やみ続けた。「地位向上のため国に貢献することが、内実は差別に加担することだった」。被差別部落に生まれ、差別や偏見には敏感であったはずなのに——。森山さんは犠牲者や遺族の無念を思う。

人権センターながのの高橋さんの手元に一冊の冊子がある。農村や被差別部落の歴史を調べている信州農村開発史研究所(佐久市)の元所長の故川向秀武さんが、戦時中の新聞や雑誌から被差別部落に関連する記事を拾い上げてまとめていた。そこには、現在の須坂市や小諸市にも集団移民の計画があったことが記されていた。

県内でも計画——被差別部落の移民

語り継がれず消えゆく記憶

地区の132戸、722人のうち70戸を満州へ送り出す——。信州農村開発史研究所の冊子に、現小諸市の被差別部落の集団移民を巡る記載がわずかにある。1940(昭和15)年から毎年10～20戸を送り出す5ヵ年計画。戦時中、内務省に設けられた中央融和事業協会の機関誌『更生』の記事として紹介している。冊子のすぐ下の欄には現須坂市の被差別部落での計画もある。全41戸、185人を41年から3年間で送り出す内容。『更生』の記述は、働き盛りの世代ではない子どもやお年寄りが半数を超えていると課題を挙げつつ、移民の実現へ旗を振り続ける役場職員の「熱情」をたたえている。

協会は、国などの力で被差別部落の地位向上を目指す「融和運動」を進める団体だ。理事の下村春之助は「更生」に寄せた評論で、差別観念は集団社会の意識であり、従来とは別の社会である満州に移れば「差別は解消する」と主張。差別を強いられている人たちに対し、移民は国策への協力との「一石二鳥」だと訴えた。運動は自治体も推し進め、県内でも浸透した。

だが、そうした被差別部落と満州移民の関わりを巡る県内の記憶は薄れつつある。

２０２４年３月２日、須坂市であった「解放子ども会」。子どもたちや地域住民ら約30人を前に、地元の被差別部落に住む荒井武夫さん(71)が講演した。20歳の時に差別用語を投げかけられて初めて差別を自覚。言い返せずに泣き寝入りしたり、住所を尋ねられても言えなかったりした若い頃の経験や、人と人が尊重し合う大切さなどを話した。

佐久市の五郎兵衛記念館で、段ボール箱から朝倉重吉の資料を取り出して調べる斎藤洋一さん＝2024年4月11日

ただ満蒙開拓については、この日も特には触れなかった。集団移民計画のあった集落の出身。地域の被差別部落の歴史に詳しく、地元や上高井郡小布施町の部落から満州に渡った親族もいた。だが引き揚げ後は他の地域へ移り、経緯や満州での暮らしなどは聞いておらず分からない。「もうどうしようもない」

小諸市でも同様に語り継がれていない。集団移民計画は、両市とも達成したとの記録はなく、頓挫したらしい。

「農業三二」「商業七」「大豆三五石七斗」「大根四三〇三貫」。24年4月11日、佐久市五郎兵衛記念館。信州農村開発史研究所の所長、斎藤洋一さん(73)＝山梨県中央市＝は、現小諸市の被差別部落を巡り36年に作られた「経済更生計画書」を確かめていた。人口や戸数、農作物の収穫量などが細かく記されている。後の集団移民計画の下地にもなる資料だ。

計画書は、１９２４年に県水平社が結成された際の中心人物の一人、朝倉重吉（１８９６～１９６７年）が持っていた。遺族から研究所が預かる資料の中にあった。この集落は、朝倉の故郷でもあった。

自力での差別解消を目指す「水平運動」に身を投じていた朝

●水平運動

被差別部落への差別の原因は部落外の差別する側にあるとし、部落の個々人が差別に抵抗していくことで差別解消を目指した。警察の不当な取り調べに抗議したり、地域の共有林を部落の人が使えない状況に声を上げたりといった闘争を重ねた。1922（大正11）年に全国水平社が京都で創立され、「人の世に熱あれ、人間に光あれ」などとする水平社宣言を掲げた。24年に県水平社が設立された。融和運動と対立しながら拡大するが、31年の満州事変以降、社会運動への弾圧が激しくなる中で衰退した。

●融和運動

被差別部落への差別の原因は部落の劣悪な衛生や教育などの環境にあるとし、部落外に理解と同情を求めて支援を受けることで、部落内部の状況を改善して差別を解消しようとした。「日本人は等しく天皇の赤子である」との考え方に基づく。国や富裕層などの支援の下、治安対策や衛生環境の改善などに取り組んだ。世界恐慌後の部落の経済再生を図る「更生運動」も進めた。推進団体として1914（大正3）年に帝国公道会が発足。県内では20年に信濃同仁会（37年に県同仁会に改称）が設立された。

倉は、国などによる「融和運動」とは一線を画していた。だが水平運動が弾圧を受ける中、この頃は融和運動に追従し、満州への集団移民計画を容認していたのか——。斎藤さんは朝倉の苦渋を思う。

朝倉の資料は段ボール箱で30箱近いが、ほとんど分析されていない。斎藤さんは江戸期などの被差別部落の研究が専門。約35年間、小諸市を拠点に研究を続け、今は山梨に離れている。年齢も重ねてきた。資料からは満州とのつながりが読み取れる可能性もあり「本当は誰かが研究しないといけないのだけれど……」。一部は文字がかすれつつある。

圧に流されずに道を選ばねば

渡満を後悔し続けた被差別部落出身者

決意と緊張がない交ぜになったような視線がカメラに集まる。2024年4月20日、小諸市で開いた県水平社の創立100周年記念集会（部落解放同盟県連合会主催）で、100年前の創立大会の集合写真がスクリーンに映し出された。その中に、17歳で参加していた高橋角市さん（1907～72年）がいるはずだが、どの人かは分からない。現小諸市の被差別部落で初の開拓団員として満州へ。戦後、そのことを悔やみ続けた。

「角市さんや被差別部落の人たちに満州移民を強いたのは誰か。差別や偏見と闘わなかった社会ではないか」。記念集会の運営に加わった人権センターながのの高橋典男さんは問う。

角市さんと満州との関わりを示す記録は地元にもほとんどない。現在の被差別部落の関係者にも知る人はいない。わずかに、元県短期大学教授の故青木孝寿《たかじゅ》さんが聞き取った証言が残っている。

〈部落の模範として行ってくれ〉。角市さんは、同郷の先輩で県水平社幹部だった朝倉重吉から満州へ渡るよう頼まれた。生まれ育った被差別部落では、１９４０（昭和15）年から集団で満州へ移る計画があった。頼まれたのはそれより前。朝倉が、国などの力で部落の人たちの地位向上を目指す「融和運動」に追従しつつあったころだった。集団移民の地ならしとして、実績づくりを託されたのか。

角市さんは貧しい農家の生まれ。小学校から先には進めなかった。〈満州に行けば、徴兵もなく、ここよりはましな生活もできるのかな〉。39年、北佐久郡町村会が送り出した小古洞《しょうこどう》蓼科郷開拓団の一員として大陸に渡り、父と妻、５人の子どもと暮らした。

だが、土地や家屋は事実上、現地の人たちから奪ったものだった。満州に差別のない暮らしを求めることは、郷里では差別解消への地道な取り組みを放棄することでもあった。開拓団は45年8月、旧ソ連の対日参戦や暴徒化した現地民の襲撃などで、２００人余が集団自決。応召していた角市さんも父と子ども3人を失った。シベリアに抑留され、49年9月に引き揚げた。

引き揚げ後の集会で講演する高橋角市さん（人権センターながの提供）

「安易だった」。角市さんが戦後、満州に渡ったことを悔やんでいたと、小諸市を拠点に被差別部落の歴史を長年調べてきた斎藤洋一さん(73)＝山梨県中央市＝は部落関係者から何度も聞いた。被害と加害のはざまで、ままならない人生を省みていた。研究会などに積極的に参加し、若い世代に「戦争は最大の人権侵害。二度と起こしてはならない」と訴えていたという。

小諸市で開いた県水平社の創立100周年記念集会。全ての人のあらゆる差別からの解放を願って「頑張ろう」を三唱する参加者たち＝2024年4月20日

県水平社の創立100周年記念集会では100年間を振り返る動画が流された。水平社が戦時下、解散を求める圧力を国から受け、抵抗して自然消滅を選んだ歴史に触れた。就職活動中の学生のSNS（交流サイト）を企業が調査する動きを巡り、出自や思想信条による「就職差別につながる」といった懸念も出て、新たな形の人権侵害にも向き合っていくと確かめ合った。

差別や偏見に対する社会の無関心が、満蒙開拓の悲劇や戦争を引き寄せたのだとしたら——。「どの時代でも、どの人間も、差別や偏見について自ら考えて、闘わないといけない」。動画を制作した高橋典男さんは思いを深める。

「人の世に熱あれ、人間に光あれ」。水平社宣言が高らかに読み上げられた。「大事なのは、外からの圧力に流されるのではなく、自ら選ぶことだ」。部落解放同盟県連合会書記長の中本栄さん（70）＝長野市＝は、歴史の教訓をかみしめる。

歴史を知らずして友好は語れない

朝鮮人満州移民の歴史をたどる旅

「戦乱時代の越境者だった祖父母とは対照的に、私は平和な時代の越境者ですので、架け橋になる使命があると痛感しています」。２０２４年4月14日、飯田市松尾常盤台の集会所。中国から帰国した残留日本人や家族向けの日本語教室を、朝鮮から満州への移民について研究する朴仁哲《ぼくじんてつ》さん（50）＝札幌市＝が訪れた。自身が歴史に向き合う理由を話した。

朴さんは、満州へ多くの開拓団を送り出し、満州移民について研究が盛んな飯田下伊那地域をたびたび訪れている。研究や歴史継承がどうあるべきか、意見を交わしながら深めたいという。

朝鮮族の人たちでつくる中国ハルビン市近郊の新発村の出身だ。父方の祖父母が１９３０（昭和５）年ごろに自己責任で現地に入る自由移民として、母方の祖父母が37年に開拓団として、それぞれ朝鮮半島から満州へ移った。朴さんは移民3世に当たる。ただ、初めから朝鮮人満州移民の歴史に関心を持っていたわけではなかった。

6歳の頃、ハルビン市郊外の平房に住む叔父の家を訪ねた。近くに、戦時中に細菌兵器の開発を進めた日本の関東軍防疫給水部（７３１部隊）の跡地が見えた。叔父は指さして言った。「あそこで生きた人間を解剖して実験した」。戦争は人の無残な死と関わっている――と、子ども心に感じた。恐ろしさからそれ以来、戦争の歴史に正面から向き合うことは避けていた。

札幌に来たのは１９９７年。語学に興味があり、ハルビンの大学を中退。99年、北海道大教育学部の留学生となった。好奇心に任せ、英語やロシア語など五つの外国語を夢中になって勉強。語学力を生かし、国際

飯田市松尾の集会所で、日本語を学ぶ中国からの帰国者を前に講演する朴仁哲さん（左）＝2024年4月14日

交流活動にも積極的に携わった。２００２年、サッカーのワールドカップ（W杯）日韓大会に通訳ボランティアとして参加。日韓交流の一翼を担ったことは大きな喜びだった。

転機は05年。スポーツ交流でロシア極東のサハリンを訪ねた。そこでは、日本が植民地とした樺太の時代に、同じく植民地だった朝鮮半島から渡った人たちに出会った。日本にも、中国にもロシアにも。どうして各地に朝鮮人がいるのか――。疑問が膨らんだ。

戦後60年のその年、韓国と中国で激しい反日デモが起きた。「戦争や植民地支配を直接経験していない若い世代がなぜ激しい反応を示すのか」。当時は分からなかった。

同じ年の8月、スポーツ交流のため日本から若者たちを引率して中国を訪ねた。事前の保護者説明会。「いま中国に子どもを行かせて大丈夫か」「なぜ反日デモが起きたのか」。質問が相次いだ。だが答えられなかった。それまで、戦争の話を意識的に避け、言語や文化だけを学んできたからだった。顔が赤くなるほど恥ずかしい思いをした。

「歴史も知らないで、友好を語ることができるか。平和で仲良くするためには、平和でなかった時代の歴史から知る必要があるだろう」。東アジアの移民と戦争の歴史―というテーマにたどり着いた。

06年4月、自身の家族の歴史でもある朝鮮人満州移民に焦点を定め、研究をスタート。朴さんの父親と二人三脚で、移民1世を訪ねては記憶を聞き取る〝旅〟を始めた。

植民地時代

大勢の朝鮮人が移動

『「満洲」に渡った朝鮮人たち』所収の金富子・東京外大名誉教授の論考によると、朝鮮人の移動は日本による植民地支配（1910～45年）により本格化した。満州、ロシア沿海州、日本内地、中国大陸、台湾、樺太、東南アジア、南洋諸島へと、日本軍の支配・占領する地域に大きく広がった。最大の行き先は、日本の支配が及びにくく、朝鮮と国境を接する間島《かんとう》などの満州。国境周辺は抗日独立闘争の根拠地ともなった。

1920年代には内地への移動も増加。植民地支配で農村の窮乏が進んだため、日本各地の都市部に渡って日雇い労働者となった。満州へ移った朝鮮人は水田を開発し稲作を普及させた。37年からの日中戦争下には、日本が国策で炭鉱や軍需工場などに朝鮮人を動員したため内地への移動が飛躍的に増え、少なくとも42、43年は満州へ移る人数を上回った。全朝鮮人に占める満州と内地の朝鮮人の割合は42年に計12％を超えた。

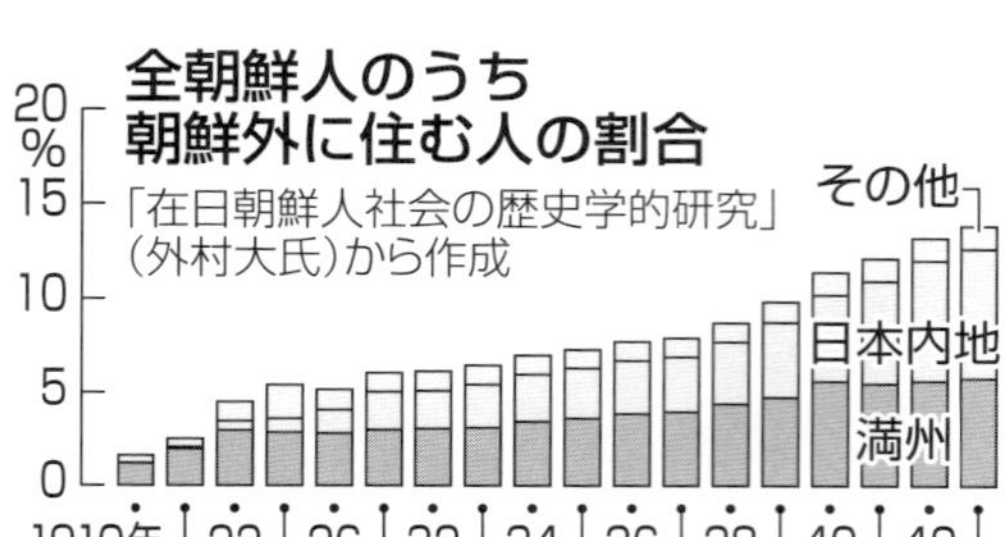

植民地解放後は多くが朝鮮に帰還したが、朝鮮半島の南北分断と東西冷戦の中、中国に残留した130万人が中国朝鮮族に、日本に残留した60万人が在日朝鮮人となった。

重い事実に打ちのめされる

朝鮮人移民の聞き取りを重ねて

朝鮮から満州への移民について研究する朴仁哲さんは2023年12月下旬、韓国の南西部で3日間、過去に聞き取りをした移民1世の故郷を訪ね歩いた。

1世の多くが鬼籍に入る今、語ってもらったことの背景を知り、その記憶をより深く理解するためだ。

益山《イクサン》市内の農村部。ある小学校跡にたどり着いた。「ここが、全《チョン》さんが幼少期を過ごした場所です」。09～10年に中国ハルビン市で話を聞いた全日煥《イルファン》さん（1934年生まれ）が、1945（昭和20）年7月に満州へ移住する前に通っていた小学校だ。

全さん一家は日本の植民地支配により、作った米も土地も奪われて食べていけなくなった。35年頃、両親は全さんら子どもを祖母に預け、一足先に満州へ移り住んだ。

全日煥さんが満州へ移る前に過ごした韓国・益山市の小学校の跡を訪ねる朴仁哲さん＝2023年12月26日

残された朝鮮での生活は貧しかった。食べていたのは、日本が満州から持ってきたというコーリャンや、豆の油を絞ったかす「豆餅」だ。

朝鮮人が経営する学校に通っていたある日、日本の朝鮮総督府の教育担当者が調査に来た。「今日、何を食べたか」と聞かれ、子どもたちは「豆餅」と答えた。「おいしかったか」と重ねて尋ねられ、「おいしくなかった」「腐った豆餅を食べたから下痢をした」と素直に話した。その学校は反日教育を行っているとされ、数日後に閉鎖された。

朴さんが聞き取りを重ねてきた朝鮮人満州移民は約１００人に上る。満州への移住の要因を探ってきた。厳しい植民地統治による経済苦、強制連行から逃れるため――。理由はさまざまだ。朝鮮半島では未婚の女性が連れて行かれることも横行した。逃れるために15歳で結婚し、夫と満州へ行った女性もいた。

一家が満州へ移住した背景を語る裵洪原さん（仮名）＝2013年3月（朴仁哲さん提供）

その中でも裵洪原《ペホンウォン》さん（仮名、中国吉林省梅河口市）が印象深いという。家に泊まり込んで計6回、話を聞いた。

裵さんは27年、３歳の時に朝鮮の咸鏡南道《ハムギョンナムド》から移った。政治的理由だ。父親は19年、日本の植民地支配に抵抗して起きた「三・一独立運動」に率先して参加。警察に捕まって拷問を受け、帰ってきた時は全身あざだらけだった。親戚を頼りに満州へ。後に北朝鮮の指導者となる金日成《キムイルソン》が抗日革命闘争を繰り広げていた国境の長白県へ向かった。

だが、満州でも日本の支配からは逃れられなかった。
日本は戦中、朝鮮人は志願兵の募集に限っていたが、兵力確保のため44年、徴兵の対象とした。すると裵さんに朝鮮の故郷から赤紙（召集令状）が届いた。朝鮮を離れてもう何年もたつ。なぜ分かったのか――。「イルボンノム（日本の奴ら）は本当に鬼のようだ。朝鮮人の状況を全部調べ、身動きできなくした」

多くの1世が、自身を痛めつけた日本人を朝鮮語で「イルボンノム」と呼んだ。その意味を朴さんは考えてきた。それは日本人への蔑視を表すのではなく、植民地統治によって言葉と自由を奪われ、抑圧された1世たちが胸に秘めてきた挫折、悲哀、抵抗を込めた言葉なのではないか――。

言語や国際交流に関心があって来日した朴さんだったが、「調べれば調べるほど、インタビューすればするほど、重い事実を知ることになった」。2002年に日本人女性と結婚、子どもを授かった。朝鮮、中国、日本の存在が自分の中に混在する。それだけに、その歴史の重さを受け止めきれなかった。戦争や植民地関連の文献は本棚の奥にしまい込んだ時期もあった。

●朝鮮人の満州移住

1910年の日本の韓国併合の前後から急増した。当初は政治的な理由で移る人も多かった。植民地統治下では、日本による土地の国有化をもたらした「土地調査事業」などで朝鮮人農民が土地を失い貧困化。行き場を亡くした農民たちが満州を目指した。鉄道インフラが整ったことも後押しした。30年代からは「満州国」成立を機に、日本の朝鮮総督府内部で国策移民が政策として具体化。朝鮮各道への集団移民の割り当てもあり、小作争議が多発していた朝鮮南部などから、内地からと同様に開拓団が入植した。また、青少年による満州開拓青年義勇隊や満州開拓女子勤労奉仕隊も送り出された。

「二等国民」虚構の五族協和

日本人と中国人の板挟みに

「五族協和」。1932（昭和7）年、日本の傀儡《かいらい》国家「満州国」は、漢族、満州族、モンゴル族、朝鮮人、日本人といった満州にいる全ての民族に平等な待遇を与えると宣言した。多様な民族が共存共栄を図っていく——との理念だった。だが、朝鮮人満州移民を研究する朴仁哲さんの移民への聞き取りでは、その空虚さがさまざまに語られた。

33年に韓国・慶尚北道《キョンサンブクト》から満州の撫順に移った蒋汶柱《チャンムンジュ》さん（1914年生まれ）は、民族ごとに食料の配給が違った——と語った。日本人と朝鮮人には米やたばこ、砂糖の配給があり、漢族や満州族などの中国人には何もなかった。米とたばこは日本人と朝鮮人の間にも差があった。電車は甲乙の等席があり、中国人が甲等席に乗ると日本人に殴られた。「ほとんど毎日のように中国人が殴られている場面に出くわした」

満州の撫順での暮らしについて語った蒋汶柱さん＝2007年9月（朴仁哲さん提供）

朝鮮人には創氏改名の強要などがあり、満州でも朝鮮を植民地とする日本の支配からは逃れられなかった。一方で朴さんは、朝鮮人は「日本人から抑圧を受けながら、より弱い立場の者を抑圧するという二重の立場に置かれていた」とみる。日本人と中国人の間で板挟みにもなっていた。

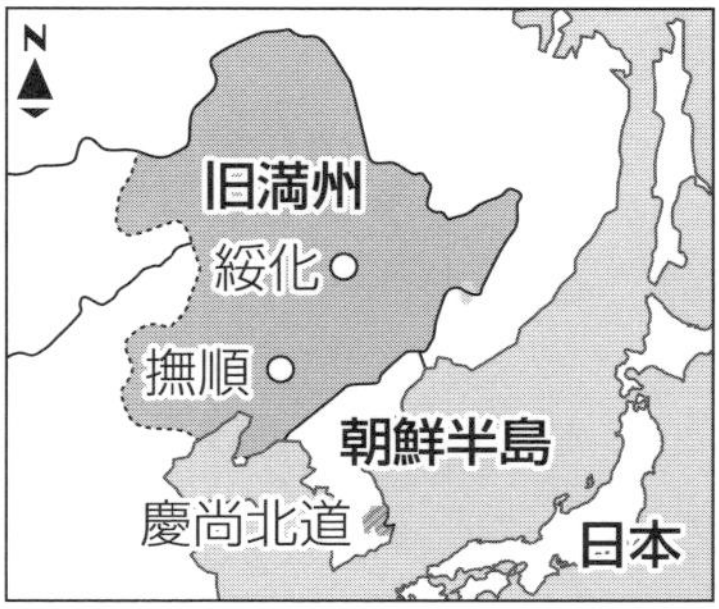

日本人が中国人を追い出した家に住んだと話した洪福南さん＝2007年9月（朴仁哲さん提供）

洪福南《ホンボクナム》さん（25年生まれ）は慶尚北道から36年、日本が満州の朝鮮人を保護する名目でつくった綏《すい》化《か》の「安全農村」に移った。日本人が中国人農民を追い出した長屋に、同郷の8家族で入居。だが、居間も井戸の中も馬ふんだらけだった。「中国人農民は追い出されたことを恨んでそうしたのだと思う」。井戸は使えず、雪を解かして飲んだ。

満州で「二等国民」とされた朝鮮人を、「三等」とされた中国人は日本の侵略の手先と見なした。日本人への蔑称「日本鬼子《リーベングイズ》」をもじった「二鬼子《アーグイズ》」との呼び方もあった。

「本当の五族協和でやっていたら、僕たちは犠牲を出さずに済んだかもしれん」。木曽郡読書《よみかき》村（現南木曽町）の分村開拓団の団員だった可児《かに》力一郎《りきいちろう》さん（1

●満州の朝鮮人の立場

戦時下の満州にいた朝鮮人は、朝鮮で同化政策を進める日本から「皇国臣民」としての立場を求められた一方、日本の関東軍や「満州国」側からは五族協和の理念の下で「満州国民」としての役割も求められ、一貫しない政策のはざまにあった。1936（昭和11）年に関東軍が作った「在満朝鮮人指導要綱」は、朝鮮人も満州国内の治安維持や国防の責務を負う――と規定。一方、日本政府は44年、朝鮮人の徴兵を始めた。日本軍の兵士として命を落とした人やシベリアに抑留された人もいた。教育行政権は37年、一部地域を除いて日本の朝鮮総督府が満州国へ移譲した。

932～2023年）は生前、南木曽町から下伊那郡阿智村の満蒙開拓平和記念館に足しげく通った。来館者に話しかけては、その体験を語った。

民族の一等、二等、三等といった序列は「もうあからさまな差別だった」。そうした中で土地や家屋を取り上げられて「黙っとるわけないでしょう」。読書分村は敗戦時、暴徒化した現地民に襲われ、大勢の女性や子どもが亡くなった。五族協和が本当に実現していれば――。晩年まで思いを抱え続けた。

満州への分村移民を拒んだ旧大下条村（現下伊那郡阿南町）の元村長、佐々木忠綱さん（1898～1989年）は満州を視察した際、乗っていた車の日本人運転手が対向車を止め、相手の運転手を殴る場面に遭遇した。朝鮮人か中国人だった。「態度が悪い」との理由だった。日本人の「恐ろしく横暴」な姿に疑問を持って帰国した。

2人が語った言葉が資料として記念館に残る。満州の社会では、民族と民族、人と人とが対等に生きられずにいた。その不条理さをその時、多くの日本人は疑わなかった。

優しかった朝鮮族のお手伝いさん　今思えば生きるための「親日」

群青色の小さなボタンを手のひらにコロンと乗せた。

渡井せいさん（85）＝山梨県市川三郷町＝が戦中に満州にいた頃、朝鮮族の女性に編んでもらった毛糸のワンピースに付いていた。「満州の記憶を呼び起こしてくれる大切な物」。2024年4月16日、聞き取りに訪れた満蒙開拓平和記念館の事務局長、三沢亜紀さん（57）に語った。渡井さんは22年に初めて記念館を訪

山梨県市川三郷町の自宅で群青色のボタンを手にする渡井せいさん。シャンギムが編んでくれた毛糸のワンピースに付いていた＝2024年4月16日

れてから、三沢さんと手紙のやりとりを続けてきた。

朝鮮との国境に近い琿春《こんしゅん》で生まれた。朝鮮族が多く住む地域だった。父の太郎さんは山梨の農家出身。飼育していた蚕が病気で全滅し、貧しさにあえいでいた時、役場で「満州国警察官募集」の張り紙を見つけて満州へ渡った。

家には「お手伝いさん」の女性がいた。名前はパク・シャンギム。10代半ばくらい。明るい性格で、台所仕事をしながらよく歌った。「黙って仕事をしなさい」と父が叱ると「ハーイ」と返事し、またすぐに歌い出した。ワンピースを編んでくれた。

シャンギムの父は哈達門《ハーターメン》という村の村長。親日家の一家だった。

1944（昭和19）年の夏、シャンギムの家へ遊びに行った。土造りの小さな家。中は薄暗い。入ると、薄汚れたチョゴリを着た数人の女性が座り、にこりともせず一斉に渡井さんを見た。シャンギムは女性たちと夢中でおしゃべり。いつもの「オクサマ、ダンナサマ」とかしずく姿とは別人のようだった。

豚が入ってきて、野菜くずをあさっている。注がれる視線もつらく、渡井さんはとうとう泣き出した。優しい言葉をかける代わりに、シャンギムは言い放った。「帰りたくなったんでしょう。来年は入学なのに、だらしがないね」

まもなく渡井さんは延吉へ転居し、国民学校へ入学した。ある日の下校時、一人の男の子が言った。「橋の上に朝鮮人が大勢つながれている。見に行ってみようよ」。抗日勢力の活動が活発な地域だった。後ろ手につながれていたのは捕まった「抗日分子」。中には少年もいたという。

警察官の父は、抗日勢力を取り締まる側だった。

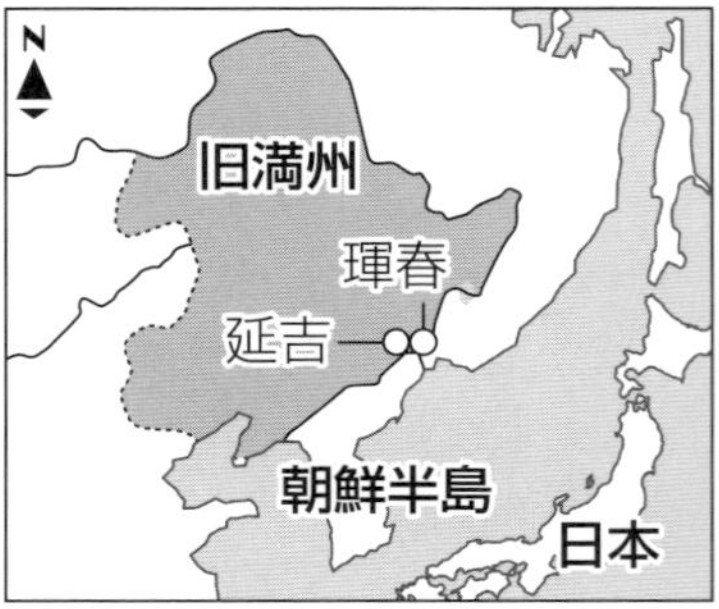

渡井さんは戦後、満州に関する本を数多く読み、現地も訪ねた。当時を思い返す。シャンギムやその家族たちは「親日家」だったのか。貧しさの中で子どもたちを何とか育てたいと思ったら「侵略者」である日本人にすり寄るしかなかったのではないか――。

父のことも思う。「全く平凡でお人よしで、国の方針になど一寸の批判も持たない明治の人間だった」。母からは、父が日本の関東軍からしばしば「若くて美しい娘」の「調達」を指示されたと話していた――と聞いた。父は、人としてして

●朝鮮人満州移民の関係資料

ドキュメンタリー写真家の李《リ》光《グァン》平《ピョン》さんが満州へ渡った朝鮮人を20年余りにわたって訪ね、写真と聞き取りをまとめた『「満洲」に渡った朝鮮人たち　写真でたどる記憶と痕跡』（2019年）は、それぞれの人生と歴史的な背景を多角的に伝えている。学術書では金永哲《きんえいてつ》さんの『「満洲国」期における朝鮮人満洲移民政策』（12年）が帝国日本の政策の特色を詳細に分析。聞き書きを基にした戸田郁子さんのエッセー『中国朝鮮族を生きる　旧満洲の記憶』（11年）などもある。博物館では、立命館大国際平和ミュージアム（京都市）が朝鮮半島から満州へ渡った朝鮮人の歴史にも触れている。本紙もこれらを参考にした。

はいけないことをしたのか。ため息をつきつつ考える。「その人の限界があったのではないか。いくら教育を受けていたとしても」

敗戦の翌46年5月、父は引き揚げのことで説明会があると言われて出かけ、そのまま刑務所に連れていかれて帰らなかった。シャンギムは松本駅（松本市）近くで銭湯を営む家に下宿して女学校に通い、故郷に戻ったと聞いた。

長野への帰途、三沢さんは「人としての限界」という渡井さんの言葉を思い返していた。そこにいる以上はソ連の脅威が目の前にあり、関東軍の支配下にあった満州。渡井さんの父は警察官として国策に従うべき存在だった。個々の内心を丸のみするような大きなうねりの中で、一人の人間としてどう振る舞えたのか。一つの問いを持ち帰った。

歴史を語れる場があればこそ　問われる「受け止める力」

花冷えとなった2024年4月22日の札幌市。市内在住の朴仁哲さんは久しぶりに母校の北海道大を訪ね、大学院時代の恩師、小田博志教授（57）＝人類学＝と昼食を囲んだ。「アイヌ民族の歴史を知ったことは、私の問題意識の形成に大きく関わりました」。朴さんが朝鮮から満州への移民を研究テーマに据えたのは、この土地からの必然の問い掛けでもあった。

朴さんは大学院時代、小田さんの講義を受け、明治政府が始めた開拓事業によってアイヌ民族の文化も土地も奪われていった歴史を知った。北大前身の札幌農学校は日本で最初の植民学の講義を開講。台湾、南洋群島、樺太、満州へと「帝国日本」が統治・支配を拡大していく起点となった。アイヌ民族はその実験台だった——と小田さんは言う。創氏改名を最初に強要されたのはアイヌ民族だった。

朴さんは朝鮮人満州移民1世の男性から、話を聞かせてもらおうとした途端に「植民地主義者を育てた大学で学ぶ者が朝鮮人の移民研究をできるのか」と言われ、きっぱり断られたことがある。聞き取りで最も頻繁にやりとりした李《リ》洛東《ナクトン》さん（仮名、1927年生まれ、中国吉林省梅河口市）も「朝鮮人はみんな『恨《ハン》』を抱えている」と言った。

「私はいま、日中韓、朝鮮半島がいかにすれば仲良くできるか研究しています。お考えを聞かせてもらえますか」。歴史の重みを受け止め、乗り越えたいと考えてきた朴さんは、移民1世への聞き取りで思いを打ち明けてきた。

家に泊まり込んで話を聞いた裵《ベ》洪原《ホンウォン》さん（仮名）は、自身を徴兵した日本を恨んでいるとした一方、戦後のシベリア抑留時、日本人と腹を割って話した経験を語った。「民衆と民衆は永遠に友好関係を結ばなければならない。結べる基盤はあると信じている」

植民地統治による経済苦から一家で朝鮮から満州へ移った全日煥《チョンイルファン》さんは戦後、炭鉱で働いた。一緒だった日本人の一生懸命に働く姿には「学ぶべきところもある」。軍国主義に走り、他国や自国の「民衆を苦しめた」歴史をきちんと知ってほしいと訴えた。

国や民族を超えた生き方に触れた朴さんは、一人一人の顔を思い浮かべながら、一人の人間としてこの歴史を伝える使命を感じている。「私の深層のアイデンティティーは東アジア人」との思いも深める。「中国人、日本人、韓国人と、くくれない自分が成長し続けている」

24年4月14日、飯田下伊那地域を訪れた朴さん。父が元中国残留孤児の中学校教諭、大橋春美さん(54)=下伊那郡豊丘村=と出会い、話し込んだ。

「長野に来ると安心して自分のことを話せる」。そう吐露した。満州移民について知る人が多いこの地域では、朝鮮にルーツがあって歴史と向き合ってきたと明かしやすい。だが在日朝鮮人への差別的な言動もある中、通常は名乗るのは負担に感じているという。それは、歴史を伝えていく上での壁にもなっている。

大橋さんは8歳の時に一家で日本へ永住帰国した。教員となった20代前半までは、歴史を語りたくても怖かったという。10代のころ、日本社会にある中国への差別的な感情を敏感に受け取っていた。朴さんの姿に「かつての自分を見ているようだ」と思った。

大橋さんは経験や葛藤を授業や地域の会合で語った。すると応援する声が寄せられ、勇気づけられた。「話してもいいんだと思った。聞いてくれる人がいるのがとても大切なことだった」。歴史が語られる場は、受け止める側の力によってつくられてきた。大橋さんは、朴さんへひそかにエールを送る。

札幌市中心部の大通公園に立つ朴仁哲さん。北海道の開拓や満州移民の歴史に思いをはせる=2024年4月22日

特集 報道と満蒙開拓

開拓を支持した戦時下の信毎

団員募集や現地ルポ　13年間で700本超す関連記事

戦時下の信濃毎日新聞は、日本の傀儡《かいらい》国家「満州国」を防衛し、国益を守るとの観点から、満州へ農業移民を送り出す満蒙開拓を一貫して支持した。

本紙は満州への移民政策が始まった1932（昭和7）年から、敗戦の45年までの13年間で、満蒙開拓に関連して主なものだけで724本の記事を載せた。ほとんどは政策を後押しする内容だ。時には移民計画の頓挫も伝えているが、紙面での扱いは小さい。

信毎データベースに見出しが収録されている主な記事を確認した。開拓団員やその「花嫁」、14～18歳の男性でつくる青少年義勇軍をそれぞれ募集する記事や、現地に特派した記者のルポルタージュの他、長野県の移民計画を詳しく紹介する《満洲移民手引草》（全3回）などがあった。

年別で掲載が最も多いのは36年の122件＝グラフ上。それまで満州移民は軍主導の試験的な性格だったが、この年、大規模な国策に発展した。同じ年、県は全国に先駆けて県内出身者のみで組織した「黒台信濃村開拓団」を満州へ送り出した。本紙は計画段階から団員の選考会、満州への出発、現地からの近況報告などを細かく報じた。移民に関する特集欄も新設した。

37年に日中戦争が開戦すると、本紙は《事変位《くらい》で萎縮するな　満洲移民は強化》（8月8日）の見出しで、県が市町村長らに緊急指令したことを伝えている。

太平洋戦争の開戦翌年の42年は、最初の満州移民実施から10年を迎え、関連記事は116件と2番目に多かった。開拓団長や県職員らによる《満蒙開拓十年を語る座談会》（全11回）、満州国の開拓事業担当者らによる

信毎の満蒙開拓関連の記事本数

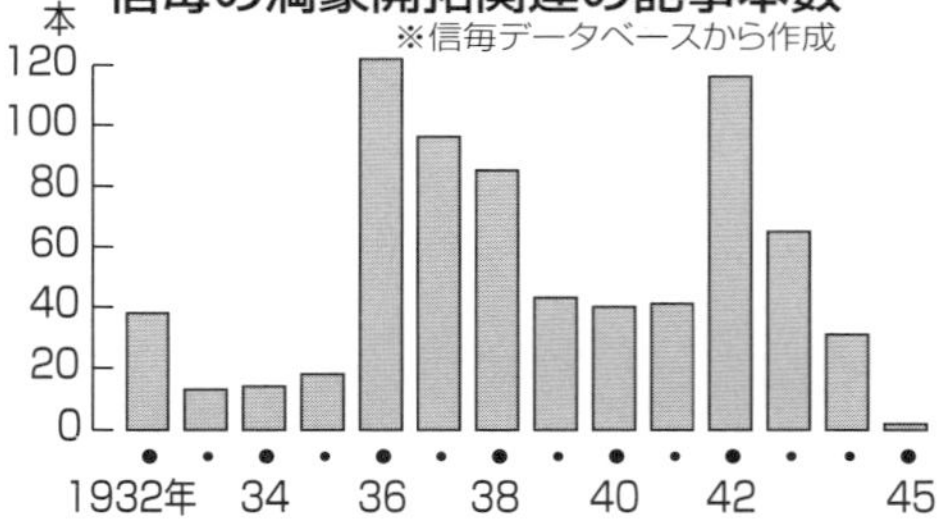

※信毎データベースから作成

県内から満州へ渡った開拓団の戸数

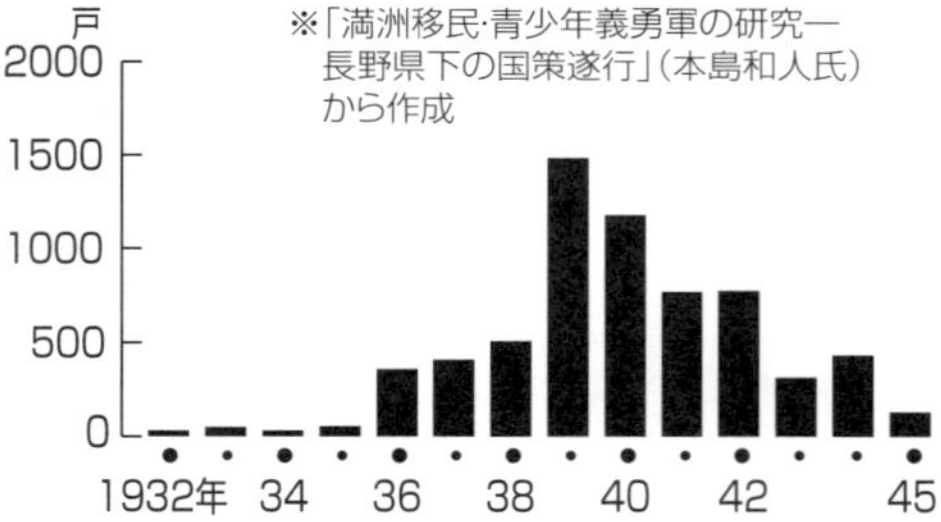

※「満洲移民・青少年義勇軍の研究―長野県下の国策遂行」（本島和人氏）から作成

《満洲開拓指導者に聴く》（全5回）といった連載があり、節目を意識した記事が目立つ。

日本国内の農村で応召や徴用に伴い労働力が不足すると、新たに開拓団員や青少年義勇軍を募るのが難しくなった。このため、団員募集の秘訣《ひけつ》を話し合う《分村推進座談会》（1941年1月15～21日、計6回）などの記事も載せた。紙不足で紙面は12ページから10ページに減ったが、満蒙開拓関連の報道には紙幅を割いた。

撤兵は「以ての外」

満洲国承認求めた報道各社

日本は、日露戦争で南満洲鉄道の利権や旅順・大連の租借権を得た。この権益を守るため1919（大正8）年に創設した関東軍は、31（昭和6）年9月18日、日中が武力衝突する「満洲事変」の発端となった柳条湖事件を引き起こし、瞬く間に満洲全域を占領。本紙主筆の桐生悠々（1873～1941年）は社説《撤兵などは以《もっ》ての外《ほか》》（9月26日）で、わが国の権益を確保するべきだ——と満洲事変を支持した。

関東軍の主導で32年、満洲国が建国を宣言。多様な民族が共存共栄を図るとする「五族協和」の理念の一方、支配権を握りつつも圧倒的少数だった日本人の人口を増やすため、日本は移民事業を進めた。悠々は社説《新満洲に於《お》ける信濃村の創造》（3月19日）で満洲移民を推奨。日本人移民が優秀な民族性を発揮することで、満洲に住む中国人や朝鮮人の生活水準を向上させなければならない——とした。

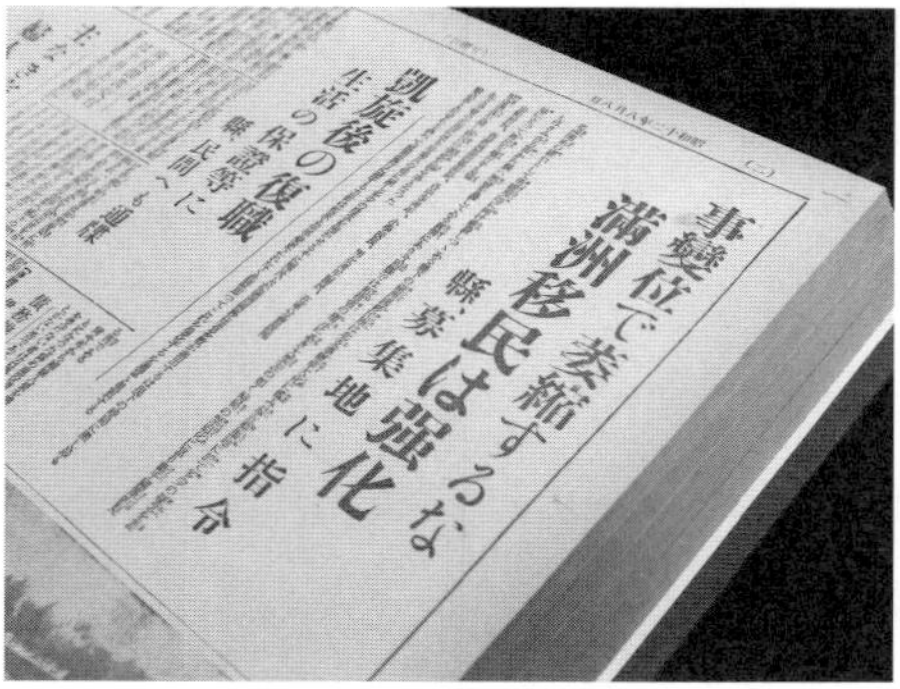

日中戦争開戦後も満洲移民の「敢行」を求める県方針を報じた紙面＝1937（昭和12）年8月8日付朝刊

領土を侵害された中国側は満洲国建国に猛反発。国際社会からも批判の声が上がり、日本はしだいに孤立を深めていた。そうした中、本紙を含む日本の報道各社は32年12月19日、国際社会に満洲国の承認を求める共同宣言を一斉に掲載。日本が国民を挙げて満洲国を支援するのは当然とし、政府を後押しした。

一方、同年5月に犬養毅首相が青年将校に殺害される「五・一五事件」が起き、政党政治が崩壊。満洲事変を機に軍部が政治の舞台に台頭し、戦争を支える挙国一致体制に向かっていた。

本紙は33年8月11日、陸軍を批判する悠々の社説《関東防空大演習を嗤《わら》ふ》を載せた。これに対し県内の在郷軍人らが不買運動を武器に抗議し、悠々は退社を余儀なくされた。本紙は悠々の退社後の10月1日付夕刊1面で、戦時下の〈非常時〉に〈全面的に国策を支持する〉と宣言した。

広田弘毅内閣は36年8月、20年間で100万戸を満州に送り出す計画を決定。軍部が対ソ連戦も視野に入れる中、満蒙開拓は国を挙げての国策事業になった。こうした中、本紙は38年7月、現地へ記者を特派。県が企画した村長による視察団に同行し、県内出身の開拓団員を取材した。

満州事変以降、挙国一致体制に向けて始まった言論統制は、41年の太平洋戦争開戦でより強まった。紙不足で新聞のページ数が減った上、42年には新聞統合政策で県内発行の新聞は本紙1紙に。本紙は満蒙開拓などの国策への協力を紙面で呼びかけた。戦況が厳しさを増した45年4月以降は、表裏に印刷したペラ1枚の紙面の多くを戦況報道が占め、満蒙開拓に関する報道はほとんどなくなった。

満蒙開拓を巡る主な動きと本紙報道

1905		日露戦争終結。日本が南満州での権益獲得
29		世界恐慌
31	9.18	満州事変勃発
32	3.1	満州国建国。この年に移民事業開始
	3.19	桐生悠々が本紙社説《新満洲に於ける信濃村の創造》で満州移民を推奨
	12.19	本紙含む報道各社が満州国承認を国際社会に求める共同宣言掲載
33	9.20	桐生悠々が社説《関東防空大演習を嗤ふ》への抗議を受け退社
	10.1	本紙が1面に《全面的に国策を支持》との宣言を掲載
36	6.20	本紙が《満洲信濃村建設の歌》の歌詞を募集
	7.26	県が全国初の県単独編成の開拓団を送出
	8.	広田弘毅内閣が「満洲農業移民百万戸送出計画」を決定。移民を国策化
37	7.7	日中戦争開戦
	7.8	大日向村が全国初の村単独編成の開拓団を送出
38		14～18歳の男子でつくる「満蒙開拓青少年義勇軍」の送出開始
	7.	本紙が記者を初めて満蒙開拓団に特派
39		県内の開拓団送出戸数がピークに
41	12.8	太平洋戦争開戦
42	5.1	新聞統合で県内発行の新聞が本紙1紙に
		満州移民開始10年で本紙が《満蒙開拓十年を語る座談会》などを連載
44	3.6	本紙が夕刊休止。その後、朝刊も表裏1ページに
45		4月以降、本紙の満蒙開拓関連記事がほとんどなくなる
	8.9	ソ連軍が満州に侵攻。開拓団が避難を開始
	8.15	天皇が無条件降伏を国民にラジオで伝える。敗戦

"満洲信濃村建設の歌"募る
主催 信濃毎日新聞社
後援 長野縣

1936年（昭和11）年6月20日朝刊に掲載された『満洲信濃村建設の歌』を募集する信濃毎日新聞の社告。県内外から482編の応募があり、陸軍戸山学校（東京）の作曲でマーチ風に仕上がった。信毎は記事以外でも開拓を後押しした

識者に聞く①

新聞は自ら進んでペンを折った

戦時下、政府の主導権を握った軍部は新聞の自由な言論を封殺し、新聞は戦争に反対だったがペンを折られた――。軍部を「加害者」、新聞を「被害者」とするそんな歴史観は、果たして事実だろうか。

国家と新聞の一体化は満州事変をきっかけに始まり、日中戦争、太平洋戦争と突き進むにつれ深まっていった。実際には、国家による上からの強制だけでなく、全国紙も地方紙も「報道報国」をスローガンに従軍記者の派遣や戦争協力事業を行い、進んでペンを折り、戦争参加者となった。戦争を事業拡大の商機と捉えたことも指摘しなければならない。

国家と新聞が一体化した象徴といえるのが、各県の有力紙を軸に、新聞社を1県につき1紙に統合する「一県一紙」だ。1938（昭和13）年から約4年かけ、政府が国策として新聞社の統廃合を行った。日中戦争の勃発を背景に流言飛語を抑制し、検閲の煩雑さを避け、用紙やインキを節約するのが狙いだった。そうしてできた新聞は「縣紙」と呼ばれ、国や県の広報宣伝役を担った。

言論統制には、検閲による抑圧と、新聞を総力戦体制に組み入れる積極的な活用がある。新聞統合では縣紙の役割を担う見返りに用紙やインキなど新聞製作の資材を与え、発行部数を保証した。これを進めた内閣情報局は、総裁に全国紙幹部経験者が就任し、新聞社出身者が職員として雇用された。統制される側が統制案を立案、実施するスタイルは、鉄鋼や石炭など他の重要産業も同じだった。

全国で有数の「新聞国」と呼ばれた長野県には、38年9月時点で信濃毎日新聞を含め363の新聞があったが、42年に信毎1紙になった。信毎は満蒙開拓を当初から支持していたが、縣紙として、県が強力に進めた国策・満蒙開拓の関連報道に、より一層力を入れた可能性がある。

大妻女子大特別研究員
里見脩さん

【さとみ・しゅう】
1948年、福島県生まれ。博士（社会情報学）。時事通信社記者、大妻女子大教授などを経て、同大人間生活文化研究所特別研究員。著書に『新聞統合』（勁草書房）など。

識者に聞く②

当時の記者に不正と見なす視座はない

上智大教授
佐藤卓己さん

　当時のメディアはなぜ戦争をあおったのか。人は自分や家族の生死に関わるような重大な情報に対し、初めてお金を出して求めたいと思う。新聞がそこにビジネスの機会を見いだすのは、ごく自然なことだ。日中戦争開戦に伴う軍需で、昭和恐慌で落ち込んでいた景気は良くなった。その状況で反戦運動は盛り上がらなかった。

　では、なぜ当時の新聞が満州における利権を重視したか。満州事変が起きた1931（昭和6）年は日露戦争の終結から26年で、出征者や遺族が身近にいた。「約10万人の戦死者や約20億円の戦費と引き換えに満州の権益を獲得した」という感覚は、今を生きる私たちが考える以上に重いものだったと理解しなければならない。

　だから、植民地支配が悪だという教育を受けてきた私たちには理解し難いとしても、当時の記者に満州での利権を不正と見なす視座はなかった。

　一部の階級や職業、性別を超えた枠組みで読者をつかむためにも、新聞は「国民」の利益、すなわち国益を重視することが必要だった。そもそも地方紙の多くでは、社主や主筆が政界に進出することはごく普通だった。記者たちも選挙があれば立候補する政治的野心を持っていた。国や県当局の視点で取材し、記事を書く風土は自然だった。

　満蒙開拓を進めた当時は、人口過剰で食料自給がままならず、日本の植民地だった朝鮮から米を運んできていた。このままいけば将来は食糧難になり、農村も崩壊する、どう社会を改造するのか――といったことを真剣に考えなければならなかった。

　戦前の考え方は革新か保守かという軸が非常に大きい。地主らが現状維持を望んだのに対し、満蒙開拓で村を出て行こうとする考え方は、ある意味で革新的だ。それを支持した新聞も変化を望むという意味で革新的であり、必ずしも反動的で右翼的とは言えないのではないか。

【さとう・たくみ】
1960年、広島市生まれ。京都大大学院教授などを経て上智大文学部教授。専門はメディア史。主な著書に『現代メディア史』（岩波書店）など。

第5部

伝えられなかったもの

戦時下の信濃毎日新聞は満蒙開拓の旗振り役の一端を担った。その主張は国策と同じ方向を向き、県民に異なる視点を伝えることはなかった。全国最多となる約3万3000人の開拓団員を送り出した長野県。言論の統制が強まり、戦争への社会の熱狂が高まる中で、何を伝え、何を伝えなかったのか。第5部は、記者が過去の本紙報道と向き合う。

満州に派遣した記者による連載《満洲とび歩る記》(全4回)の初回=1941(昭和16)年7月16日付朝刊 ☞本文156ページ

限られた情報源——新聞の影響力は

「開拓団員の花嫁募集」で満州へ

「母はね、新聞を見て満州に行ったんですよ」

満州で生まれた前島進さん（88）＝安曇野市穂高牧＝は2024年4月下旬、自宅を訪ねた記者に、母なをさんの手記を見せてくれた。父親の反対を押し切って満州に渡ったいきさつが記されていた。

手記によると、上水内郡長沼村（現長野市）の農家に生まれたなをさんは、小学校卒業後に愛知の紡績工場で5年間働いた後、実家に戻って養蚕を手伝っていた。ある日、新聞を読んでいて一つの記事に目が留まった。満州行きの花嫁を募集——。「私、満州へ行くよ」。父に相談すると「うん、うん」と聞き流された。なをさんは県庁宛てに応募のはがきを出した。

安曇野市穂高牧の自宅で母なをさんたちの座談会の記事を読む前島進さん＝2024年4月24日

なをさんが手にしたのが信濃毎日新聞かは分からない。ただこの頃、本紙は開拓団員の妻を募集する記事をたびたび載せていた。単身で渡った男性開拓団員の定着を図り、日本人を増やすために女性が必要——とする声が現地などで高まっていた。

1935（昭和10）年3月、同じ長沼村出身で、後に夫となる前島進治さんの実家から縁談が来た。進治さんは、最初の開拓移民の「弥栄《いやさか》村開拓団」の一員として単身満州に渡っていた。なをさんは3人きょうだいで唯一の娘。父は手拭いで涙を拭きながら考え直すよう諭したが、なをさんは約20人の花嫁団に加わった。20歳の時だった。

「少女心に、閉塞《へいそく》感のある農村から出て、外の広い世界を見たいと思ったんじゃないか」。進さんは想像する。

満州で記念写真に納まる前島さん一家。（左から）進治さん、進さん、なをさん（右端）が写る＝1944年4月（前島さん提供）

記者が進さんを訪ねたきっかけは、38年8月5日付の本紙朝刊だった。弥栄村開拓団の女性たちによる座談会の記事が載っていた。

戦時下、新聞は戦争を後押ししたと言われる。満蒙開拓を巡って実際にはどうだったのか。本紙報道を確かめるため、移民開始の32年から敗戦の45年までの13年間を信毎データベースで調べた。主な記事は700本余りあった。順番に読み込んでいく。開拓団の記事に登場するのは団幹部など男性がほとんどだった。

そうした中で、珍しく女性たちの声の紹介に主眼を置いていたのが座談会の記事だった。取材は、本紙が満州へ初めて特派した田中武夫記者。《狭苦しい内地より　暮らしてみれば天国》との見出しだった。本当にそうだったのか。女性たちはどんなことを感じながら暮らしていたのか。気になって読み進めた。

写真で結婚を決めたため満州で初めて夫と対面したこと、「匪賊《ひぞく》」と呼んだ現地住民の襲来に備え、子どものものを風呂敷に包んで枕元に置いて寝たこと……。女性たちが思いや経験を語っていた。

参加者の一人が、満州へ渡って3年後のなをさん。見出しにつながる発言をしていた。内地への帰郷の話題。一度帰ったら開拓団に戻りたくなくなるのでは――。田中記者が水を向けると、なをさんはきっぱりと答えた。〈決してそんなことはありません。こせこせした内地になんか……ただ一度行ってみたいと思うだけです〉

記事は、紙面の上半分近くを割いて掲載していた。その後の様子を知りたくて、進さんを訪ねた。コピーを手渡した。進さんはいったん仏壇に供えてから、虫眼鏡を手に食い入るように文字を追った。

弥栄村は若い夫婦や子どもが中心で「毎日が楽しかったのではないか」。満州に渡るきっかけを作った新聞に、今度はなをさんの言葉が女性たちに向けて紹介された。「当時、ニュースを得る手段は主に新聞だった」。進さんはその影響力を思う。

45年8月9日、ソ連軍が満州に侵攻。進治さんは召集されていた。身重だったなをさんは長男の進さんら4人の息子たちを連れて避難した。幼い三男と生まれたば

●満蒙開拓団の「花嫁」

満蒙開拓の1936（昭和11）年の国策化で大量の移民が始まった他、10代の少年たちの青少年義勇軍が訓練を終えて開拓団に入るようになり、未婚男性の妻を確保するため、組織的な女性の送出が政策として行われた。「大陸の花嫁」とも呼ばれた。日本と「満州国」が39年に策定した「満洲開拓政策基本要綱」は、入植地の人口構成の「階調的進展」などのため女性に満州行きを働きかけるとし、日本国内への「配偶者養成施設」整備などを明記。県は40年、東筑摩郡広丘村桔梗ケ原（現塩尻市）に「花嫁」養成のための女子拓務訓練所を設けた。

かりの赤ちゃんを亡くした。敗戦の1年4ヵ月後に帰国。復員していた進治さんと現安曇野市に再入植した。2011年、なをさんは94歳で他界した。亡くした子どもたちのことを晩年も思い続けていたという。

【前見返しに1938年8月5日付《座談会》の紙面を収録】

教師の実績を競わせる結果に

青少年義勇軍への送出状況を詳報

カメラを真っすぐ見つめる少年たち。その表情にはあどけなさが残る。戦時下の満蒙開拓を巡る信濃毎日新聞の報道を調べていて、1938（昭和13）年2月15日付朝刊の紙面に引き込まれた。県内から満州へ渡っていた「満蒙開拓青少年義勇軍」の少年ら11人の感想文が集合写真と共に載っていた。義勇軍でも多くの若者が犠牲になっている。報道がどう関わったか気になっていた。

見出しは《聴けその抱負　行け！信州少年よ》。〈此《この》自由なる新しき天地に大自然の胸の中に今我は来てゐるのだ〉〈我が身も大きく心も明《あか》るくきつと〳〵責任をもつて元気に進まう〉。親元を離れ、満州に来て4ヵ月余。軍国教育を受けていた少年たちの文章は勇ましい。

一方で、鉄道の駅と駅の遠さから、満州の広さに「驚いた」といった記述もあり、少年たちの等身大の姿が垣間見える。掲載した少年たちの出身は下伊那、上伊那、上水内、北安曇、南佐久と県内各地にわたる。記事の狙いは、後続の少年たちへの「奮起」を促すことだと書いてある。

満蒙開拓に関する報道に詳しい飯田市歴史研究所の調査研究員、本島和人さん(75)＝伊那市山寺＝に見解を尋ねた。「紙面を読んだのは子どもではなく、教師や地域の指導者層だった」と指摘した。
日中戦争下、農村は男性の応召で労働力不足になり、義勇軍を募集しても希望者が集まらなくなっていた。状況を打開するため、県内の教師でつくる信濃教育会の各支部が少年たちの募集を担い、若手教員たちが学校現場で積極的に子どもを誘った。

満蒙開拓 青少年義勇軍
可憐三百の若人
聴けその抱負
行け!信州少年よ

満蒙開拓青少年義勇軍の少年たちの感想文をまとめて掲載した1938（昭和13）年2月15日の紙面

本紙は、各地域の義勇軍の募集状況を詳しく伝えている。《早や割当を突破　昂《たかぶ》る東筑《とうちく》の義勇軍熱》（41年10月29日付夕刊）は東筑摩郡教育会の〈努力〉を紹介。42年3月25日付朝刊は、上田小県、下伊那、上伊那の各地の壮行会について載せた。《不振挽回へ邁進《まいしん》　下伊那教育会送り出し達成運動》（43年1月20日付夕刊）との記事もある。

こうした記事が結果として「教育会の各支部同士を競わせることになった」。本島さんはそう分析する。

感想文を寄せた少年たちがその後どうなったか知りたくなり、長野県満州開拓史の名簿編を手繰った。少なくとも2人が戦死し、2人がシベリアに抑留されて復員したことが分かった。

北安曇郡会染《あいぞめ》村（現池田町）出身の那須緑さんは、掲載当時16歳。〈国家のために自己を活《い》かして行く所に希望が

那須緑さんの遺影を前に、紙面のコピーを読むおいの芳典さん＝2024年5月7日、池田町会染

あり嬉《うれ》しさがある〉。文章には広大な満州の開発に携わる喜びや責任感がにじむ。満州の風景を松本平に重ね、沈む夕日を見て〈遠き故郷の父母を偲《しの》び出す〉とも記す。

２０２４年５月上旬、緑さんのおい芳典さん(80)を池田町に訪ね、紙面のコピーを読んでもらった。芳典さんは緑さんに会ったことはなく、義勇軍に参加したいきさつも分からない。ただ緑さんの兄からは、活発な友達が多かったと聞いている。感想文をじっくりと目で追い「希望に満ちていたのではないか」と思いやった。緑さんの遺影を見つめた。「本当はどんな思いだったのか」。感想文は新聞に載る前提で書かれているからだ。

緑さんは満州で召集され、24歳の時に沖縄で戦死した。芳典さんは、祖母のまさよさん（緑さんの母）が戦後、「戦争で息子を殺してしまった」と悔やんでいた姿を今も思い出す。

【後ろ見返しに１９３８年２月15日付《青少年義勇軍》の紙面を収録】

●満蒙開拓青少年義勇軍

青少年移民として1934（昭和9）年から満州へ渡り始め、38年に募集要項が決定、14～18歳の少年を対象に募集した。現水戸市の内原の訓練所で農事訓練や軍事教練を受けた後、現地に渡り、ソ連に対する警備や農業経営を補助した。全国で約8万6千人、県内からは都道府県別で最多の約6600人が送り出された。45年8月のソ連軍の侵攻やシベリア抑留で多くの犠牲者を出し、数万人が帰国できなかったとされる。

疑問を持つ姿勢は見えぬまま

開拓推進の立場で現地を取材

満蒙開拓政策の本格化に伴い、信濃毎日新聞は1938（昭和13）年からほぼ毎年、現地へ記者を特派した。31年の満州事変以降、満州への移民政策を一貫して支持しており、記者たちは開拓団を訪ね、推進への課題を探っていた。

満州での取材に向けて長野駅を出発する伊東淑太記者（中央）＝1941年6月10日（遺族提供）

〈どうだ、今日の満洲は！　鉄道路線はいまや一万キロを突破した〉。伊東淑太記者は41年7月16日付朝刊のルポルタージュ《満洲とび歩《あ》る記》（全4回）の初回で、満州の取材成果を興奮気味に伝えた。日本の傀儡《かいらい》国家「満州国」の招きで約3週間滞在し、県内から渡った開拓団員らの話を聞いた。

長野から満州国首都・新京までは62時間の道のりだったが〈実際の感じは「ちょっと満洲まで」といった軽い気分であっ

た〉と、満州を身近に感じさせている。日本語を話せる満州の青年に現地の文化を取材。移民事業は〈単調で素朴〉な生活に満足している現地住民と〈生活水準の高まった〉日本人開拓民の〈調和〉が大きな課題、とした。

38年に初めて特派された田中武夫記者の《北満移民地帯を行く》（全17回）は六つの開拓団の現状を伝えた。日露戦争の戦跡地も訪ね〈その下に眠る英霊〉のためにも権益維持は重要と主張。それには〈国防を軍隊の手にだけゆだねる事はできない〉とし〈国民の大移動〉を求めた。

他の記者たちの《満洲移民地視察の結論》（１９３９年、全４回）や《躍進満洲国の実相》（42年、全3回）《松本郷の現況》（44年、全４回）も同様のスタンスだ。

他紙には、開拓の推進を求めつつ、現地で持った違和感を率直に記録したように読める記事もある。飯田の信濃大衆新聞（後に信毎に統合）の山田阿水記者は、治安は既に安定していると思って開拓団を訪ねたが、「匪賊」と呼んだ現地住民の襲撃に備える厳しい暮らしを見て〈来て見るとそふではない〉と書いた。

信毎の記者たちは、どんな気持ちで「国策順応」の記事を書き続けたのだろうか。胸の内を知りたかった。

信毎長野本社（長野市）で２０２４年2月、倉庫の奥から、１９４３年に小坂順造会長（当時）が社員に訓示した記録を見つけた。

その前年、新聞社を1県につき1紙に統廃合する国の言論統制強化で、県内発行

●新聞記者の開拓地取材

新聞社が独自に記者を派遣した他、「満州国」は満蒙開拓政策推進の世論を喚起するため、全国各地の新聞を対象に記者の取材旅行を計画した。記者はトラックなどに乗って開拓地を回り、現地から原稿を郵送した。長野県は1941（昭和16）年6月、県内に販売網がある全国紙や名古屋紙、県内地域紙などの県政記者による視察旅行を初めて実施。5社が参加し、それぞれ開拓団や移民政策を支援する立場で伝えた。県はそれらをまとめて書籍化した。この他、村長らによる視察に記者が同行するケースもあった。

の新聞は本紙1紙になった。当局の広報宣伝の役割を担い、発行部数はそれまでの2倍近い6万1千部に増え、経営基盤は強まった。小坂会長は、全国紙よりも地方紙の方が〈郷土に深く入って国家の方針を十分に徹底〉させる〈本当の仕事〉が多いとした。

一方で、〈知りもし聞きもしている〉が〈書くことが出来ぬことが相当に多い、だから楽になる〉と記者が考えるようでは〈新聞が堕落する〉と戒めた。

戦時下の満蒙開拓関連の記事をたどると、満州に行くことをためらう農村の人たちの率直な声を掘り起こしたものもある。だが、開拓団の多くの犠牲につながった政策そのものを問う視点は見えなかった。記者が積極的に推進するべきだと心から信じていたのか、疑問を感じても「書くことが出来ぬ」状況だったのか――。記事から読み取ることはできなかった。

2024年4月下旬、現地に特派された伊東記者の遺族の伊東マキ子さん(77)＝長野市＝を訪ねた。「これがその記事ですか」。紙面のコピーに目を細めた。今回の取材に当たり、アルバムを探してくれていた。そこには伊東記者が満州へ出発する日の朝、長野駅で撮った写真があった。

伊東記者は仕事の思い出話はしても、満州のことは語らなかったという。マキ子さんは「推測するしかない」とした上で、静かに言った。「開拓団が悲惨なことになって、贖罪《しょくざい》の気持ちがあったのかもしれません」

「身近すぎた」故の空白期を越えて　傷痕を——足元から報じた戦後

《子女を殺せの命令》（1946年6月16日付夕刊）
《短刀で集団自決》（50年8月2日付朝刊）

日本の敗戦後の信濃毎日新聞には、ソ連の対日参戦に伴って満蒙開拓団に起きた出来事を伝える記事が散発的に載っている。満州からの集団引き揚げが1946（昭和21）年に始まり、逃避行や避難生活で大勢が命を落としたことが伝わりつつあった。

だがその凄惨《せいさん》さに比べ、そうした記事は少ない。データベースをたどると、空白とも言える期間は戦後20年間ほど続いている。なぜなのか。

1960年入社のOB、黒岩範臣さん（87）＝長野市中御所＝を訪ねた。黒岩さんは72年、戦時中の県内政界関係者への取材から、戦争へ突き進んだ経緯を探る連載を担当。だが入社から間もない頃は、満蒙開拓は「ニュースになる話という感覚がなかった」。周囲に満州へ渡った人が多くおり、身近すぎて特別ではなかったという。

飯田市歴史研究所の元調査研究員、斉藤俊江さん（86）＝飯田市下久堅＝にも当時の状況を尋ねると、満蒙開拓については「大っぴらに話せない雰囲気だった」。開拓団を満州へ送り出した地域の有力者が健在だったからだ。「あの家は満州から帰ってこないが、どうなっただろうか」と、近所同士でささやき合っていたと振り返る。

そうした中、本紙は戦後20年の65年に企画《この平和への願い》（全45回）を連載。県内各地の開拓団関係者から証言を本格的に掘り起こした。取材班には、農業を指導する父親に伴って満州に渡り、敗戦後は46年の引き揚げまで避難生活を送った故・宮入郁夫さん（１９５７年入社）のような記者もいた。

◀1972年9月29日付夕刊
日中ついに国交樹立
歴史的な共同声明調印
1986年5月20日付朝刊▼
この叫びにこたえて
中国残留孤児の記録
2013年4月24日付夕刊
満蒙開拓思い不戦誓う
1993年10月7日付朝刊
2007年7月10日付朝刊
孤児「生活 楽に」
引き受け拒否の親

中国残留孤児の肉親捜しや帰国者への支援について報じる信濃毎日新聞記事の数々（コラージュ）

65年当時、信毎松本本社にいたOBの花嶋堯春《たかはる》さん(85)＝長野市屋敷田＝は、長野本社から届いたリストを基に開拓団関係者を訪ねた。終始うつむき加減だった50代くらいの女性の姿が記憶に残る。戦争の傷口に「触れてほしくない」と全身で意思表示しているように感じた。時代が高度経済成長に沸く中、「戦後」を迎えられないまま「重苦しい重圧の渦中」を生きている人がいる――。そう思い知らされたという。

72年、日中国交正常化。中国残留日本人が肉親捜しで次々と来日し、80年代にかけて永住帰国者が増えると、本紙も《「長男に間違いない」豊科の父親名乗り》（80年1月15日付朝刊）などと盛んに報じた。90年代や2000年代は、歴史を踏まえた日中のつながりや、年齢を重ねた帰国者たちへの支援の課題などを掲載。近年は戦時中の経験を語り残すことに視点を置いた記事が多い。それぞれの時代の記者が、その足元の動向を報じてきた。

間もなく戦後80年。満蒙開拓や満州を巡る記憶や関心は、時とともに薄れている。

2024年4月18日、東京都新宿区にある早稲田大の早稲田キャンパス。政治経済学部の高橋恭子教授（映像ジャーナリズム）のゼミで、戦時下の本紙を題材に満蒙開拓を学ぶ取り組みが始まり、記者も訪ねた。「戦争中の出来事で、写真や映像が思い浮かぶ出来事は何ですか」。高橋教授が尋ねた。「原爆」「沖縄戦」「特攻隊」「東京大空襲」。ゼミ生の3、4年生約30人が一人ずつ答え、大学院1年の工藤優介さん（24）がホワイトボードに記す。全部で16のキーワードが挙がった。その中に「満蒙開拓」はなかった。

工藤さんは祖父が中国残留孤児だった。ジャーナリストを目指している。教室の学生たちの様子を静かに見つめていた。

感じた「疑問を許さない空気」　戦時下の信毎を読み解いた早大ゼミ

「満蒙開拓とは何か、説明できる人は手を挙げてください」

2024年4月18日、早稲田大のキャンパス。ジャーナリズムを学ぶ政治経済学部のゼミで、主宰する高

早稲田大学のゼミで、満蒙開拓を巡る戦時中の本紙記事を読んで意見を交わす高浦明香さん（左奥）や井上拓海さん（右）たち＝2024年5月9日

橋恭子教授が問いかけた。教室の3、4年生約30人のうち、手を挙げたのは2人。多くの学生は顔を見合わせていた。

高橋教授が本年度の題材の一つを満蒙開拓としたきっかけは、祖父が中国残留孤児だった工藤優介さんが23年9月に入学したことだ。全国最多の開拓団を送り出した長野県の信濃毎日新聞が満蒙開拓をどう報じたか、個人や集団を意図した方向へ仕向けようとするプロパガンダになっていなかったか、批判的に読む授業を企画した。

満蒙開拓や戦時下の信毎報道を学び、24年5月9日、学生同士で討論した。5、6人ずつに分かれて行い、記者は工藤さんの班で耳を傾けた。

まず扱ったのは、満蒙開拓青少年義勇軍の少年ら11人の感想文をまとめた記事《聴けその抱負　行け！信州少年よ》（1938年2月15日付朝刊）だ。高橋教授は「この記事からどのようなメッセージを読み解くことができるだろうか」と問い掛けた。

4年の井上拓海さん(21)は、少年たちの実名入りの感想文がずらりと並ぶ紙面に「こんなにたくさんの少年が活躍していると読者に思わせる力がある」。一方、〈この大満洲を開発し帝国国威を四海に発揚する〉〈鍬《くわ》をとるのも国のため〉などと国を意識した言葉が続き、少年たちの内面が書かれていない点に着目。「いろいろな声を載せているようで、実はどれも発信しているメッセージは同じだ」

工藤さんが少年たち20人の集合写真に「インパクトがある」と話すと、井上さんは「パッと見た時に、わくわくする」。「自分だったら『これだけ行くのなら自分も安心』と思って、行きたくなっちゃうかな」と続けた。

次に取り上げた開拓団の女性らの座談会《狭苦しい内地より　暮らしてみれば天国》(38年8月5日付朝刊)の記事は、解釈が分かれた。

「具体性や現実味があり満州の生活が想像しやすかった」。そんな声の一方、3月に大学を卒業した元ゼミ生で、この日の討論に参加した高浦明香《あすか》さん(22)は「匪賊」と呼んだ抗日勢力の襲撃に備える記述などに注目。「見出しでは『天国』とあるけれど、大変なことも赤裸々に書いている」と話した。別の学生も「この記事を見て満州に行きたいとは思えないのではないか」と率直に語った。

当時のプロパガンダは現在の報道にも重なるだろうか。後日、高浦さんに尋ねた。

高浦さんが戦時下の紙面から思い起こしていたのは、研究者が国家のプロパガン

●プロパガンダ

政治的な意図の下に主義や思想を強調する宣伝。ベルギーの歴史学者アンヌ・モレリの著書「戦争プロパガンダ　10の法則」によると、英国の政治家アーサー・ポンソンビーは1928年出版の著書で第1次世界大戦時の国家の宣伝を考察。プロパガンダの典型的な言説として「われわれは戦争をしたくはない」「敵側が一方的に戦争を望んだ」「われわれは領土や覇権のためではなく、偉大な使命のために戦う」「この正義に疑問を投げかける者は裏切り者である」といった10の言葉を示している。

ダの典型例に示す一つ「この正義に疑問を投げかける者は裏切り者である」との言葉だったという。国策の満蒙開拓に疑問を投げかけることは許されなかった、と感じたからだ。

卒論では、沖縄戦を題材に戦争をどう報じるべきかを考えた。その研究の過程で、沖縄県で米軍普天間飛行場の名護市辺野古移設に反対する人たちを揶揄《やゆ》するＳＮＳ（交流サイト）を目にした。今日では既存のメディアだけでなく、ＳＮＳもプロパガンダになり得るが、反対する人の中には沖縄戦で肉親を亡くし、「戦争が起きてほしくない」と願う人もいると知った。

一面的ではなく、深く伝える。それが、異論を許さない空気を防ぐための出発点になるのではないか——。ヒントをもらった。

家族のドキュメンタリーを制作

残留孤児3世「私のアクション」

ジャーナリズムを学ぶ早稲田大のゼミが２０２４年5月9日に東京都内のキャンパスで行った討論は、戦後80年を前に、戦争を伝える新聞の役割をどう考えるかも主要テーマとなった。

「情報量が減り、情報の濃度も薄くなるのではないか」。5、6人ずつの班の一つで、取材先となる戦争体験者が減ることの影響を懸念する声が出た。聞いていた工藤優介さんは、そもそも抱え続けてきた問題意識を話した。「原爆投下や沖縄戦と比べると、満蒙開拓や残留孤児に関する報道は段違いに少ない」

大学の卒論では、全国紙の残留孤児に関する報道量をデータベースで調べた。原爆などに比べて少なかった。記者への聞き取りでは、原爆などは「目を向けやすい」対象のように感じた。日本人は被害を受けた側だからだ。一方、満州への移民は、逃避行などの苦難だけではなく、現地の住民を立ち退かせたような加害の側面も考える必要がある。だから取り上げにくいのではないか――。そう分析した。

祖父の哲弘さん(84)が残留孤児だった。青森県で生まれ、3歳くらいの時に開拓団の一員として家族で満州へ。1945(昭和20)年8月9日のソ連侵攻の影響で一家は離散し、哲弘さんは中国人の養父に育てられた。日本人であることを隠して暮らした。92年に永住帰国。その後、工藤さんの父と母、当時4歳の兄も日本へ移り住んだ。工藤さんは日本で生まれた。

祖父から3代にわたるドキュメンタリー映像を制作中の工藤優介さん。ジャーナリストを目指している＝2024年5月9日、都内

2023年9月の大学院入学を機に、哲弘さんからつながる親子3代のドキュメンタリー映像を制作中だ。哲弘さんは、初めは語りたがらず、カメラを向けても言葉は途切れ途切れだったが、今は少しずつ話してくれている。これまで、中国での話は断片的にしか聞いたことがなかった。

祖父が戦後も中国に残ることになった事情や暮らし向きに関心を寄せてきた。だが、戦時下の信濃毎日新聞を読み解く今回のゼミの企画で、開拓団の女性の座談会や満蒙開拓青少年義勇軍の少年たちの感想文の記事に触れ、なぜ曽祖父の一家が開拓団に加わったのか、動機からたどりたいと思うようになった。

それは、曽祖父たちの加害の側面と向き合うことになるかもしれない。その重みを尋ねると、工藤さんは「自分のルーツとして引き受けたい」と言った。同様の出来事を繰り返さないため、満蒙開拓は「戦後80年となる今でも戦争を考える切り口になる」と思う。ドキュメンタリーの制作は、残留孤児3世として取り組まなければならない自らの「アクション」だと話した。

第6部

記憶の継承、中国から

中国東北部に、残留日本人孤児や中国人養父母らへの聞き取りを通じて、満蒙開拓を巡る記憶の継承に取り組む研究者や支援者たちがいる。過去を乗り越えた先に日中両国民の相互理解がある——。そんな未来も描く。ただ、国レベルで日中関係が冷え込む中、中国社会でそれらに目を向ける機会は従来以上に限られている。第6部は、記者が交流のため訪れた中国側の現場から、日中がどう手を携えていくかヒントを探る。

愛国教育を目的とした中国・大連市の金州龍王廟万人坑遺跡記念館。日本人移民の展示があった＝2024年5月4日 ☞本文179ページ

時代の逆風、開かぬ部屋

「七三一」資料館 養父母の展示中断

ハルビン市の侵華日軍第七三一部隊罪証陳列館にある養父母の展示室入り口。立ち入りを禁じる看板が出ていた＝2024年5月1日

入り口には長蛇の列が続いていた。中国の大型連休の初日に当たる労働節の２０２４年5月1日。黒竜江省ハルビン市にある「侵華日軍第七三一部隊罪証陳列館」は、親子連れや若者たちで大混雑していた。職員は「休日は親子で各地の愛国教育機関に行って勉強するのです」と説明した。

陳列館は、戦時中に満州を拠点に細菌兵器開発を進めた日本の関東軍防疫給水部（７３１部隊）の資料を展示。薬瓶や防毒マスクなどが並び、子どもたちが真剣な表情で見つめていた。来館者は増えているようだ。日本の政治家の靖国神社参拝、米中対立や台湾情勢、東京電力福島第1原発処理水の海洋放出……。日中間の緊張が高まるたび、対日感情が悪化することが影響しているのか。

その中に、ひっそりと静まり返る一角があった。立ち入り禁止の看板が立つ。その奥にあるのは、

1945（昭和20）年の日本の敗戦後、満州に取り残された日本人移民の孤児たちを育てた中国人養父母の展示室だ。養育の経緯や孤児への愛情などを、聞き取り調査に基づいて中国語と日本語で紹介。日本の事実上の満州支配を巡る出来事の一つとして、養父母の人道的な側面に理解を深めてもらおうと12年にできた。

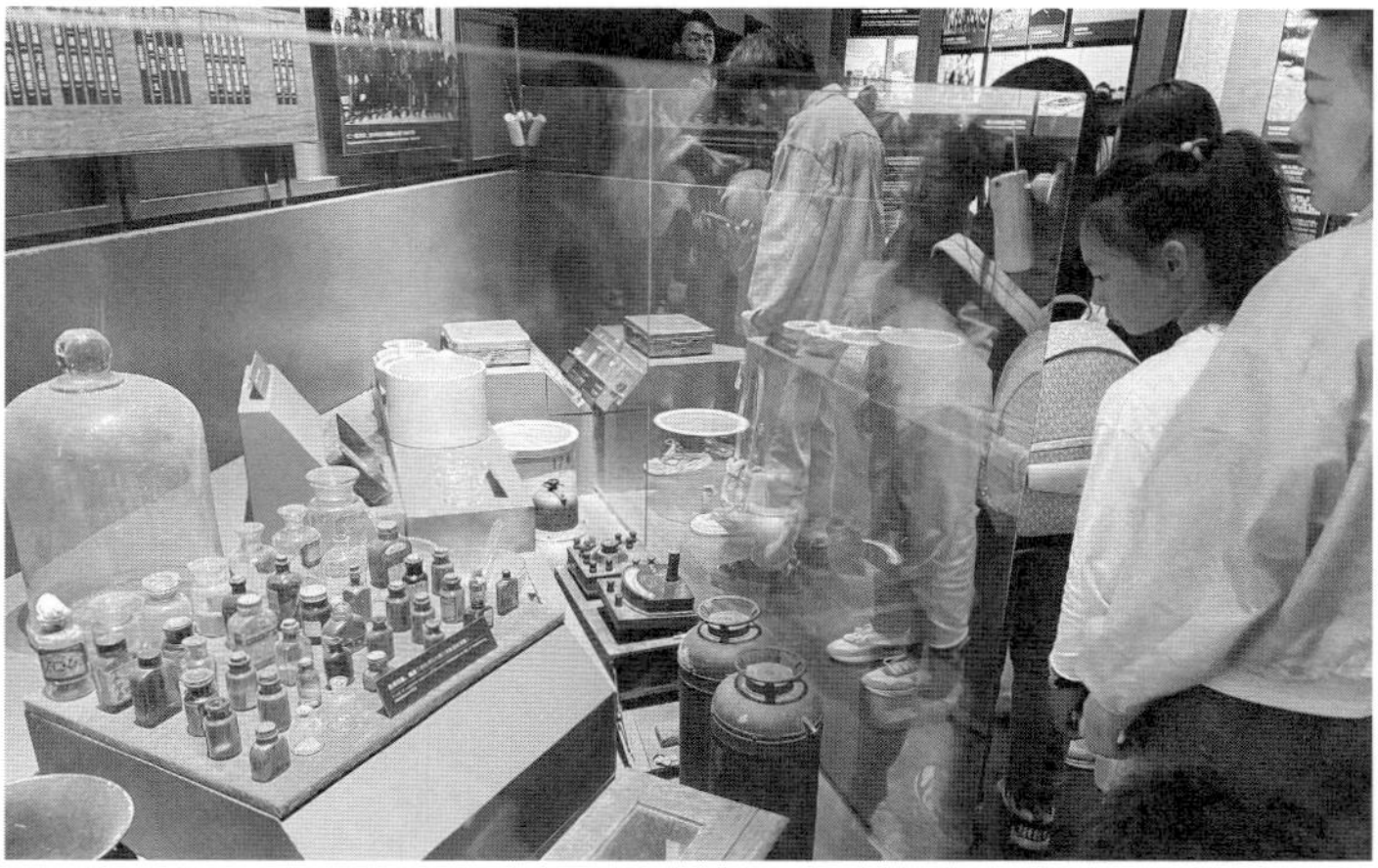

ハルビン市の陳列館に並ぶ薬瓶などの展示を眺める来館者たち。親子連れも目立った＝2024年5月14日

看板は立ち入りを禁じる理由には触れていない。ただ、黒竜江省で満蒙開拓を巡っては11年、方正県にある開拓団員らの共同の墓「日本人公墓」の近くで、反日活動家によって慰霊碑にペンキがかけられ、碑を撤去する事態が起きた。沖縄県・尖閣諸島の領有権問題で日中の対立が強まっていた時期だった。

陳列館の展示で感情を高ぶらせた見学者は、日本人を助けた養父母に理解を示すばかりだろうか、何かあれば展示は撤去されかねない――。日本で関係者からは心配する声も上がる。「日本沈没」「鬼子」……。実際に施設の屋外の窓ガラスには、うっすらと付いたほこりに日本をののしる落書きも指で書かれていた。

展示は、ハルビンを拠点に残留孤児やその養父母を支援してきた「ハルビン市日本遺孤養父母連誼《れんぎ》会」の働きかけで実現した。名誉会長の胡暁慧《こぎょうけい》さん（81）＝ハルビン市＝は24年

4月、下伊那郡阿智村の満蒙開拓平和記念館を訪問。新型コロナウイルスの影響でおよそ5年ぶりとなった交流の席上、帰国した元残留孤児やその家族らに「養父母の展示はスペースを2倍にしたい」との構想を明かしていた。

だが、陳列館で具体的な準備が進んでいるのかは分からなかった。

陳列館から10キロ余り離れた高層マンションの敷地内。2本の煙突がそびえ立ち、陶器を焼いた窯が残る。731部隊による陶器製の細菌爆弾の製造工場跡だ。看板には「誰もが731旧址の保護宣伝員」「保護にはあなたの参与と努力が必要だ」との中国語の呼びかけが書いてある。

「記念館にする計画でせっかく修繕されたのに、そのまま浮いてしまっているの」。近くにいた高齢の女性たちに、記者と同行していた現地ガイドが話しかけると、女性たちは工場事務室だった5階建ての建物を指さして言った。

状況を詳しく知りたくて、記者も話しかけようとした。だがガイドに止められた。「他の国の人だったら喜んで応じるかもしれない。だが日本人と分かれば……。良いイメージは絶対に持っていない」。そのままその場を後にした。

●侵華日軍第七三一部隊罪証陳列館

旧日本陸軍の731部隊の本部などがあったハルビン郊外にある。1982年から中国政府の管理下に置かれ、戦後70年の2015年8月に新館ができた。捕虜を細菌に感染させて観察する人体実験や、ペスト菌に感染させたノミを使った細菌兵器の研究開発などの資料を展示。長野県関係者を含む元隊員の証言記録もある。部隊長を務めた石井四郎・陸軍軍医中将の部屋がある本部建物の他、敗戦時に証拠隠滅のため破壊された細菌実験室や捕虜の監獄跡などを発掘し、25万平方メートルに及ぶ遺跡として保存している。来館者の1割が外国人で、韓国人に続いて日本人が多いという。

生存する養父母や現地訪問者はわずか

発信したいが時代は移ろう

タキシードとウエディングドレスに身を包んで並ぶ若い男女と、帽子をかぶった幼い男の子。ハルビン市の「侵華日軍第七三一部隊罪証陳列館」の一角に並んでいるはずの写真に写っている。同市日本遺孤養父母連誼会の秘書長を務める石金楷《せききんかい》さん（66）＝東京都＝の父の石尚金さん、母の劉淑琴さんと、義兄の小林義明さん（いずれも故人）だ。義明さんの中国名は石金峰さん。

両親は、残留孤児だった義兄を養父母として育てた。陳列館の資料によると、現在は入れない養父母の展示室で、その経緯を紹介している。

両親や義兄への思いを語る石金楷さん＝2024年5月24日、東京都江戸川区

石金楷さんによると、両親はハルビン市で暮らし、父は靴の修理が生業。終戦の翌1946（昭和21）年春、避難民収容所の桃山小学校にいる日本人に再三誘われて赴くと、ベッドに2歳の男の子がいた。腸チフスにかかり、高熱で苦しんでいた。その場で引き取ると決めた。病院に連れて行き、半年後に治癒。幼名を「来福」と名付けた。この子がわが家に幸せを運んできた、との思いを込めた。

裕福な家庭ではなかった。義兄が6歳で感

染症にかかった際、母は結婚時のドレスを売って治療費に充てた。義兄は周りの子どもたちに「日本の鬼」とからかわれた。両親は「うちの子どもだ」とかばった。義兄は小学校卒業後、工場で働いた。父は76年に亡くなる際、義兄に抱かれて最期を迎えたという。

そうした姿を間近で見てきただけに、石さんは中国人養父母が「日中友好につながる特別な存在だ」と考える。「中国人の心の優しさ、戦争の悲惨さを社会に発信できる」

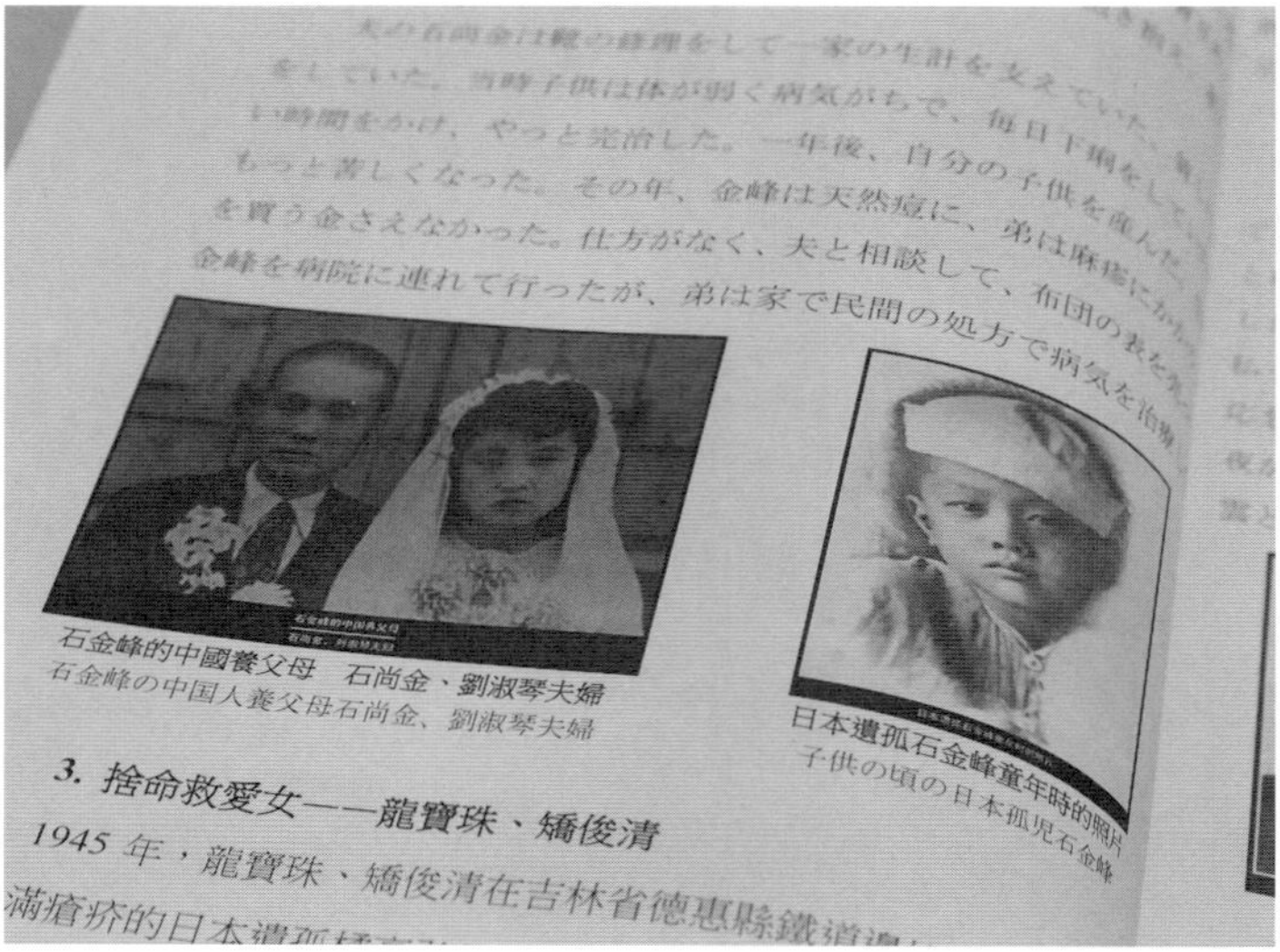

石金楷さんの両親や義兄の写真と紹介文。侵華日軍第七三一部隊罪証陳列館の展示内容をまとめた資料に載っている

連誼会は80年代、前身のグループが孤児の肉親捜しを開始。日本政府や民間団体による孤児捜しや孤児の認定、帰国支援に協力してきた。石さんは2001年から本格的に携わり、14年に残留孤児の妻と日本へ移住した。

ただ時の流れとともに、取り巻く状況は変化している。

ハルビン市内で把握している養父母は、下伊那郡阿智村で経験を語ったこともある養母の李淑蘭さんが22年に亡くなり、いなくなった。一方、日本政府に残留孤児として認定を求めている人は現在、市内に7人。

結果を待つ間に亡くなった人は何人もいる。24年2月に見送った1人は、引き取られた幼少期に肉親が養父母に宛てた書面を復元し、認定を目指して手続き中だった。

「当事者が亡くなったら、もうどうしようもない」。石さんは無念そうに語る。一方で、そうした人たちの記録を基にメッセージをどう発信していくか、思いを巡らせる。

80年代から元開拓団員や満蒙開拓青少年義勇軍の元隊員を中国東北部の各地に案内してきた現地ガイドの男性。記者は2024年5月2日、ハルビン市内の案内を受けた。戦後80年を目前に、開拓地を訪れる関係者は少なくなっている。男性は「一つの時代が終わるのですね」とつぶやいた。

地元出身で、88年に国営旅行社に入社以来、案内した客の8割は日本人という。06年に仲間と独立。全国最多の満州移民を送り出した長野県からの来訪者を案内することも多く、痕跡の見当たらない開拓団跡地も頭に入っている。

ある年、義勇軍の元隊員から「今年が最後。体が駄目だからもう来られない」と告げられた。文通も途切れた。新型コロナウイルス下で予定した来訪がかなわないまま、体が弱って断念した人もいた。

自身も間もなく定年を迎える。一般の観光ではないため、他のガイドは開拓団跡地の案内をやりたがらないという。「私が退職したら誰も案内できなくなるでしょう」

●中国人養父母

1945（昭和20）年８月の旧ソ連の対日参戦に伴う開拓団員らの逃避行の末、両親と死別したり、手放されたりした日本人孤児を中国人が引き取って育てた。実子のいない人や、貧しい暮らしを送る人も多かった。72年の日中国交正常化後に孤児の帰国が始まると、残された養父母は困窮する場合もあり、生活を支援する団体ができたり、日本の篤志家の支援で養父母のための住まいが造られたりした。開拓団員らの公墓のある黒竜江省方正県には、孤児らが「中国人養父母公墓」を整備した。瀋陽の九・一八歴史博物館には養父母と孤児の像が立つ。

養父母や街づくりの記録を残す

「偽満」の影にデリケートさも

「中国養父母の歴史記録」（手前）について話す車霽虹さん（中央）と、梁玉多さん（左）＝2024年5月1日、ハルビン市

中国で２０１５年に出版された『中国養父母の歴史記録』。７７９ページ、Ｂ５判ほどの分厚い本に、中国残留孤児の養父母１２１８人の名前や職業、引き取り時の孤児の年齢などのデータが詰まっている。養父母と、長野県出身者を含む孤児の計42人から聞き取った思いなども掲載。黒竜江省社会科学院の職員時代に中心となってまとめた車霽虹《しゃせいこう》さん（61）は「養父母を支援するためにも記録に残そうとした」と振り返る。

編集は、ハルビン市日本遺孤養父母連誼会名誉会長の胡暁慧さん（81）、秘書長の石金楷さん（66）らと連名だ。収めた内容は、１９７０年代ごろから研究者らが積み重ねてきた調査を下地にした。

日本人の元開拓地を調べた同院歴史研究所長の梁玉多《りょうぎょくた》さん（59）は、ある養父への聞き取りが印象深い。実子は日本兵に銃殺されたと聞いた。それでも孤児を育てた理由を尋ねた。「日本人かどうかは関係ない。生命だ」と返ってきた。結婚生活がうまくいっていない残留婦人にも出会った。戦争によって起きた出来事や、そうした一つ一つの声を記録する大切さを感じた。

車さんが本格的に調べ始めたのは２０００年からだ。養父母や孤児の詳細は中国でもあまり知られていない。孤児が日本に帰国し、残されて困窮する養父母もおり、広く知らせようと記録化を急いだ。ただ15年に出版にこぎ着けた際、調査した養父母の約８割は既に亡くなっていた。

車さんは、養父母は「一般の中国人」であるだけに、誰にも記憶されないまま「歴史の海の中になくなるかもしれない」と危機感を抱く。同院の文学研究所副所長を務め、退職後も連誼会の活動に協力。同会が関わる侵華日軍第七三一部隊罪証陳列館の養父母の展示を充実させるため、研究結果を生かしたいと思う。

満州映画協会について研究している林楽青さん＝2024年5月4日、大連市

「満州国」時代を思い起こさせる取り組みには、デリケートさもある。

大連理工大准教授で映画研究や社会文化などが専門の林楽青《りんらくせい》さん(51)は、満州国の国策映画会社「満州映画協会（満映）」を研究。その流れで、中国東北部の主要都市に残る満州国や日本統治時代の建物についても調べている。だがその内容は中国ではほとんど発表していない。好ましく思わない人もいるからだ。

満映が製作した作品は、日本の事実上の支配下にあった満州の豊かさを強調するプロパガンダ的な側面があるとされ、研究する人は少ない。林さんは日本に留学した15年から、映画の中に日中の文化がどう描かれているかを研究。屋外ロケのシーンは街がそのまま映っており、比較して現在の姿をたどっている。

その頃の日本の関与を象徴する建物には、経緯を前面に出して愛国教育の拠点とされているものがある一方、南満州鉄道の病院や図書館のように、そのまま使っている施設もある。林さんは、それらは「街づくりの重要な要素として生かされている」とし、24年7月に日本の学会で発表する。

大連には、刺し身を食べたり、和室を好んだりと、約40年間の日本統治の影響が今も色濃く残る。そうした文化への理解を深めようと、林さんは18~19年、大連長野県人会の知人と協力し、市民向け講座を学内で開催。中国人の研究者や学生、日本人ら約30人が集まり、手応えを得た。

中国では「満州国」とは言わず「必ず『偽』を付けて『偽満』と呼びます」と林さん。「戦争はしてはいけないのは大前提だ」と強調する。その上で、その影響も受けながら文化がどう変わってきたかに注目することは「地域の今を理解する上で必要だ」と考えている。

●満州映画協会

1937（昭和12）年に「満州国」の首都・新京（現長春）に設立。日本人中心の製作スタッフで中国語の映画を手がけ、娯楽映画の中に日本と満州国の親善の宣伝を取り入れた。俳優は中国人だったが、中国生まれの山口淑子さん（1920～2014年）が、日本人であることを伏せて「李香蘭」の名で活動した。満州国政府と南満州鉄道（満鉄）が出資した。作品の多くは45年8月に満州に侵攻した旧ソ連軍が持ち去り、モスクワに収蔵。東洋一と称された撮影所は中国共産党に引き継がれた。

残留孤児を見つめる中国人研究者　助けた背景を捉え直す試みも

「日本の残留孤児が帰国した後、生活状況がどうなっているかに興味があります」

中国残留孤児などを巡って渤海大の研究者たちと意見を交わした座談会＝2024年4月29日、錦州市の同大学

２０２４年４月29日、中国遼寧省錦州市にある渤海《ぼっかい》大。記者は王禹浪《おううりょう》・特聘《とくへい》教授（68）の紹介で、歴史研究者らとの座談会に招かれた。中国と外国の関係史が専門の若手、杜常生《とじょうせい》さんの質問に対し、日本では残留孤児の歴史が徐々に埋もれ、中国語を話す日本人が地域に暮らしている背景が忘れられつつあると答えた。言葉の壁による就職の難しさも話した。

「残留孤児が帰国後、自分は中国人なのか、日本人なのか、その立場をどう認識しているのでしょうか」。そんな質問も出た。

翌30日は吉林省長春市で長春師範大の大学院生たちと意見交換した。「日本軍や『偽満州国』政府から圧迫され、住民が苦しい生活を送った歴史は、やはり忘れてはならない」。高校で歴史の教員経験がある薛萌《せつほう》さん（28）から、日本の教科書の記載内容を問われた。終戦後に残留した日本の医療者や技術者が「中国社会に貢献した」ことに興味があるとの声もあった。

「この機会に中日の歴史問題への認識を深め、中日友好の将来に貢献したい。互いに研究を続けましょう」。渤海大歴史文化学院の温栄剛《おんえいごう》院長からは、そう呼びかけを受けた。大きなテーマに、重い宿題を課せられた気がした。

「残留孤児のことを、中国でも東北部以外の人はあまり知らない。日中友好を進め、戦争を防ぐため、もっと広く知らせたい」。大連外国語大（遼寧省大連市）教授の崔学森《さいがくしん》さん（49）＝中日関係史＝は24年5月22日、飯田市川路の池田肇さん（88）を訪ね、思いを伝えた。大八浪《ターバラン》泰阜村開拓団員として満州に渡り、孤児となった池田さんに聞き取りをした。

満州へ渡った経緯、逃避行中に幼い弟を失ったこと、寒さに耐えた収容所生活、中国人養父との関係、１９７４（昭和49）年に帰国後の生活……。池田さんは地域の中学生らに体験を伝えてきたが、中国人研究者の聞き取りを受けるのは初めてだった。

「中国人が助けてくれなければ多くの命が失われた。次世代のためにこの歴史を伝えてほしい」。２０２４年夏の聞き取りに改めて協力すると約束した。

中国では残留孤児や養父母を巡り「中国人は被害者だが、広い心で孤児を助けた」との認識があり、国民の「誇り」として語られることが多い。

崔さんが注目するのは、養父母に実子がいない場合が多かった点だ。子どもがいないのは自身の親への不孝とされる、家業を続けたい、農業の働き手がほしい、老後が不安……。そうした現実的な問題もあったとみる。このため恵まれない家

●満州を巡る戦後の中国側の動き

中国東北部では戦後間もなくから1960年代半ばにかけて、抗日活動家を「烈士」として慰霊・顕彰する施設が各地にできた。60～70年代には、日本側の建設現場などで過酷な労働による犠牲者の遺体を遺棄した「万人坑《まんにんこう》」の発掘や記念館建設が進んだ。一方、日本から渡った開拓団員や残留日本人は中国人民と同様、日本の軍国主義が生んだ犠牲者と見なされた。開拓団員が多く死亡した黒竜江省方正県で地元政府は63年、周恩来首相（当時）の承認を得て国内唯一の「日本人公墓」を建てた。残留孤児は72年の国交正常化後の肉親捜しで中国でも注目され「日本遺孤」と呼ばれた。

庭環境に入った孤児は少なからずいたと考える。

また中国東北部には、北京より南方からの流民も多かった。崔さんは、そうした人たちが孤児を引き取り、仲間内の子どものいない人に譲ることで、新たな土地で共同体を築いていった――と考察。これまでその視点からの研究は見当たらないという。養父母や孤児の一面だけを強調するのではなく「その存在の全体像を捉えたい」と考える。

98年に交換留学生として初来日。九州大大学院などで学んだ。2022年に再来日し、現在は亜細亜大（東京）の訪問研究員。これまでに聞き取りをした元残留孤児らは延べ200人に上る。

ただ、聞き取りは初めから順調に引き受けてもらえたわけではなかった。

孤児の研究を通じて日中をつなぐ

悲劇を繰り返さぬ道と信じて

大連外国語大教授の崔学森さんは2年前の再来日後、中国残留孤児の研究を志したものの、帰国者に電話で聞き取りを依頼すると立て続けに断られた。新型コロナウイルス対策を理由にされたが、中国人による聞き取りに慣れないため敬遠されている――と感じた。

そんな崔さんの頼みに初めて応じた元孤児が、人づてに紹介された東京都内の富井義則さん（86）だった。両親が現下高井郡野沢温泉村出身で、同郡や現中野市から満州へ渡った高社郷《こうしゃごう》開拓団で幼少期を送った。集団自決を免れて中国人養父母に育てられ、1972（昭和47）年に帰国した。

「知っていることは全部話しましょう」。残留孤児研究は日本人研究者が取り組んでおり、まだやる余地があるものか自信が持てなかった崔さんだが、富井さんの言葉で腹を決めた。元孤児たちの平均年齢が80歳を超える中、「時間との闘い」に心血を注ぐ。

「日本は東北部を永続的に占領する野心を実現するため、移民侵略を続けた」

中国残留孤児が生まれた背景について帰国者らに講演する崔学森さん（左奥）＝2024年5月19日、東京都港区

大連市にある愛国教育施設の展示の説明だ。旧日本陸軍病院の建設に動員された現地の人たちが多数犠牲になり、遺体を埋めた「万人坑《まんにんこう》」だった場所にある。ハルビン市の侵華日軍第七三一部隊罪証陳列館にも大勢の人が訪れていた。中国人にとって満州は、日本の支配への抵抗や過酷な労働を強いられた記憶と共にある。

そうした中、崔さんは訴える。「侵略戦争の後遺症は続くでしょう。だが、研究の意義は恨みを明記することでなく、乗り越えた先の相互理解にあります」。都内で２０２４年5月19日、中国帰国者2世らのＮＰＯ法人の総会で講演し、約40人を前に力を込めた。

「日本がひどいことをしたという感想で終わっていいのでしょうか」。会場の一般参加の日本人女性が、満蒙開拓について学ぶ意義を自問するように尋ねた。崔さんは「日中関係は長い歴史の中から見ると、不愉快な時期はごく限られています」と応じた。

72年の日中国交正常化直後、友好ムードが高まった時の気持ちに学ぶよう投げかけた。

一方、帰国者や2世たちには、日中をつなぐ「友好交流の大使」の役割がもっと果たせるはずだと考える。延べ200人への聞き取りから、元残留孤児たちは「日本人だが、文化的には全くの中国人だ」との認識に至った。家族の団結を重んじ、帰国した残留婦人の母が病に倒れたため中国での職をなげうって来日した2世にも出会った。だがそうした価値観を、日本の社会は十分理解してこなかった。中国の文化を伝えたり、中国人観光客を受け入れる日本の旅行業や商業に携わったりすることで、帰国者や2世らが日中双方に連なる個性を発揮できると見込む。

24年5月31日、崔さんは元残留孤児で90年代に帰国した原田満雄さん(80)＝松本市＝に電話した。原田さんは中国で05年に出版された「日本遺孤調査研究」に、帰国後は息子が中華料理店を営み、自立した生活を送っていると手記を寄せていた。帰国者が中国への恩を忘れていないことや、日本社会の応援もあって今の暮らしができていることを中国の人に伝えたかった――。崔さんにそう話し、聞き取りを受ける約束をした。

崔さんは7月上旬に帰国するが、今後も頻繁に日本を訪れ、研究を続ける。戦後80年の来年、日本で一般社団法人「中国帰国者研究所」を設立する構想を温める。帰国者たちの証言集や家族史を編む他、残留婦人らが残した手記を中国語に訳し、日本語が不自由な2世も読めるようにしたい。日中両国での研究や情報発信の拠点とする考えだ。

それが、戦争による孤児を世界でこれ以上生み出さないために、研究者として社会責任を果たすことだと信じる。

「満州国」の記憶

現地訪問より

ハルビン市には731部隊が陶器製細菌爆弾を製造した工場があった。跡地には今も工場の2本の煙突が残る

日本人街だったハルビン市の地段街。当時の建物が点在するものの様相は大きく変わっている

かつては南満州鉄道（満鉄）の拠点駅だったハルビン駅の近郊。チチハル方面（左）やジャムス方面（右）を結ぶ鉄路が延びる。かつて満鉄が運営した路線を最新鋭の高速列車が通り過ぎた

ハルビンから大連へ向かう高速鉄道沿いには広大な農地が広がる。長野県をはじめ多くの日本人が「20町歩の地主」を夢見て海を渡り、この地に移り住んだ

※撮影日＝2024年５月２～３日

特集 女性と満州――家父長制の圧力

戦時下に日本から満州へ大勢が渡った満蒙開拓を現代のジェンダーの視点から振り返ると、家父長制に基づく価値観から、男性の従属的な立場に置かれ、国策に翻弄されてきた女性の姿が浮かぶ。移民男性を定着させるために「花嫁」が必要とうたわれ、日本人を増やす「産む性」としての役割が求められた。敗戦後はソ連兵などからの性暴力に遭った。残留日本人への処遇も男女で差があり、影響は今も続いている。

なぜ私だけ置き去りに

南信の女性、思い今も

「どうして置いていっちゃったの」。今でも思いを抱え続けている。だが、家族のつながりが壊れてしまうかと思うと、誰にも聞けずにきた。一家で満州に渡り、13歳の時に現地で敗戦を迎えた南信地方の女性(92)は一時、中国人家庭に1人で残された。2024年5月、自分の思いを確かめるように言葉を紡いだ。

女性は開拓団として両親やきょうだいと満州へ。1945(昭和20)年8月の敗戦後、家族は他の団員らと学校で避難生活を送った。だがやがて、氷点下35度を下回ることもある寒さに耐えきれなくなり、近くの集落を頼った。

集落は10軒ほど。何十頭も牛を飼う1軒を除き、どこも暮らしに余裕はなさそうに見えた。女性の一家は、60~70代くらいの男性と、女性と同じ年頃の男の子2人が暮らす家に入った。土間の他は1部屋だけだが、オンドル(床暖房)があって暖かかった。

男性がみそ汁を作ろうとして、みそがなく、隣の家から借りている姿を見た。子ども心に負い目を感じた。大きな中華鍋でトウモロコシを牛乳で煮て1人ずつ器に盛ってくれた。とてもおいしかった。

「日本に帰っても、米兵が入り込んで大変な思いをしている」。集落の人たちは、口をそろえてとどまるように促した。だが日本人たちは帰りたい一心だった。暖かくなると、逃げ出す人が出始めた。

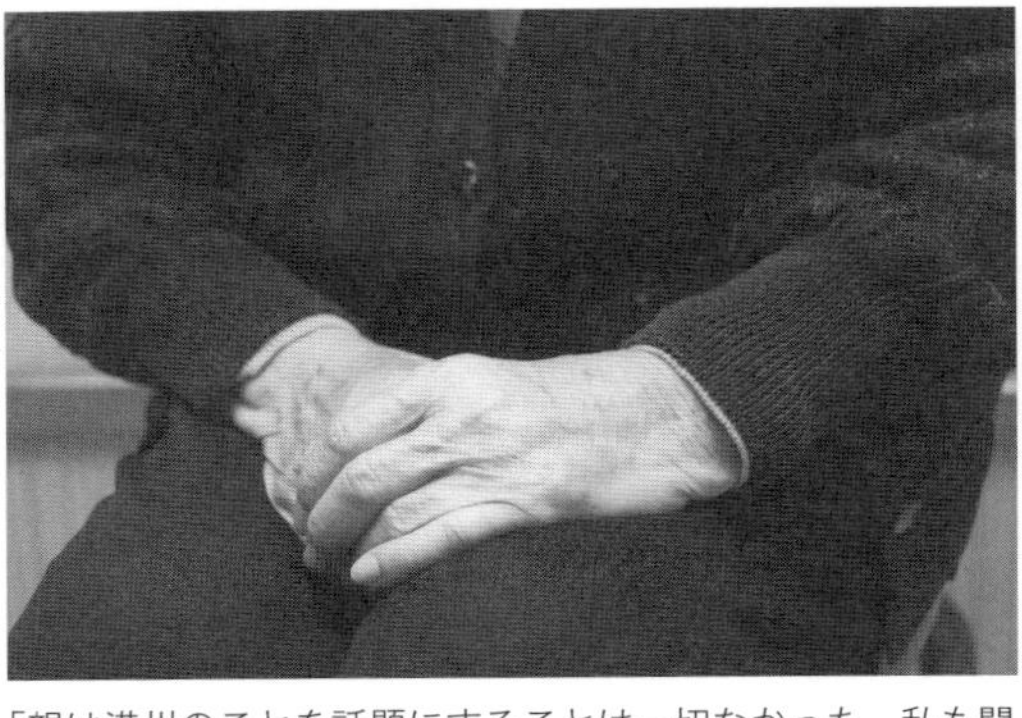

「親は満州のことを話題にすることは一切なかった。私も聞かなかった」と話す南信地方の女性=2024年5月12日

ある日、女性が気付くと、両親やきょうだいがいなくなっていた。女性は何も告げられていなかった。

その時の記憶は、おぼろげな部分も多い。男性の家の居心地は「まあ良かった」から「置いていかれても切なくはなかった」。ただ今になると、「うんと切ない思い」がなかったのが「不思議でどうしようもない」とも思う。

女性もその後、集落にいた他の日本人と逃げた。帰郷し、家族と再び暮らし始めた。

違う見え方がしてきたのは、大人になってからだ。あの家の男性は男の子の「嫁」として自分のことを欲しがっていたのではないか。一方で両親は、家族を養ってくれた男性にお礼をしなければと悩んだかもしれない――。男性と両親の間で何か話があったかは分からない。ただ、女性が人を好きになる年頃になり、当時の状況を整理してみると、そんな推測が生まれてきた。

両親は満州の話は一切しなかった。「うんとつらい思いをしているんじゃないか」。だから、あの時に何があったかは女性も聞かなかった。もし親が認めれば、親を憎むことになる。だから親は、仮にそうだとしても本当のことは言わないだろう――。「胸の内に収めておくのが一番。私だけで解決しとけばいい」

両親が亡くなって久しい。きょうだいには今も話さずにいる。

純血保持へ「大陸の花嫁」

敗戦後は性暴力や自死も

1936（昭和11）年、満蒙開拓の国策化で本格的な移民の送出が始まり、女性たちも開拓団の一員として家族で大陸へ渡った。青少年義勇軍の訓練を終えた少年たちを含め、未婚男性の配偶者を確保するためとして、組織的な女性の送出も政策化された。「大陸の花嫁」と呼ばれた。

「大陸の花嫁」は、「満州国」の実権を握る日本の関東軍の東宮鉄男《かねお》大尉が最初に構想し、移民男性たちに「慰労」や「慰安」を与える伴侶が必要だとした。配偶者の養成のため、日本国内への施設整備が政策化され、県は40年、東筑摩郡広丘村（現塩尻市）の桔梗ヶ原に全国初の女子拓務訓練所を整備。訓練生たちは農作業の他、茶道や裁縫なども習った。満州国にも「開拓女塾《じょじゅく》」ができた。

拓務省が42年に作った「女子拓殖指導者提要」は、満州で日本人の人口を増やし、「大和民族の純血」を保持する役割を女性に課した。

一方で国は「満州に行けば伝統的な家制度から自由になれる」とも宣伝した。日本で最初の女性映画監督でフェミニストでもあった坂根田鶴子は43年、満州映画協会でプロパガンダ映画『開拓の花嫁』を製作。理想郷的な満州の情景の中で、夫と子どもとの核家族で男女が平等に育児や労働に当たる姿を写した。

　開拓団で多くの男性が根こそぎ召集され、敗戦後、女性たちはソ連兵や中国人、朝鮮人などから性暴力を受けた。日本人の集団を守るため、組織的に差し向けられた例も多くあった。「大和なでし

満蒙開拓と女性を巡る動き

1932	「満州国」成立
33	関東軍主導で「花嫁」を募集
34	最初の「花嫁」が入植
39	拓務、文部、農林三省が「花嫁」100万人送出計画を策定
40	長野県が桔梗ヶ原女子拓務訓練所を設置
	満州に初の「開拓女塾」
42	拓務省が「満洲開拓女子拓殖事業対策要綱」「女子拓殖指導者提要」など策定
43	映画『開拓の花嫁』製作
45	敗戦。多くの女性が現地で性暴力に遭う
46	厚生省が引揚援護院を設立。「婦女子医療救護」の検討開始
50	国籍法改正。中国人と結婚した日本人女性の子は中国籍に
53	後期引き揚げ開始
59	未帰還者特別措置法公布。中国人と結婚した日本人女性を「自己の意思で帰還しない者」とみなす
72	日中国交正常化。残留婦人から日本大使館に帰国実現へ支援を求める手紙が相次ぐ
82	残留婦人の帰国に同伴する中国人の夫の旅費も支給されるように
91	残留孤児に続いて残留婦人にも「特別身元引受人」制度を適用
93	残留婦人12人が「強行帰国」
2001	残留婦人3人が国家賠償請求訴訟を東京地裁に起こす
06	東京地裁判決。国の怠慢を認めたが、請求は棄却。原告は東京高裁に控訴
07	東京高裁が控訴棄却の判決。原告は上告
	帰国者支援法改正。残留婦人も新たな生活支援の対象に
09	最高裁が上告を受理しない判決。「受理すべきだ」との少数意見が付く

トウモロコシを収穫する県桔梗ヶ原女子拓務訓練所の訓練生たち＝1941（昭和16）年9月（飯田市歴史研究所提供）

松林を切り開いて作られた桔梗ケ原女子拓務訓練所。丸い屋根の建物が共同の炊事場、洗濯場に使われたシンボルの日輪兵舎＝1941（昭和16）年（飯田市歴史研究所提供）

こ」として「純潔」を守るべきだとの教育を受けており、性暴力を受けた女性の中には自死する人もいた。引き揚げて日本に上陸する直前、産んだ子どもと共に海へ身を投げた女性がいた、との証言もある。

引き揚げ港では婦人向けの相談所で問診や検査が行われた。国は被害女性への配慮以上に性病の防疫を重視していたとされる。博多や佐世保などでは違法な中絶手術が行われた。両親の人種が異なる「混血児」を排除する優生保護思想が背景にあった。

身を守るためや家族を守るため、極寒の地で生き延びるためといった理由から、中国の男性と結婚せざるを得なかった女性も多い。国は、終戦時におおむね13歳以上だった「残留婦人」は「自分の意思で中国に残った」とみなし、帰国支援は13歳未満の残留孤児に比べて遅れた。

「幼女売買婚」「跡取り優先」
日中双方の女性蔑視の間で

「逃避行中の女性たちは、日本と中国という二つの国の女性蔑視と悪習が重なり合った輪の中に、すっぽりとはまり込んだ」。1990年代に残留婦人への取材を重ねたジャーナリスト小川津根子さん(92)＝東京＝の見方だ。

中国の農村には当時、売買婚や、少女を買って最初は労働力とし、後に息子の妻にする「童養媳《トンヤンシー》」（幼女売買婚）の習慣が根強くあった。結婚に際しては、男性側が女性の親に金銭を支払う慣習もあり、貧しい農村には結婚できない男性たちが大勢いた。

一方、敗戦後の混乱下で日本人の親たちは、家の「跡取り息子」である男児、とりわけ長男を、女児に優先して連れ帰ろうとした傾向がある。

厚生労働省によると、認定している残留孤児2818人のうち女性は1593人（57%）、男性は1225人（43%）だった＝グラフ。

奈良女子大大学院博士後期課程の上尾《あがりお》さと子さん(70)によると、中国残留孤児の永住帰国者は、72年の日中国交正常化の直後は男性が圧倒的に多く、後に女性が増える。中国の農村で女性は教育を受けられず、識字率が低いため情報を得にくかった他、「従うべき存在」と認識してきた養父母や夫への気兼ねがあったことが背景として推測できるという。

養父母や義父母の世話を終え、晩年になって帰国する女性も多かった。

厚生労働省が認定している中国残留孤児の男女比率

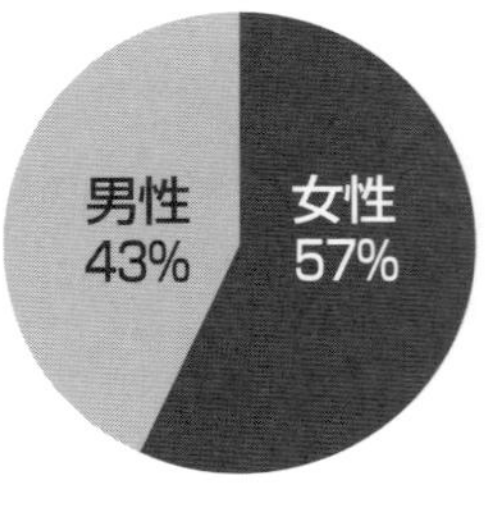

識者に聞く①

内地と満州の両方で性の防波堤に

一橋大客員研究員
平井和子さん

国家や共同体崩壊の危機に際して、生き延びるために戦勝者へ女性を提供する行為は、敗戦後の日本内地と満州で同時進行で展開されていた。

日本政府は占領軍を迎えるに当たり、「特殊慰安所」を設けるよう全国の知事と警察に指示した。日本の「婦女子」を守るための「性の防波堤」の位置付けだった。驚くべき早さの慰安所設置の実現には、旧日本軍慰安所のノウハウが生かされた。

満州では、引き揚げを巡る膨大な量の手記や回顧録を読むと、同時多発的に居留地の日本人会や開拓団の幹部によってソ連側、中国側へ女性たちが差し出された事例が数多くあり驚愕《きょうがく》した。近年、遺族会が歴史と向き合うことで注目された黒川開拓団（岐阜県）に限ったことではない。

いずれも名目は「一般婦女子を守るため」だった。だがそれは、男性が女性の身体を管理する権利や、守る・守られる関係を維持し、家父長制が下支えする国家体制を守ることでもあった。

差し出す対象は全ての女性ではない。男性リーダーによって「守るべき女性」と「差し出すべき女性」に二分された。差し出されたのは、都市部では芸娼妓《しょうぎ》や元日本軍「慰安婦」、開拓地では未婚女性や他団の出身者など、集団の周辺部の女性たちだった。

兵士による性暴力は欲情による行為ではなく、レイプが「戦利品」「報酬」となるからだ。敗戦国の女性へのレイプは、敵の男性たちへ公然と敗北を見せつける効果があることを知っていた。

差し出された女性たちは、自分の持てる資源や能力を少しでも使い、機転を利かせたり、目をつぶってその場をやり過ごしたりした。本来なら戦後、「よくぞ生き延びてきたね」とリスペクトされるべき存在だ。それは芸娼妓や元慰安婦の女性も同じだ。

だが被害を訴え出た女性はほとんどいない。戦後、被害女性たちの声を封じてきたのは、貞操を犯された女性は汚れている――というスティグマ（負の烙印《らくいん》）だ。女性は性的に無垢《むく》であることが大切で、結婚したら夫に貞操を守る――と明治民法で規定され、女性たち自身の内面も縛った。

おびただしい数のソ連軍による性暴力証言を読み、戦争犯罪として歴史的責任を問うべきではないかとの思いを強くしている。

【ひらい・かずこ】
1955年、広島市生まれ。一橋大ジェンダー社会科学研究センター客員研究員。近現代日本女性史、ジェンダー史。著書に『占領下の女性たち　日本と満洲の性暴力・性売買・「親密な交際」』など。

識者に聞く②

残留婦人の歩みに表れる如実な性差別

弁護士
石井小夜子さん

【いしい・さよこ】
1949年、千葉県生まれ。中国残留婦人の国家賠償請求訴訟弁護団長。残留婦人が設立したＮＰＯ法人「中国帰国者の会」の初代理事長。共著に『国に棄てられるということ』など。

鈴木則子さんら残留婦人3人が2001年に起こした国家賠償請求訴訟の原告代理人を務めた。原告は当初4人で、4人分の訴状を書いたが、1人は夫と子に反対され断念した。戦前の教育を受けた残留婦人たちにとって、「家」から自由になり、国を訴えるのは大変なことだった。

鈴木さんは裁判を通じて「国の姿が見たかった」と言った。敗戦から今日まで国が残留婦人をどう見てきたか、実際そのことがよく分かった。残留婦人の歩んだ人生からは、性差別を始め女性特有の問題が如実に表れている。

1953年に始まった満州からの後期引き揚げで、男性は多くが帰国したが、生き延びるため中国の農村家庭に入らざるを得なかった女性の多くは帰国できなかった。1人で帰れと言われたからだ。幼い子どもを置いていくことはできなかった。

59年の未帰還者特別措置法公布で、日本政府は中国に残された女性たちを「国際結婚した人」とみなし「自己の意思で帰還しない者」と認定した。実際は、国際結婚という類のものでは決してない。他の家族を日本に帰すためだったり、わずかなお金で売り渡されたり。敗戦国の女性が生き延びるため、強いられた「同居」が始まりだった。

73年から残留日本人の帰国費用を国が負担したが、配偶者は「同伴する妻（内縁を含む）」のみが対象になった。残留婦人の中国人の夫は82年まで対象にならず、帰国をあきらめる人もいた。

国は「大陸の花嫁」募集で、家父長制の中で抑圧された女性が引かれるようイメージを作り上げた。解放されたい思いが戦争や植民地支配に利用された。逆に言えば、女性を苦しめる体制さえつくれば、逃れたい女性を戦争に組み込みやすい。今日的な示唆がある。戦争が終わるとたちまち「女の力は要らない」ということになり、ご都合主義的な女性利用でしかなかった。

戦後憲法下の50年につくられた国籍法でも父系主義が維持され、残留日本人女性と中国人の夫の子どもは日本国籍を得られなかった。女子差別撤廃条約批准のため84年に両系主義になったが、情報が行き届かないなどで今も中国籍の帰国者2世は多い。在留権や生活保護、年金問題など、日本で生きていく上でさまざまな障壁が今も続いている。

第7部

終わりなき問い

戦後79年を迎える今も、満蒙開拓は単なる過去の出来事ではない。心にのしかかる重荷の正体を探り、自分なりの答えを見つけようと、もがき続けている人たちがいる。なぜ祖父は開拓団を送り出したのか。なぜ父は押し流されたのか。なぜ母は最期に語ったのか――。それは、国策と戦争という大きなうねりの中で、決断を迫られた一人一人の生き方を知り、学ぼうとする試みだ。第7部は、過去に問いかけ、生きる道筋を探る姿をたどる。

岐阜県白川町の佐久良太神社に立つ観音像「乙女の碑」。ソ連兵の性暴力で亡くなった女性4人を供養する＝2024年4月27日　☞本文198ページ

祖父の死が、私の人生を――

分村移民決めた若き村長と孫の劇作家

２０２４年5月27日、東京都内。下伊那郡豊丘村出身の劇作家で精神科医の胡桃沢伸《くるみざわしん》さん（57）の自宅で、新作の芝居の初稽古があった。役者の川口龍さん（38）＝東京＝が、覚えたてのせりふに息を吹き込む。「俺は名乗りを上げてみたい。ここに、この俺がいる。この俺が東京のど真ん中に」

脚本のタイトルは『鴨居に朝を刻む』。伸さんの祖父で、河野《かわの》村（現豊丘村）の村長を務めた胡桃沢盛《もり》（１９０５～46年）を主人公にした一人芝居だ。盛は、日中戦争下の１９４０年、35歳で村長に就いた。期待される若き指導者だった。

43年10月、盛は満州への分村移民の送出を決めた。だが開拓団の末路は凄惨《せいさん》を極めた。敗戦翌年の７月、盛は自宅の座敷の鴨居にひもをかけ、自ら命を絶った。41歳だった。

〈開拓民を悲惨な状況に追ひ込んで申訳《もうしわけ》がない、あとの面倒が見られぬことが心残りだ、財産や家は開拓民に解放してやってくれ〉（原文のまま）。本紙は盛の遺書の内容として伝えた。盛の日記は最後のページが破られている。遺書の実物は残っていない。

胡桃沢盛
（胡桃沢健さん提供）

伸さんの子ども時代、家で盛について語られることはなかった。「しゃべってはいけない」と言われたわけではない。沈黙が当然のことのようだった。だが、語られなかった祖父の死は、伸さんの人生に時折、奇妙な形をして現れた。

小学２、３年の頃、盛の妻である祖母と２人、鴨居の下の奥座敷で並んで寝ていた。「ひぃえええええ」。祖母の悲鳴のようなうめき声に起こされた。翌朝、祖母に尋ねても「胸に手を当てて寝とったもんで」と答えるだけ。「うなされたら嫌だから、大人になっても胸に手を置かないで眠ろう」と思った。怖さからかその頃、パジャマを着ず普段着のまま布団に入った。

小学生の時、「伸君のおじいちゃんは首をつって死んだんだに」と幼友達に言われたことがある。何も言い返せなかった。家の歴史を確かめるのが怖かったが、「怖い」とも言えない子どもだった。

都内で行われた新作の芝居の初稽古で、演技を指導する胡桃沢伸さん（左）＝2024年5月27日

時代がバブル景気に差しかかる頃、伸さんは名古屋大の工学部に進学。自治寮の仲間と演劇をした。86年、大学2年の時に旧ソ連のチェルノブイリ原発事故が起きた。人間の命と暮らしを犠牲にする原発に違和感を持った。就職活動で重化学工業大手を訪ねたものの、原発や兵器産業には関わりたくなかった。

医学部に入り直し、精神科医になる道を選んだ。自分の心がよく分からなかった。

「人間の狂気に深く迫りたい」と思った。95年の阪神淡路大震災から間もない神戸で、医師の仕事を始めた。言葉にも興味を持ち、30代後半から本格的に脚本を書き始めた。

ある時、知人から手紙が来た。〈これは胡桃沢さんのおじいさんの事ではありませんか〉。盛が残した約20年分の日記を、両親が飯田市歴史研究所に寄贈したと伝える新聞記事のコピーが入っていた。

伸さんは動揺した。ちょうどその頃、書き上げた戯曲『西成《にしなり》日記屋物語』が評価され、上演が決まり稽古を始めていた。日雇い労働者の街がある大阪・西成。そこに流れ着いた男たちが書いた日記を死後に集め、家族に手渡し、言葉と思いを引き継ぐ──という「日記屋」の物語だった。受け継ぐべきメッセージは、自分の家にあった。

実家に連絡を取ると、父から、飯田下伊那の住民が満州移民の記憶を聞き取ってまとめた報告集『下伊那のなかの満洲』が送られてきた。ページをめくり、さらに驚いた。

河野村開拓団の最期は、住民同士で命を絶つ「集団死」だったと語られていた。伸さんは数年前から、沖縄戦や米軍基地問題に興味を持つようになっていた。とりわけ集団死について、住民をそこへ追いやった皇民化教育の過ちをまざまざと感じていた。

伸さんの人生は、祖父の人生の深淵《しんえん》に引き寄せられ、さまよっていた。

●河野村開拓団

旧下伊那郡河野村が分村する形で1944（昭和19）年、「満州国」の首都・新京近郊へ開拓団を送り出した。村長だった胡桃沢盛は、当初は送出を迷ったが、43年、天皇に尽くす「皇国農村」に指定されたことを機に分村推進に踏み出した。長野県満州開拓史によると、敗戦時、24世帯95人が在籍。45年8月、女性や子どもを中心に73人が集団死に追い込まれた。生き残った久保田諫《いさむ》さん（1930～2023年）が唯一帰国し、晩年まで体験を語り続けた。

祖父は「自分を殺して役を務めた」　あるべき己へ言葉の格闘

胡桃沢伸さんは、37歳を過ぎて祖父・盛の死の背景を知った。だがそれからすぐに、祖父について語れるようになったわけではない。語る言葉を獲得するには、多くの時間と努力を要した。

在日コリアンの詩人金時鐘《キムシジョン》さん(95)との出会いが、伸さんの言葉を変えた。日本統治下の朝鮮・釜山《プサン》に生まれ、済州島《チェジュド》で育った金さん。終戦による解放後、皇民化教育によって強いられ身に付けた日本語をいったん身から引き剝がすように捉え直し、突き詰めた。伸さんは、金さんが詩を教えていた大阪文学学校に通い、詩を書き始めた。

金さんの指導は厳しかった。「日本語は慣れや親しみを確認するために使われているが、それでは詩は書けない。言葉は批評だ。新しい認識を発見し伝えるためにある」

春と言えば桜――。そんな日本人が持つ通念に「寄りかかって言葉を使うな」との指摘だった。尊敬語や謙譲語もそうだ。上下関係が既に織り込まれている。国家や共同体は、こうした言葉を使いこなすことを求め、言葉を介して従順な精神を育んでいく――。

「そういう言葉を使っていたら、祖父から自分を切り離せない」。内からの叫びに突き動かされ、伸さんの脚本家としての歩みは、身に付けてきた日本語を徹底的に問い直すことから始まった。

2023年11月、大阪市内の劇場で、シェークスピアの四大悲劇の一つ『ハムレット』を伸さんが改作した芝居『ハムレット　例外と禁忌』が初めて上演された。

父を毒殺して王位に就き、母を奪った叔父に対するデンマーク王ハムレットの復讐劇《ふくしゅう》。伸さんは、権力

胡桃沢伸さんが脚本を書いた舞台『シェイクスピアシリーズⅢ《ハムレット　例外と禁忌》』＝2023年11月（中谷利明撮影、エイチエムピー・シアターカンパニー提供）

闘争に明け暮れ、戦を続ける男性社会の滑稽さと醜さを描いた。

劇中、ハムレットは苦悶《くもん》する。〈知らない誰かに俺は演じられている。この俺は、ハムレットはどこに。いるのか、いないのか。それが問題だ〉。ハムレットの有名なせりふ〈生きるべきか、死ぬべきか、それが問題だ〉を、伸さんはそう置き換えた。終演後、伸さんは舞台上で語った。「ハムレットは父の持ち物であり、家の持ち物だった。それを振りほどいて自分になっていく。そういう問題意識で書いた」。登場人物たちは、自分の在りかに悩み、自分の言葉を欲する。王の位置にある人や、父の言うままに生きる娘、負けた男から勝った男へと「所有」が移っていく妃の苦しみを描いた。

祖父の盛も、日記をたどると、「百姓」や「村長」、「家長」として自分のあるべき理想の姿を抱いていた。だが、次第に国家主義の流れに埋もれていった。

１９４２（昭和17）年３月１日の日記。〈経済的

に世の中が一変せんとする今、何処《どこ》へ此の身が落ちついて行くのかさえ判《は》っきりわからない。先《ま》ず確《しっか》りした肚《はら》を作る事と判断を過《あやま》らぬ事と、自己を一層空《むなし》うして村の為め御国の為めに合致する様　自己内面に於ける意欲を抑えつけて行く〉〈前へ〳〵国策の線に沿って明るく力強く進む気持で〉。前年の41年12月、日本は泥沼化する中国戦線を抱えながら、米英などとの太平洋戦争にも突き進んでいた。

仲さんは言う。「自己を一層むなしくして国策の線に沿っていく。自分を殺して役を務めることが良いことと思っていたら、国の思うつぼだ」

仲さんが書く脚本は、盛と満蒙開拓への批判的な考察が通底する。芝居を通じて、盛と真正面から対峙《たいじ》してきた。

間違いを認めてこそ次へ　祖父が見過ごした「植民地主義」

会場には立ち見が出るほど大勢の人が詰めかけた。2024年1月28日、NPO法人「中国帰国者の会」（東京）が胡桃沢伸さんを招き、講演会《河野村開拓団と祖父と私》を東京都内で開いた。静かな熱気の中、仲さんは話した。

「祖父のことを大切に思っています。でも、祖父を肯定はできない。どこで祖父が間違えたのか、考え続けています」。仲さんにとって、祖父・盛の間違いを認めることと、祖父を大切に思うことは一つだ。

祖父は何を間違えたか、なぜ間違えたか——。盛の日記をめくっては考えてきた。

豊丘村から望む伊那谷の夜明け＝2024年6月1日午前４時28分

18歳のある一日。〈百姓は憐《あわ》れだ。絹片身伽羅の者は蚕を養う者に有らざるなりと同じく、米飯を食する者は却《かえ》って百姓では無いのだ〉。華やかに暮らす階層を、農家が泥にまみれて支える実相に、資本主義が生み出す格差を解消したいと強く願っていた。

だが農山村の振興という盛の志は、やがて国家主義の渦にのまれた。村長として満州へ分村移民を送ることを決断した38歳。〈安意のみを願っていては今の時局を乗りきれない。俺も男だ。他の何処《どこ》の村長にも劣ない、否優れた指導者として飛躍しよう〉

この言葉に、伸さんはがっくりと肩を落とした。〈俺も男だ〉。その程度の〈肚《はら》〉で、自分を支え、村民を送り出したのか――。

盛は遺書に〈開拓民を悲惨な状況に追ひ込んで申訳《もうしわけ》がない〉と記したとされる。敗戦後、戦争へ突き進んだ過ちを認める指導者層がほとんどいない中、伸さんは「自分のやったことが間違っていたと分かっている――と伝わってくることはうれしい」と思う。だが、土地を奪われた現地の人々に思いは至らなかった。

１９４４年3月29日の盛の日記に、満州へ入植直後の河野分村を視察した記述がある。現地住民を招いた懇談会で協力を求めたその後、村の男性ばかりで宴会を開き〈伊那節で気勢を挙げる〉とあった。

伊那節は、地元の伊那谷に伝わる民謡だ。現地の人から安価やただで奪って入植した土地で、夜半に男だけで故郷の歌に声を張り上げる。「その姿は植民地主義そのものだ」。伸さんはそこに、イスラエルによるパレスチナへのユダヤ人の入植を重ねる。

もともと暮らす人を差し置いて一方的に国家の樹立を宣言し、特定の民族が優位な体制を築き、武器をもって占領する。時代も背景も異なるが、類似点は多いと考える。パレスチナでは今日も、多くの犠牲者を出し続けている。

「祖父の間違いは人権を知らなかったことだ」。伸さんが指摘すると「当時は仕方がなかった」「責めないで」と言われることもある。だが「誤りを明確にしない限り、次に同じことを起こさないための大事な一歩を踏み出すことはできない」と強く思う。

劇作家として、戦時性暴力や精神医療、原子力政策などをテーマに国の責任を問う作品を発表し続けてきた。人間の暮らしと命、尊厳をないがしろにする大きな力。満蒙開拓の歴史を学ぶことは、それらの正体を見据えようとすることだと思う。国や地域社会、世間体や空気にのみ込まれないために、言葉を磨く。

豊丘村の実家の奥座敷。盛が命を絶った鴨居は、盛の体重によって刻まれた傷をそのまま残し、ひっそりとある。盛の人生に出会ってから、伸さんにとって奥座敷は祖父を感じる安らぎの場になった。

かつて、その鴨居を見上げて父の健さん(86)に問うた。「おじいさんからどんなメッセージが聞こえてくるか」

健さんは答えた。「われ、過《あやま》てり、だ」

伸さんは「生きろ、と聞こえる」と返した。

「日本人として」強いられた犠牲

追い打ちをかけた戦後の屈辱

岐阜県大垣市の自宅で満蒙開拓平和記念館の聞き取りに応じる安江善子さん＝2015年1月（同館提供）

「皆さんは開拓団ということに心があって、こうやって聞いていただけるんですね」。２０１３年11月、開館７ヵ月を迎えた満蒙開拓平和記念館（下伊那郡阿智村）。岐阜県の黒川開拓団で満州へ渡った安江善子《よしこ》さん（当時89歳、２０１６年死去）は、恐縮気味に語り出した。開拓団時代の経験者を招く《語り部定期講演》に、多くの聴衆が集まった。

黒川開拓団は敗戦後、現地住民による一斉蜂起、ソ連兵による強奪や強姦《ごうかん》に耐え、集団自決の寸前に追い込まれていた。団幹部は、団をソ連兵に守ってもらう見返りに、若い女性を差し出すと決めた。善子さんは、そこで繰り返し性暴力を受けた一人だった。

団幹部は、善子さんら未婚の若い女性を集めて言った。「子どもを残して戦場に行った兵隊たちの家族を守るのも、おまえたちの仕事だ。日本人として開拓団を守るのか、このまま自滅するのか、おまえたちの力にある」。未婚女性が選ばれたのは、夫が出征中の既婚女性を犠牲にはできない、との判断からだ。

女性たちの中で最年長だった善子さん。「お嫁に行けなくなっちゃうから、やだぁ、やだぁ」と泣き出す女性たち一人一人を抱きしめ、かける言葉を探した。「お嫁さんに行けなくなったら一緒にお人形さんの店でも出そうね……」

団では、性暴力の現場へ赴くことを「接待」と呼んだ。15人がその役目を負い、4人が性病などで亡くなった――。

語り部定期講演で善子さんは、1時間余り話した。終えるや否や聴衆に囲まれた。手を握られ、言葉をかけられた。驚いたような、ほっとしたような、そんな満足そうな表情を、講演の場へ善子さんを誘った黒川開拓団の4代目遺族会長、藤井宏之さん(72)＝岐阜県白川町＝は忘れることができない。

善子さんは、この事実を語りたい思いを長年抱えていた。1981（昭和56）年、遺族会が訪中団を出し、善子さんも黒川開拓団があった陶頼昭《とうらいしょう》を訪ねた。帰国後に善子さんが中心となり、地元の佐久良太《さくらだ》神社に亡くなった4人を供養する観音像「乙女の碑」を安置した。同じ頃、被害に遭った女性たちと雑誌の取材に応じ、匿名で報道された。

だが、社会の反応は薄かった。当時の遺族会は、雑誌を地元で買い占めて波紋が広がるのを抑え、黙殺した。

●黒川開拓団

山間部の岐阜県黒川村（現白川町）は1939（昭和14）年、同県の満州移民計画にのっとり分村計画を立案。近隣の村からも参加を募り、42年から現中国吉林省の陶頼昭へ662人が入植した。敗戦後はそのままとどまったが、現地住民から襲撃を受けた。近くに入植していた熊本県の来民《くたみ》開拓団が集団自決したとの報を受け、対応を検討。集団自決はせず、女性と引き換えにソ連将校へ警護を依頼した。食料不足や発疹チフスなどにより208人が死亡、3人が残留孤児となり、451人が帰郷した。

善子さんの一人息子の泉さん（70）＝岐阜県大垣市＝は「母の本当の悔しさは、引き揚げ後に受けた屈辱にあったのだと感じている」と話す。

女性たちには日本に帰ってから、感謝も、謝罪も、ねぎらいの言葉もなかった。「好きでやった」「減るものじゃない」とさえ言われた。

女性たちは善子さんの家に時々集まっては、酒を飲んだ。いつも決まって泣きじゃくる女性がいたことを、泉さんは覚えている。

戦前・戦中は法律上も男女同権ではなく、泉さんは「自分が当時の団幹部だったとしても、同じ選択をしたかもしれない」とも考える。その上で思いを巡らせる。語りたい女性たちの思いを半世紀以上も封じてきたのは何か。

「恥ずべきなのは犠牲になった彼女たちではない。犠牲を強いた側でありながら、彼女たちを差別し、隠さなくてはいけないと思わせてきた男たちであり、そのような風潮を助長する社会ではないか」

満州で性暴力を受けた女性が数多くいたと戦後に語られるが、当事者が声を上げた例はほぼない。記念館での善子さんの証言は、そうした社会の殻を破り、歴史に確かに刻み込まれた。

「とにかく逃げろ」母の警句　犠牲を強いながら省みない国で

木々の芽吹きがまぶしい２０２４年４月27日、岐阜県白川町の佐久良太神社。合併前の旧黒川村が満州へ送り出した黒川開拓団の慰霊祭があった。戦後79年となる今も２年に１度、開いている。

主催した開拓団の遺族会会長、藤井宏之さんが慰霊の言葉を述べた。その中で、団を守るためとしてソ連兵に差し出された女性たちに触れた。

「どれほどつらく悲しい思いをしたか、私らの犠牲で帰ってこられたことを覚えておいてほしい」。役目を負わされた女性の言葉を紹介し、藤井さんは「次の世代へ必ず伝えなくてはいけないと肝に銘じている」と続けた。両親が開拓団員だった。自身の命と女性たちの犠牲が直接つながっているように感じている。

40代から遺族会の活動に加わる藤井さんが会長に就いたのは2011年。初の戦後生まれの会長だ。少し前から、性暴力に遭った女性らを訪ねたり招かれたりして、被害について直接聞いていきた。父親が、ソ連兵の「接待」に赴く女性を呼びに行く係を担わされていたことも知った。何をすべきか考えていた。

12年春、開館前の満蒙開拓平和記念館の建設予定地を探し出し、その場に立った。

「今、伝えなければならない満蒙開拓の歴史」。更地に立つ看板を見て「自分がやるべき事はこれだ」と気

岐阜県白川町で開いた黒川開拓団慰霊祭であいさつする遺族会会長の藤井宏之さん＝2024年4月27日

付かされた。満蒙開拓の歴史に潜む「不都合な史実」に向き合おうとする現館長の寺沢秀文さん（70）＝下伊那郡松川町＝との出会いにも支えられた。

藤井さんは会長に就任して初めての慰霊祭で、被害女性たちへ「感謝の思い」を述べた。ごく自然に出た言葉だった。歓迎する声もあれば、長年犠牲に触れずにきた遺族会の年長者からは「余計なことを話した」ととがめられた。

18年、性暴力を受けた末に亡くなった4人を供養する同神社境内の「乙女の碑」に、犠牲の事実と背景を伝える4千字超の文を刻んだ碑を建てた。像を安置した１９８２（昭和57）年以来、当事者や家族への配慮もあり、何が起きたか言葉にできないでいた。

安江善子さんの思いを大切に受け取っている安江泉さん＝2024年5月18日、岐阜県大垣市

犠牲になった当事者や家族を一人一人回り、碑文を寄せることに賛同を得た藤井さん。碑の除幕式では遺族会長として初めて女性たちへ謝罪を述べた。被害女性の家族から「喉に刺さったとげが抜けた」との言葉が寄せられた。

そうした姿勢は、遺族会と距離を置いてきた被害女性の家族にも届いた。犠牲になった安江善子さん（故人）の一人息子、泉さんは、藤井さんが会長になって以降、遺族会の活動に参加し始めた。語りたかっただろう母のためにも、自分に語れることは語っていこうと思っている。

善子さんと泉さんは、親子でよく話をした。満州での逃避行や戦後の食糧難のつらさなどに加え、反戦への強い願いも泉さんは聞いてきた。ただ、性被害について知ったのは母が亡くなった後だった。

「最後に何を伝えたかったのか」。善子さんが晩年に記念館の講演で証言したと知り、泉さんは、生前の善子さんの言葉に思いを巡らせた。

「どんな状況になっても、とにかく逃げろ。お国のために人を殺すことも、殺されることもあってはならない」。善子さんは再三、そう語っていた。「人の土地に入り込んで自分の食糧を作って豊かになろうなんていうのは、もっての外」とも言っていた。

立場の弱い者に犠牲を強いる一方で、事実を受け止め、省みるということを、この国はしてこなかったのではないか。「満州のことは、まだ総括されていないことが多い」と、泉さんは思う。

差し出され黙殺された女性たちが、本当に守らされてきたものは何だったのか。

「おかしい」って言えるのか　新型コロナ――地方の自主性は

地方自治法改定案が2024年5月30日に衆院を通過し、須坂市立博物館の小林宇壱《ういち》館長(62)は新聞を読み込んだ。改定案では災害や感染症流行などの非常時に、国が自治体に対応を指示できるようになる。小林さんは、大規模な予算の投入などで国の役割は重要で欠かせないと思う。一方、自治体は地域にずっと責任を持つ。地方の「自主性」にどう関わってくるか気になった。

脳裏には、戦時中に旧須坂町を含む上高井郡の町村が満州へ珠山《しゅざん》上高井開拓団を送り出した歴史と、市の健康福祉部長として指揮を執った新型コロナウイルスへの対応があった。

須坂市立博物館で満蒙開拓を巡って市民から寄せられた手記を手にする館長の小林宇壱さん＝2024年6月12日

若手職員時代は博物館の学芸員。税務課長を経て19年4月から2年間、健康福祉部長を務めた。

20年2月、県内初の新型コロナ感染者を確認。同27日、安倍晋三首相（当時）が全国の小中高校などの一斉休校を要請した。まだ市内に感染者はいない。疑問視する声も市教育委員会にはあったが、3月2日、市内も一斉休校した。ワクチンの接種、飲食店などへの営業時間の短縮要請……。「命は守るが、ある程度の市民生活の制限は仕方がない」と覚悟を決めて対応した。

そこに戦時中と似た状況がなかったかと、いま考える。

どういう経緯や根拠に基づくのか、効果はあるのか。コロナ下の国の方針や県の指示には、本当はもっと情報がほしいものもあった。だがスピード感も求められる中、結果的にはそのまま進めた。市民の声や近隣市町村の動きも意識した。

職員や市民が目的や手法に納得する過程を経ないまま、国方針に従うだけになっていなかったか――。戦時中の中央集権体制下で自治体職員は、自ら是非を判断し難い中で国策に沿って対応していた。

博物館が23年7～9月に開いた特別展《須坂の太平洋戦争》。その思いは展示内容を考える材料の一つとなった。

日本軍の攻撃による中国・南京陥落を旭日旗を掲げて喜ぶ須坂町民の写真などを並べ、戦争一色となっていた地域の姿を伝えた。《行け満洲へ》。展示史料の一つ、1936（昭和11）年7月1日号の町報は、県内全域から編成する開拓団員を募集。県の要請もあって上高井郡町村会は41年、郡内の住民による開拓団送出を決めた。町内では宣伝する演劇の上演や映画会が開かれ、戸別の勧誘もあった。

「須坂も戦争の当事者だったのだと、市民と共有したかった」。小林さんは振り返る。それが、大きな流れや空気に地域が翻弄《ほんろう》されないための起点になると考える。

須坂市職員労働組合の女性部は23年12月、中野市などから満州に渡った高社郷開拓団の元団員、滝沢博義さん(90)＝長野市＝の講演会を須坂市で開いた。約80人を前に、滝沢さんは集団自決を強いられた経験などを話した。

23年度の女性部長の斉藤千咲さん(49)は保育士。副部長の小林理恵さん(49)も保育園の調理師として働く。多くの子どもが犠牲となった歴史が「こんなにも身近にあるんだ」と驚いた一方、滝沢さんの母親が自決を受け入れずあらがったと聞き、その強さに感じ入った。

「組織が間違っていると思った時、声を上げられるかな。一人だとやっぱり怖いな」。副部長の小林さんは思いを巡らせる。ただ先人の経験を共有できたことは、地域や仲間と手を取り合う糧になると思う。何ができるか、自分に問いかける。

「お国への思い」を利用されて　若者を引率「父のようになるな」

戦時中に上高井郡から満州に渡った珠山《しゅざん》上高井開拓団の元団員、故今井弥吉さんの長男彰さん（89）＝須坂市＝は、弥吉さんの引き揚げ後、弥吉さんを非難する声を耳にした。「あんなひどい所へ連れて行って」「殺された人もいるのに、よく帰ってこられたものだ」。弥吉さんは何も言わなかった。家でも一切話さなかった。

弥吉さんは地元の翼賛壮年団長だった。満蒙開拓の宣伝の戸別訪問などに力を注いだ。30代後半の時、多くの若者を率いて満州へ渡った。

「『お国の役に立てていない』という思いが、ずっとあったのだろう」。彰さんは推し量る。弥吉さんは1歳で患った中耳炎のため左耳の聴力を失い、徴兵検査で通常の兵役には適さないとされた。

弥吉さんに引け目を感じさせ、そうした思いさえも利用したものの正体は何か、それにどうあらがえるのか、彰さんは考えてきた。

弥吉さんは1907（明治40）年、旧須坂町で2代続いた金物商に生まれた。3代目になろうかという頃、42（昭和17）年の企業整備令で商品の入荷が止まり、家業は立ち行かなくなった。以後、翼賛壮年団の活動

日課の散歩の途中、須坂市臥竜公園に立つ珠山上高井開拓団の慰霊碑に手を合わせる今井彰さん＝2024年6月5日

に専念。20～40歳の団員は最盛期で総勢３７００人。初代団長が満州に渡り、弥吉さんが後を継いだ。

上高井開拓団に食糧増産のための「報国農場隊」を送ることになり、隊長として弥吉さんに白羽の矢が立った。45年4月、22歳以下を中心とした男女計１００人が満州へ。弥吉さんは、反対する妻と、彰さんを須坂に残して単身で渡った。本土への空襲が激しくなる中、米軍による占領を見据え、大陸で「押し返す力」をつくりたいとも思った。

だが8月9日のソ連の対日参戦で開拓団は逃避行を余儀なくされた。弥吉さんはシベリア抑留後、46年に帰郷した。

54年になって、弥吉さんは逃避行の苦難などの『満洲追憶記』をまとめ、同じ上高井開拓団の元団員の故川浦一雄さんによる『大陸避難日記』と合わせた一冊を自費出版した。その中で、弥吉さんは心情を吐露した。

満州へは〈私達は六万郡民を代表して行った〉と主張をにじませた。軍の将官や県知事にも前途への懸念を直言した一本気な姿も見える。一方、報国農場隊長などは〈おだてられて分不相応な仕事〉を担ったとし

〈おだてられたと判《わか》っていても、止《や》むに止まれぬ心もあった〉と記した。

弥吉さんは戦後、地元の信用金庫や病院で働き、地域では保護司や民生委員も引き受けた。86歳で亡くなった。

手のひらに辛うじて収まるB6判、207ページの本。装丁には、反戦や反核を訴えた長野市出身の版画家上野誠（1909〜80年）の作品を取り入れた。須坂市立博物館が2023年の8月15日の終戦記念日に、弥吉さんと川浦さんの手記を300部限定で復刊した。

文体や紙質、大きさは初版当時と同じ。「2人の思いをそのまま次世代に伝えたい」。館長の小林宇壱さんが彰さんたち遺族に復刊を相談し、快諾を得た。

博物館のある臥竜公園。上高井開拓団の慰霊碑がひっそりと立つ。彰さんは毎日、散歩の途中に立ち寄る。時折、誰かが花を供えてくれてあって、気持ちが安らぐ。

「大きな波に乗りたいと思うのは人の常だ。ただその原点にあるのは闇なのか、光なのか、見極めないといけない」。彰さんにとって、手記は父の後悔の記録であり、「自分のようにはなるな」と後世に伝えようとした警告だ。

●珠山上高井開拓団

1941（昭和16）年からの3年間で、現在の須坂市や上高井郡から東安省の珠山に300戸の移民を計画。42年から入植が本格化した。須高地域は製糸業や養蚕が盛んだったが、昭和恐慌による生糸価格暴落の影響で深刻な経済不況に陥っていた。44年に男性団員の召集が相次ぎ、45年4月に「報国農場隊」の100人を送出。合計で延べ約370人が入植した。『長野県満州開拓史　各団編』によると、終戦時は197人おり、うち86人が引き揚げ途中に死亡。10人が不明、62人が帰国した。報国農場隊は30人余が犠牲となった。

第8部

刻む「戦後100年へ」

2025年の夏、戦後80年の節目を迎える。過去と同じ過ちを選び取ることが二度とないために、満蒙開拓の記憶を絶えず振り返り、教訓を心に刻む仕組みや場は大きな意味を持つ。戦後に生まれた世代にとっては、当時を知る世代に本当に頼れなくなる時期を間もなく迎えるからだ。自分たちが主役となり、次世代につないでいかなければならない。まずは手の届く未来を意識して、今できることを考えたい。「戦後100年へ」。第8部は、記憶の継承の現場を訪ねる。

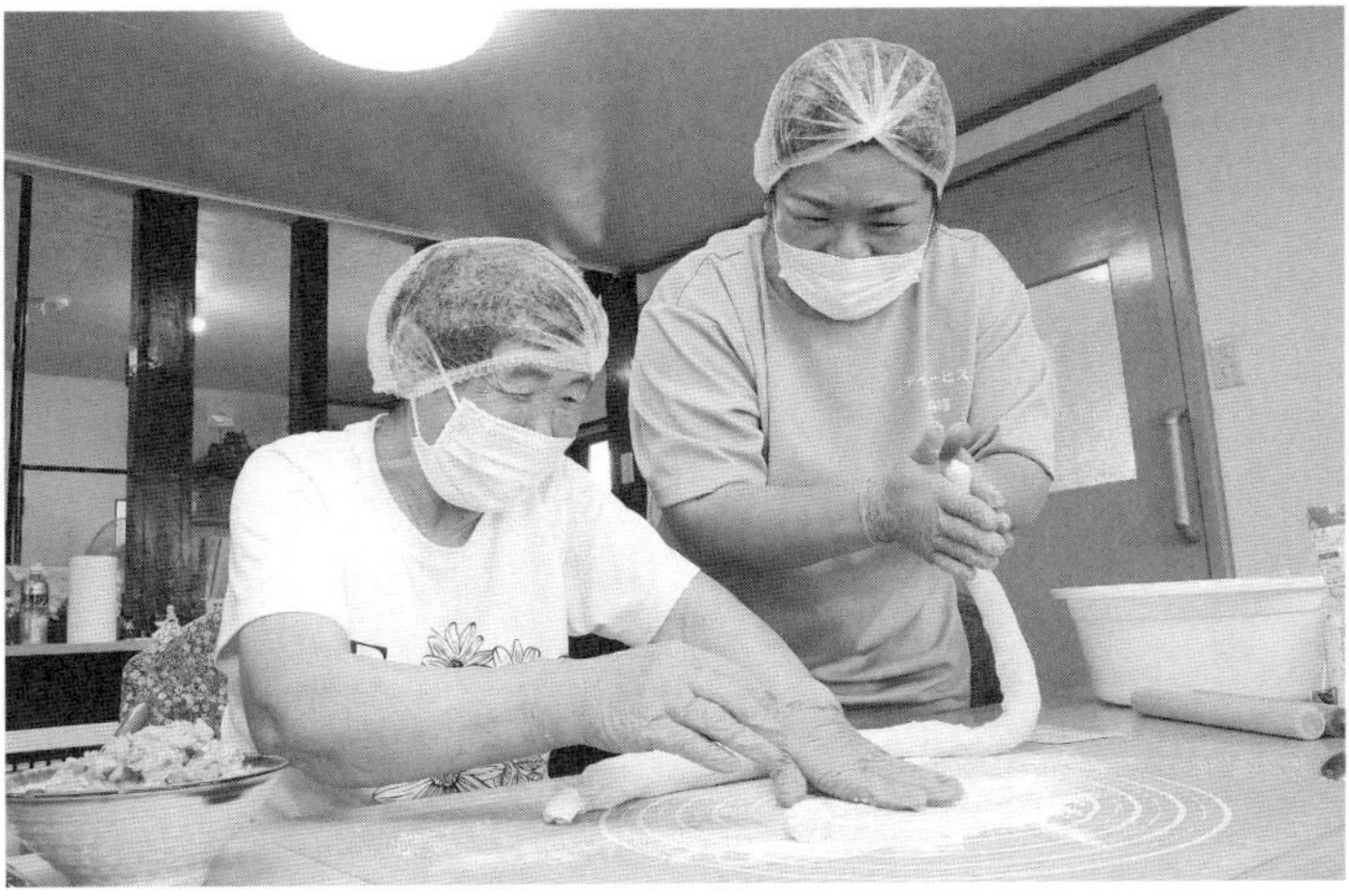

長野市篠ノ井塩崎のデイサービス施設で、北原華子さん（左）と一緒にギョーザを作る石井彩華さん＝2024年6月25日　☞本文229ページ

やっと今、あふれ出た言葉を

語り残す・受け止める
知っていることを全て語らなければ、何も後に残らない

元残留孤児　富井義則さん

何十年も待っていた。話を聞きたいという人がやってきたら、何でも話そう——。

戦時下に現下高井郡野沢温泉村出身の両親らと満州に渡り、残留孤児となった富井義則さん（86）＝東京都大田区＝のそんな思いが果たされたのは2年前の夏だ。中国の大連外国語大教授の崔学森《さいがくしん》さん（49）から「孤児たちの人生を記録し、多くの中国人に知ってほしいと思っています」と聞き取りの依頼を受けた。迷わず引き受けた。帰国は半世紀余り前。肩の荷が下りた気がした。

1942（昭和17）年ごろ、4歳の時に、同郡や現中野市出身者による高社郷《こうしゃごう》開拓団で満州へ。45年8月のソ連軍侵攻で団の大多数は集団自決したが、免れた。父は召集されており、富井さんたち兄弟4人と妹、祖父、母の計7人で山中を逃げ惑った。翌朝に目を覚ますと、妹と一番下の弟が起きない。兄は目を伏せて「もう少し寝かせてあげて」と言った。全てを悟った。

73歳で亡くなった母は最期、そのことで父からひどく責められたこと、ずっと苦しんできたことを打ち明けた。

富井さんは中国人養父母に預けられて育った。残留孤児の妻と結婚、72年に帰国した。中国と取引のある

都内の商社に勤め、定年後は中国帰国者の支援に携わってきた。

　そうした自分の半生を、富井さんは自分からは誰にも話せずにきた。ただ思いは、心の中におりのようにたまっていた。両親もほとんど口をつぐんだままこの世を去った。そこへ崔さんが現れた。言葉と感情があふれた。

　富井さんは２０２４年5月下旬、崔さんと一緒に、両親らが眠る佐久市の墓を久しぶりに参った。中野市の高社郷開拓団の慰霊碑も初めて訪ねた。

「あと何年かすれば、私たちのような孤児はいなくなる」。崔さんに思いを託す。

佐久市内にある墓で線香を手向ける富井義則さん。両親や満州で亡くした妹、弟が眠る＝2024年5月21日

　下伊那郡泰阜村の島崎友美さん(39)は、祖父の故文吉《ふみよし》さんが満蒙開拓青少年義勇軍の一員だった。24年6月6日、仲間だった石原直臣さん(94)＝名古屋市＝が同郡根羽村の生家を墓参りに訪れ、島崎さんは会いに行った。「なぜ満州に行こうと思ったのですか」。懸命にメモを取った。

　泰阜村出身の祖父は44年、伊那谷と諏訪の少年たちで構成する三江《さんこう》義勇隊両角《もろずみ》中隊に加わり満州へ渡った。約２８０人いた隊員のうち、76人がハルビンの収容所などで飢えや病で亡くなった。

石原直臣さん（右）から満州での体験を聞き取る島崎友美さん＝2024年6月21日、根羽村

石原さんは仲間の死を語った。「さっきまで話していたと思ったら、もう息を引き取っていた」。訓練所で不慣れな環境に悩んだのか、井戸に身を投げた仲間もいて「かわいそうだった」と表情を曇らせた。祖父も仲間へのそうした思いを抱えたのだろうか――。島崎さんは想像した。

島崎さんは同郡阿智村の満蒙開拓平和記念館の運営に携わり、飯田下伊那地域の有志でつくる「満州移民を考える会」にも加わる。祖父から話をしっかり聞けなかったことを悔やんでいた。

物静かな祖父だったが、酒に酔うと中国語が口を突いた。「今日はおじいちゃんの話を聞かせて」。大学生になったある冬、実家のこたつに当たりながら頼んだ。約1時間10分。レコーダーに肉声を収めた。最近になって聞き直した。時系列で出来事を整理したが、「表面的」に思えた。

当時の教育はどうだったか、話に出てくる仲間は後にどうなったのか。次々と疑問が湧いた。まだまだ元気だった祖父。また別の機会があると思っていた。だが祖父は不慮の事故が元で２０１６年に亡くなった。

卒寿を迎えた隊員仲間たちもここ数年で次々と世を

去った。だから島崎さんは、石原さんが健在だと知って、居ても立ってもいられなかった。聞き取りからは、祖父からは聞けなかった満州の「生活臭」を感じることができた。

当事者が話すためには「聞く人」や「聞く場」が要る。その役目を果たし、記憶をまた次の人に分かち合いたい。それが、足元から歴史を見つめる第一歩になると思う。

それぞれの「なぜ」を生徒と育む

記憶との出合いを支える
誰かに着火するかもしれないから

中学教諭　木藤岡美緒さん

爽やかな風が窓から吹き込む。2024年5月17日の午後、下伊那郡泰阜村泰阜中学校の教室で、社会科教諭の木藤岡《きとおか》美緒さん(29)は3年生（6人）と向き合い、授業を始めた。

「皆さんは明治時代がどういう時代だと考えますか」。帝国主義下の欧米列強が世界を分割する中、日本も日清、日露戦争に踏み切った。朝鮮への影響力を強め、教科書にはその隣の現中国東北部に「満州」が初めて登場する。利権を得ようとする英国やロシアの思惑にも触れている。

「満州って教科書に載るんだ」。清水渉愛《あいる》さん(14)は少し驚いた。満州は、分村移民を送り出した泰阜村

泰阜中学校で明治期について考える授業に臨む木藤岡美緒さん。生徒たちに「自分の中の時代像をつくり上げてみましょう」と呼びかけた＝2024年5月17日

では身近にある言葉だからだ。

村の子どもたちは小学校高学年になると、地元住民らの「満蒙開拓の歴史を伝える会」から泰阜村の分村移民について学ぶ。中学に上がると、同郡阿智村の満蒙開拓平和記念館への訪問などを通じ、地域の歴史として理解を深めている。木藤岡さんは22年に赴任し、記念館の運営に携わる村内の島崎友美さん(39)と授業を担ってきた。

子どもたちの受け止めは一様ではない。「忘れちゃいけない歴史」という声の一方、授業を重ねる中で「また満蒙開拓の話か……」との反応もある。祖父母の世代も戦後生まれが多く、実感を持ちづらくなっている。木藤岡さんはそうした素直な反応を受け止める。満蒙開拓について学ぶことに、子どもたちにどうしたら納得しながら向き合ってもらえるか、自問してきた。

伝える会と泰阜中の企画で23年11月、分村した大《ター》八浪《バラン》泰阜村開拓団の元団員、勝沼実さん(91)＝愛知県豊川市＝が生徒たちに体験を語った。

敗戦後、ハルビンの収容所で両親を亡くし、自分の手で母親の遺体を馬車に載せたこと。弟と2人きりで日本へ引き揚げると、親戚に「おまえが満州へ行きたいと言わなければ、お父さんもお母さんも死ななかった」と言われて今も悔やんでいること。1時間半ほど話し、終盤は声がか細くなったが、語りは途切れなかった。

勝沼さんが体験を公の場で話すのは初めてだった。予定した時間を過ぎ、「この時間だけで理解してもらうのは難しい」と本音を漏らした。ただ、じっと聞き入っていた中には、勝沼さんの話を今度は自分が次の人にどう伝えていけるか、思いを巡らせた生徒もいた。勝沼さんは今、「大きくなって、いつか分かってくれればいい」と思う。

木藤岡さんは24年、満蒙開拓について従来の総合学習ではなく歴史の授業に位置付けた。これまで以上に深めたいと考えている。元開拓団員で、中国残留日本人の帰還に尽力した地元の故中島多鶴さんのドキュメンタリー映像なども教材に使うつもりだ。

大学で近現代史を学び、日中、日韓関係などを巡って「戦争（の歴史）を知れば、仕組みや背景が見えてくる」と実感した。生徒たちにも、満蒙開拓から考えたことと、身の回りの何かがつながる経験をしてほしい。それが、自分から社会に関わっていこうとする気持ちを育むと願う。

●大八浪泰阜村開拓団

天竜川沿いの山間部にある泰阜村は昭和恐慌後の経済不況の中、十分な耕作面積を確保できなかったことなどから、国策に乗って満州への分村移民を決めた。1938(昭和13)年には現在の3・5倍に当たる5千人余りが暮らしていた。島崎友美さんが「満州泰阜分村　七〇年の歴史と記憶」と役場に残る行政文書などを照合した再調査によると、39年2月以降、三江《さんこう》省の樺川《かせん》県大八浪に276戸1167人が入植した。ソ連の対日参戦後の避難中に暴徒化した現地民に襲われた他、収容所での栄養失調や病気などにより、現地で639人が死亡、36人が不明となり、492人が帰国した。

同年5月17日、泰阜中。授業の後、林明良さん（14）は「結末はみんなの頭にあると思う。戦争に行き着くまでのストーリーを知った上で満蒙開拓を考えるのは、見方が変わるんじゃないか」と話した。地元を含む各地からの満州移民が凄惨《せいさん》な道をたどった。それを、いま学んでいる歴史の大きな流れの中に位置付けて捉え直そうとしていた。

吉岡夢希菜《ゆきな》さん（14）は「何で日本は人の土地を奪ってまで戦いたかったのか。自分の中で納得したい」と思った。それぞれ自分なりの「なぜ」が胸に湧き上がっていた。

ここが踏みとどまる拠点

「被害」や「加害」を超えて向き合う
考える輪をじわじわ、ひたひたと広げたい

満蒙開拓平和記念館事務局長　三沢亜紀さん

戦時下の満州への開拓移民では、送り出した側の人たちも戦後、苦悩を抱えてきた――。下伊那郡阿智村の満蒙開拓平和記念館の事務局長三沢亜紀さん（57）は、子どもたちへの学習講話で必ず話している。

開館当初、記念館を訪れ、背負い続けてきた痛みを吐露していく人たちがいた。教え子に青少年義勇軍への志願を勧めた元教師の男性は、教え子が帰ってこず「当時の教師たちの心には今もとげが刺さっている」

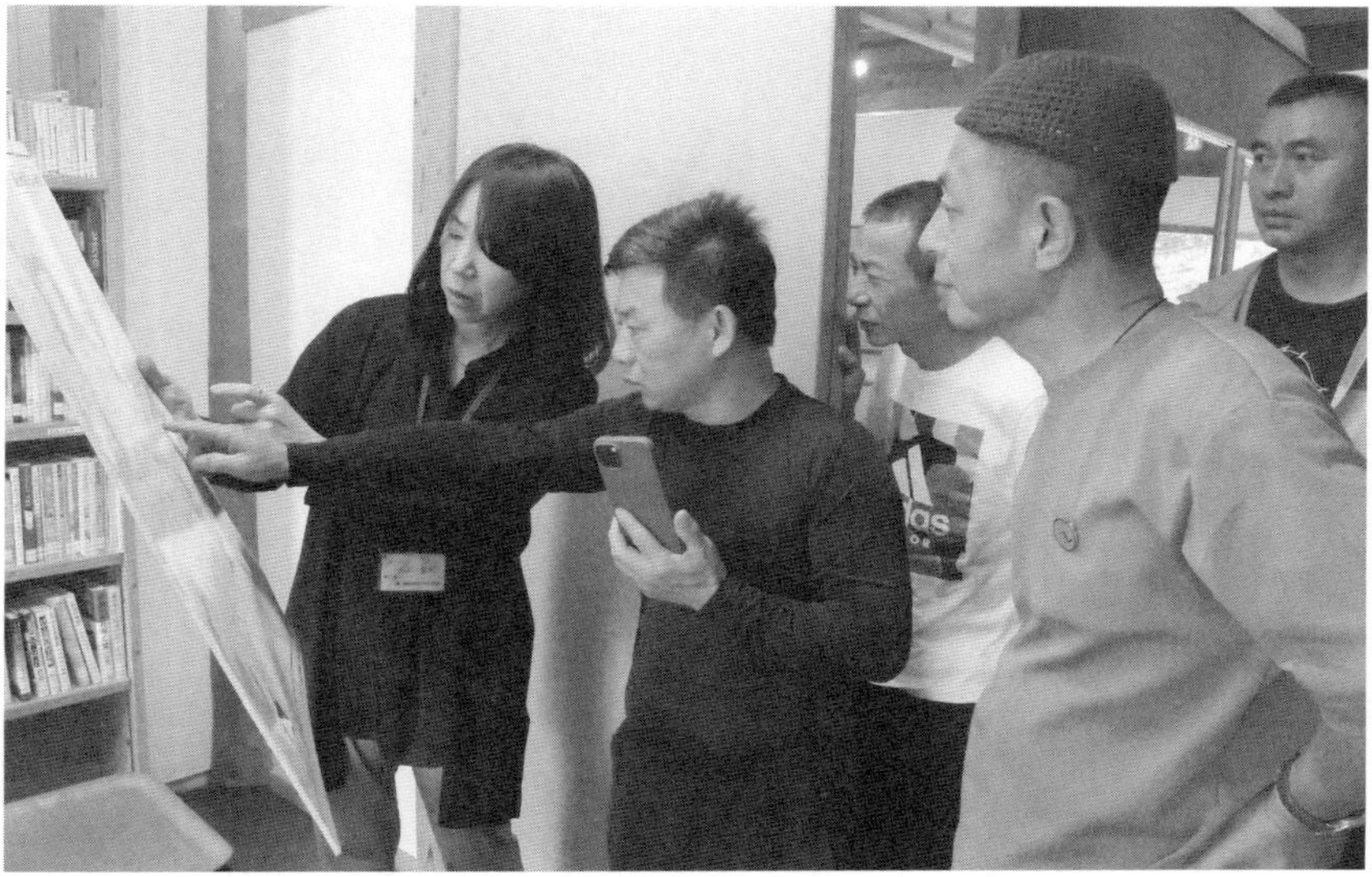

阿智村の満蒙開拓平和記念館で中国から訪れた男性たちに旧満州の地図を見せる三沢亜紀さん（左）。来館者との対話を大切にしてきた＝2024年6月7日

と長年の思いを語った。ある村長の遺族からは、記念館に行けば「責められるのではないか」との怖さから、「なかなか足を運べなかった」と打ち明けられた。

満蒙開拓は満州へ行った人だけではなく、送り出した側にも悔恨を残し、向き合いにくさになっていた。三沢さんは「送り出した側、送り出された側の痛みが癒やされることが、歴史に向き合う前に必要だ」と考えてきた。

記念館は、満蒙開拓の歴史に特化した全国で唯一の資料館。「被害」と「加害」が絡み合うその歴史を多角的に伝えようとしてきた。

貧しさから逃れようと満州へ行った人、国や県の号令の下に送り出した人、土地を奪われた現地の人。敗戦に伴う混乱下には、大勢が過酷な逃避行や集団自決に追い込まれた。日本人の孤児、育てた中国人、子どもを置いていかざるを得なかった女性……。それぞれの思いに光を当てる。

満蒙開拓の歴史を誰かのせいにして終わらせない――。どのように国策が進められ、個人が巻き込まれていき、なぜこれほどの犠牲を出したのか、訪れた人と対話しながら考えたいと三沢さんは考える。

2024年6月17日の記念館のブログ。三沢さんは県内の小学6年生60人を迎えた時の出来事を記した。終わりの会で引率の先生が子どもたちに、教え子を青少年義勇軍で満州へ送り出した当時の教師たちのことを「私は自分の同僚だと思っています」と語り始めた。そして「君たちに正しいと思うことを強いること自体を疑う必要があるのかもしれません」と率直な思いを伝えた。

向き合いにくい過去を受け止め、自分と重ねて見つめ直そうとする姿に、三沢さんは心を動かされた。

ただ三沢さんは近年、加害の歴史と「向き合いにくい時代になっている」とも感じてきた。23年12月に記念館で開いた「平和のための博物館・市民ネットワーク」の全国交流会。各地の歴史博物館関係者から、関東大震災時の朝鮮人虐殺などを巡り「記憶をなくしていこうとする動きに向き合わないといけない」と危機感を訴える声が上がった。

だが、歴史認識を巡る対立があおられ、断絶が生まれると、歴史を継承していくことはますます難しくなると三沢さんは考える。「加害や被害を超えて歴史とどう向き合うか、この記念館で考えたい」との思いを強くした。

●満蒙開拓平和記念館

飯田日中友好協会が2006年に建設に向けた準備活動を始め、13年4月に下伊那郡阿智村に開館した。記念館と同名の一般社団法人が運営する。満蒙開拓の史実から「戦争の悲惨さ、平和の尊さを学び、次世代に語り継ぐ」ことを目的とする。これまでに延べ23万7千人余が訪れた。自治体が協力金を支払い、歴史継承活動などで記念館の協力を得られる「自治体パートナー制度」を22年度から始め、24年6月15日時点で県や県内44市町村・広域連合が参加している。

「不都合な史実」から目を背けない――。記念館長の寺沢秀文さん(70)は、館設立の原動力だったその姿勢は今もこれからも変わらないと訴える。開拓団員だった父は戦後の下伊那郡松川町への再入植で原野を切り開いた経験から、開拓団に農地を奪われた中国農民の「悲しさ、悔しさがよく分かった」と話していた。

誰かを犠牲にして幸せを手にする、かつてのようなそんな国策に再び個人がからめ捕られそうな時には、記念館は「踏みとどまるための鏡」でありたいと思う。三沢さんは、満蒙開拓は「私たち一人一人が人としてどう生きるか、問いかける力のある歴史だ」と思う。

今「戦後世代」へ渡るバトン

思いを受け継ぐ
戦争をしない社会をつくっていく責任は、僕にはある

ボランティア　木村佳稔さん

2024年6月9日、日曜日の昼下がり。下伊那郡阿智村の満蒙開拓平和記念館で、同館のボランティアグループ「ピースLabo.《ラボ》」の男性3人と職員が膝を突き合わせていた。

夏休みを迎える子どもたちに満州への開拓移民の歴史を伝える「夏休み子どもWEEK」の企画の立案。目下の課題は、子どもたちへこの歴史をどうしたらよりよく伝えられるか、だ。子どもにとって「満州」も

阿智村の満蒙開拓平和記念館で子ども向け企画の構想を練る（左から）木村佳稔さん、松尾達二さん、北村彰夫さんたち＝2024年6月9日

「開拓」も身近ではない。敗戦後の逃避行の惨劇から、子どもが「怖い」との第一印象を持つ場合もある。

松尾達二さん（59）＝下伊那郡松川町、北村彰夫さん（63）＝岐阜県池田町＝に、記念館の開館当初からピースラボに参加する木村佳稔《よしのり》さん（59）＝松川町＝が提案した。「約27万人が渡った満州移民のうち、誰か1人の人生の歩みをきちんと知ることで、歴史を自分に引きつけて考えられるのではないか」。それは木村さんの実感でもあった。

木村さんは、出身の横浜市から移住。記念館の開館後、開拓団時代の経験者による「語り部定期講演」に足しげく通った。一人の話を聞くと問いが生まれ、次に別の人の話を聞くとさらに疑問が立ち上がり、のめり込んだ。参加し始めた当時、2人の息子は中学3年と高校2年。青少年義勇軍へ行った少年たちと同年代だ。満蒙開拓の歴史が人ごとと思えなかった。

14歳で同郡河野《かわの》村（現豊丘村）開拓団へ参加し、集団自決を生き残ってただ1人帰国した久保田諫《いさむ》さん（23年死去）の話は何度も聞いた。その数は10回は下らない。

久保田さんはとつとつと自身の体験を語った。集団自決を手伝わされ、自らも手をかけたこと。高齢者や子どもが真っ先に犠牲になり、最後に久保田さんともう1人の男性が残って石で互いの額を殴り合ったこと……。木村さんは、久保田さんがこの夜のことを話す時、決まって間が空くことに気が付いた。天井を見つめる時もあった。

体験者が記憶を語り出す時、肌にまとわりついた風、においといった消し難い感覚さえも同時に呼び覚ますのだろうと、木村さんは感じた。そうした苦痛を超え「魂をかけて話してくれている人」の話に真摯《しんし》に耳を傾けたい――。

講演に出向く久保田さんの送迎を担った木村さん。釣り好きの少年だったこと、暇ができたらシベリア旅行に行こうと話していたことも聞いた。「久保田さんは特殊な人ではない。たまたま特殊な場に遭遇してしまっただけ」。自分と少しも変わらない人が、いつの間にか侵略戦争に巻き込まれてしまっていた。

「君みたいな若い人に話すのはうれしい。話が長持ちするから」。久保田さんにかつてそう言われた。「バトン」を渡された気がした。

24年6月22日。記念館は開拓団時代の経験者がいなくなった後に記憶や経験を次世代がどう語り継ぐかを考える「戦後世代の語り部講話会」を開いた。

講師は、首都圏中国帰国者支援・交流センター（東京）の研修を受け、残留婦人だった祖母の体験を引き継いで語っている巻口清美さん(58)＝埼玉県。祖母の人生を話した。参加した県内外の17人からは「家族の体験に向き合い、人前で話すの

●ピースLabo.

満蒙開拓平和記念館を拠点に活動するボランティアグループ。開館前年の2012年1月から1年間、事業準備会（当時）が語り部育成を目的に開いた連続講座の受講者らが中心となって13年に結成した。開館翌年の14年からほぼ毎年、満蒙開拓の基礎知識を学ぶ「ボランティア養成講座」を開講。現在は県内外の約40人が展示ガイドや清掃、施設周辺の草刈り、イベント企画などを担い、民間運営の記念館を支える。開拓団経験者が少なくなる中、次世代による記憶の継承の在り方を記念館と共に探っている。

は簡単ではないと思う。活動に参加したきっかけは何か」といった熱心な質問が出た。

経験者の世代の高齢化が進み、記念館で語れる人は現在、飯田下伊那地域と愛知、岐阜の計6、7人。語り部定期講演は月2回開いてきたが、4月から月1回に減らした。今後は記念館も戦後世代による語り継ぎを模索していく。

話を直接聞けなくなるのは半面で、この国で戦争がなく「戦後」が続いている証しでもある。木村さんはその重みを抱きつつ「次世代」として歴史を伝え続けたいと思う。

見てもらってこそ、証言に命

残された記憶を訪ねる

語らない、語られてないことからも、想像する

映画『大日向村の46年』を上映　蒲原みつみさん

茂来山《もらい》を仰ぐ山あいの南佐久郡佐久穂町。2024年6月8日、映画の配給や出張上映を手がける長野映研（長野市）の蒲原《かもはら》みつみさん(29)が、同僚の征矢野《そやの》裕介さん(41)と大日向《おおひなた》地区にいた。戦時下の1938（昭和13）年、村を二分して満州へ全国初の分村移民を送った旧大日向村。その証言を集めた84年撮影の記録映画『大日向村の46年』の再上映を控え、証言者や遺族を訪ねていた。

佐久穂町大日向の畠山雅光さん（右）の自宅で、引き揚げ体験を聞く蒲原みつみさん（中央）と征矢野裕介さん＝2024年6月8日

真っ先に向かったのは、告知するチラシに写真を使わせてもらった故武者政子さんの娘で、満州から引き揚げたしづえさん（89）宅だ。しづえさんはこれまでの上映では、チラシに政子さんの写真を大きく使うことを断ってきた。「満州について口にするのもつらい」という。だが今回は許してもらえた。訪問はそのお礼とあいさつだった。この間、蒲原さんは手紙で思いを伝えてきた。

映画では、撮影当時70歳の政子さんが証言している。「急所さえ知ってれば、腰ひも1本で子どもなんて簡単に殺せる」。引き揚げ途中、周囲で起きた自決について語った。政子さんも4人の子どもを栄養失調で失った。「他人にはできない悲しい思いもした。でも、そんな全てが自分の体験だもの」。自分に言い聞かせるように振り返る。

蒲原さんは、佐久穂町内で上映会を開いた21年にこの映画に出合った。そこから満蒙開拓に関わってきた。下伊那郡阿智村、長野市、松本市、北佐久郡軽井沢町で上映会を重ねてきた。

その度に証言者や遺族を訪ね、映画を撮影した後の暮らしも知ろうとしてきた。出演者たちは意を決してカメラの前に立ってくれた。その貴重な証言は、見てもらうことで生きてくる。丁寧に伝えていきたい。そのために理解の裾野を広げてきた。「本当に少しずつ、少しずつですが」

撮影した84年は国内で中国残留日本人が注目されていた時期だった。「国策による棄民」「悲惨な体験」。「ひとくくりにしていいのか」。監督した山本常夫さん(76)＝東京＝には、満州での出来事に対する社会の捉え方に疑問があった。証言してくれたごく普通の女性たちは「満州での喪失を起点に、また生きようとしていた」。制作から40年。「人間ははかなくもろいが、強くもある。そんな本質は今も変わっていない」

蒲原さんと征矢野さんはこの日、6歳の時に引き揚げてきた畠山雅光さん(84)宅も訪ねた。玄関の呼び鈴を鳴らすと、縁側から呼ばれた。

雅光さんは自身の手記を部屋の奥から取り出し、話し始めた。「飢えや病気でたくさんの子どもが死んでしまった」「みんなで集まると『死のう』という相談になる。だが、おふくろ一人になると『死なせない』ってなって、俺は助かったんだ」。雅光さんはつぶやいた。「やっぱり戦争は駄目だなあ」

叔母の故とりさんが映画の最後に証言している。当時63歳。夫とは敗戦前後の混乱で離ればなれになり、現地で中国人と結婚。73年に単独で帰国し、町の病院に勤めた。カメラの前でとりさんは、満州を懐かしまない。引き揚げの悲惨さも語らない。元夫は軽井沢に再入植していた。「一目見られてよかった」。質問には「いたって平凡だよ」と答えをはぐらかし、最後まで多くを語らない。

●映画『大日向村の46年』
南佐久郡大日向村の開拓団は敗戦に伴う引き揚げの途中、784人いた団員のうち389人が病気や栄養失調などで死亡した。1946（昭和21）年9月に帰国。北佐久郡軽井沢町大日向に65世帯165人が再入植し開拓した。映画は、国策で分村移民を決めるまでの経緯や背景を紹介する第1部と、二つの大日向で戦後に暮らした元開拓団員女性の証言を主に収録した第2部で構成する。長野市の長野相生座・ロキシーで2024年7月26日～8月8日に再上映された。

24年6月16日、長野市内のカフェ。沖縄戦犠牲者を追悼するため、「平和の礎《いしじ》」（沖縄県糸満市）に刻まれている犠牲者の名前を読み上げる催しがあった。そこに蒲原さんもいた。母親が沖縄出身。沖縄戦で住民に自決を強いた日本兵の中にも、生き延びてほしいと願う個人の感情と、組織の論理が混在していたと想像している。一人一人の立場や思いを大切にしたいと考えてきた。

隣人がひそかに抱き続けてきた痛み。証言の余白に、どんな伝言が込められているのか。蒲原さんは、折に触れて映画を見返している。

悲惨さの直視が平和を紡ぐから

歴史を問い直す

今までふたしていたことを開けていく

内原郷土史義勇軍資料館館長　関口慶久さん

かつて満蒙開拓青少年義勇軍の国内唯一の訓練施設「内原《うちはら》訓練所」があった水戸市内原町。長野県内を含む全国から集まった少年たちが、ここから満州へ旅立った。同市の内原郷土史義勇軍資料館には、訓練所本部の木製看板や隊服などが並び、往時を詳しく伝える。

ただ、館長に就いて4年目となる市教育委員会の関口慶久さん(50)は「違和感」を抱いてきた。展示は、1945（昭和20）年8月9日のソ連軍の満州侵攻後について、ほぼ触れていないからだ。隊員は戦死したりシベリアに抑留されたりして、数万人が帰国できなかった。満蒙開拓が侵略戦争に加担したことも説明していない。

同館は2024年7〜9月、元隊員が内原や満州での生活を描いた漫画の「ミニ企画展」を開いた。そこに関口さんは、資料館が「変わろうとする」ための思いを込める。03年の開館以来、初めて開く企画展で、義勇軍の過酷な経験も取り上げることにした。

ミニ企画展に向け、細井博充さん（右）から父親の青少年義勇軍時代の記憶について聞き取る関口慶久さん＝2024年5月30日、名古屋市

資料館は、全国の元義勇隊員らの要望で旧内原町（現水戸市）が建てた。訓練所長は、満州移民を国に働きかけた加藤完治（1884〜1967年）。地域で「偉人」とされ、戦後も満蒙開拓の正当性や功績を訴え続けた。加藤を「義勇軍の父」と尊敬し、多感な10代を過ごした内原を「心のふるさと」と言う元隊員も少なくない。展示には元隊員らへの「配慮」があると、関口さんは捉える。

少年たちを送り出した責任を問う声もある中で、向き合

水戸市の日本農業実践学園の歴史を刻んだ碑を見つめる籾山旭太さん。敷地内には加藤完治の銅像（左奥）もある＝2024年6月11日

いにくかった戦争の悲惨さ。だが平和の尊さは、内原だからこそ発信していけるのではないか――。資料館はここ3年、わずかな予算の中で、義勇軍に関する解説動画の公開などに一歩ずつ取り組んできた。関口さんは今後、館内で不足している解説を補足したいとも考えている。

ミニ企画展は元隊員の故細井芳男さん（愛知県出身）の漫画を紹介。関口さんは5月下旬、細井さんの経験を語り継いでいる長男博充さん(72)を名古屋市に訪ねた。

漫画は、ソ連軍による満州侵攻から帰国までの場面が欠落している。いったん描いた後に細井さんが破り捨ててしまったからだ。関口さんは、描かれていたはずのソ連軍との戦闘などについて、博充さんから話を聞き取った。照明弾の中を仲間たちが突撃し、目の前で銃弾を受けた、細井さんが銃剣で刺したソ連兵がロシア語で母親を呼びながら息絶えた……。企画展では、これらをパネルにして紹介した。

関口さんが「共に発信したい」と考えている相手が、資料館の近くにある日本農業実践学園の学園長、籾《もみ》山《やま》旭《あき》太《た》さん(43)だ。前身に当たる農村青年の教育機関「日本国民高等学校」は加藤が初代校長を務め、戦時中には敷地を内原訓練所に提供。教員が隊員の指導で協力した。現在は新規就農を目指す人たちが米・野菜作りや畜産などを学ぶ。

籾山さんは2019年に学園長になってから、本格的に満蒙開拓の歴史を学び始めた。学園内では従来、義勇軍の教育上の「成果」を重視する向きが強かったが、22年から授業で取り上げ、多くの犠牲につながったことも伝える。満蒙開拓平和記念館（下伊那郡阿智村）を訪れた時、展示から、満州に渡った一人一人の「人生の重み」を実感。「送り出した側」の内原では得にくい視点に気付かされたという。

学園には毎月のように、満蒙開拓に関心のある人たちが訪ねてくる。時には、多面的で複雑な満蒙開拓の歴史に「途方に暮れる」こともある。だが、そうした満蒙開拓を学ぶ「仲間」と語り、深め合うこと自体が、歴史をつないでいく営みだとも思う。力まずに、続けていくつもりだ。

●内原訓練所

満蒙開拓青少年義勇軍の募集が始まった1938（昭和13）年、「満洲移住協会」が茨城県下中妻村内原（現水戸市）に設立、運営した。敷地は約40ヘクタール。約60人を収容できる宿舎が約300棟あり、他に炊事施設や病院などがあった。少年たちは2、3カ月間の農事訓練や武道、軍事教練などを受けた。敗戦を受けて閉鎖した45年までの8年間に約10万人が訓練を受け、このうち長野県出身者約6600人を含む約8万6500人が満州へ渡った。

●加藤完治

農業教育者。東京生まれ、東京帝国大卒。農村青年の教育機関「日本国民高等学校」（現日本農業実践学園、茨城県）の校長を務めた。満州移民を意識した農民教育を行い、政府に移民実現を働きかけた。1937（昭和12）年には有志と共に「満蒙開拓青少年義勇軍編成に関する建白書」を提出。義勇軍の国内訓練施設「内原訓練所」の所長を務め、隊員を指導した。戦後、公職・教職から追放され、解除後に再び同校校長に就いた。

伝えた思い、地域で芽吹け

市民がつなぐ
一人一人が育むことで、この歴史は生きる

長野市川中島町公民館長　増田秀晃さん

ゆで上がったほかほかの水ギョーザがずらりと並び、笑みが広がった。長野市篠ノ井塩崎のデイサービス施設。介護福祉士の石井彩華《さやか》さん(44)が2024年6月上旬、自宅の隣に開いた。石井さんの夫は、帰国した元中国残留孤児の孫。施設は中国語で対応でき、25日は体験入所の帰国者2世が職員と水ギョーザを手作りした。母が残留婦人だった市内の北原華子《かなこ》さん(76)が手際よく皮に具を包むと、職員から感嘆の声が上がった。

石井さんは結婚後の2000年に来日した。篠ノ井には元残留日本人やその家族が多く暮らすが、日本語が不自由な人も少なくない。施設近くの千曲川河川敷では、帰国者が違法に耕作し、それをユーチューバーが「不法中国人によるヤミ畑」として配信したことも23年秋から問題化した。「帰国者が背負っている過去に耳を傾け、地域で暮らしやすいよう支えたい」。石井さんは、誰もが自然に過ごせる場をつくることを目指す。

篠ノ井を含む長野市南部や千曲市の千曲川以西の地域は、戦時下に満州へ渡り、大多数が帰らぬ人となっ

滝沢博義さんの講演会場となった長野市川中島町公民館。約110人の市民が集まった＝2024年5月8日

た更級郷開拓団の地元だ。一方、世界では各地の戦乱に終わりが見えない。忘れかけた戦争の痛みへのまなざしが必要な今、足元の開拓団の記憶を見つめ直そう――との動きが広がりつつある。

長野市南部の川中島町公民館。24年5月上旬、地元在住の元高社郷開拓団員、滝沢博義さん(90)の講演会に約１１０人の市民が集まった。高社郷は中野市などからの開拓団で、地元の団ではない。だが主催した館長の増田秀晃《しゅうこう》さん(70)は関心の高さに驚いた。問い合わせが相次ぎ、会場は会議室から急きょ、多目的ホールに変えた。松本や木曽から足を運んだ人もいた。

元教員で地元の寺の住職でもある増田さんは、更級郷開拓団で子どもたちを教えた塚田浅江さん（現千曲市出身）の葬儀で読経。信濃教育会の訪中団で黒竜江省方正県の日本人公墓を参った経験もある。縁を感じつつ、戦争体験者でない自分が記憶の継承に向けて何ができるのか――と問い続けてきた。更級郷開拓団の記憶は地域で埋もれていた。

23年夏に中野市であった高社郷開拓団の慰霊祭で殉難者の慰霊を取り仕切り、数少ない生存者の滝沢さんに出会った。同じ川中島に住むことは、その時に知った。講演を依頼することにした。

電話すると二つ返事で快諾され、こう言われた。「残された人生の中で一日でも早く伝えたい」。戦後79年。この思いを伝える場をつくることが自分の役割だと感じた。地域の句碑などを調べている竹村昌男さん(90)も賛同。プレゼン用ソフトで滝沢さんの発表資料作りを買って出た。

公民館の運営に携わる地元の丸田善徳さん(85)からも参加の申し出を受けた。県更級農業拓殖学校（現更級農業高校）の教師だった父が教え子を引率し、更級郷開拓団に奉仕していた。同じく地元の浜田かほるさん(74)は索倫《そろんほ》河下水内郷開拓団員だった両親の写真を手に来館。それぞれ当日、話をしてもらった。異なる視点が重なり合い、継承する記憶は厚みを増した。

篠ノ井地区でも24年5月以降、地元から渡った更級郷、埴科郷両開拓団の講座や、帰国者支援がテーマの講演会が開かれた。戦争末期に大本営を移す地下壕《ごう》が造られた長野市松代地区では、県単独編成の黒台《こくだい》信濃村開拓団員だった三井寛さん（89）＝中野市＝や滝沢さんが経験を語った。

戦後100年。増田さんは、戦争経験者がほぼいなくなる時代を見据える。満州の記憶は、問い直すことで、より良い今や未来への支えとなる視点を示してくれる。それには、いつでも振り返れるように身近にしておきたい。経験者が伝え残してくれた真実を心に刻む。そして、そこに向き合う姿勢を養う。そんな地域の姿を次世代に残していきたいと思う。

講演会の合間や終了後、発表者や参加者たちの小さな輪ができた。ささやかだが、確かな兆しを増田さんは見た。

鍬は希望の種をまくために

２０２４年6月17日、塩尻市塩尻西小学校の敷地内の畑。1年生50人余がヒマワリの種をまいた。「戦争でおうちを壊され、ご飯を食べられない人がたくさんいます」。1組の担任の中村涼子さん（51）が、ロシアの侵攻を受けるウクライナを思いながら話した。「大切なヒマワリが出てきてほしい」。1人の女の子が言った。「その気持ち、困っている人たちにきっと届くよ」。中村さんはほほ笑んだ。

種は、市内で整骨院を営む川窪誠さん（75）が初めて市内の全小中学校に配った。そこには、戦時下の満州に渡り、敗戦後の混乱の中を生き抜いた母高子さんの平和への願いが脈々と流れている。

祖母からの「命のたすき」　今伝える家族の歴史

祖母はかたくなに口をつぐんで語ろうとしなかった。飯山市の高野理恵子さん（45）が19歳の頃のことだ。母方の祖母の川窪高子さんに、何げなく戦時中のことを尋ねた。「思い出したくないのよ」。穏やかな表情を一変させ、涙を流した。以来、何も聞けないまま、祖母は２０１６年に97歳で亡くなった。

四十九日の準備に追われる中、母の郁代さん（71）からＢ５判ほどの冊子を渡された。祖母が古希を迎えた１９８８年に、子や孫の安寧を願って書き留めた手記だった。

はやる気持ちを抑え、ページをめくった。満州に駐留する日本の関東軍の下士官だった夫の敏秋さんを追って45年1月、海を渡ったこと。ソ連の対日参戦で夫と離ればなれになって1人で逃げ惑い、朝鮮半島の平壌の収容所で飢えや寒さに苦しんだこと。雨降りの山中をずぶぬれになりながらはだしでさまよい、38度線を越えたこと……。聞けなかった祖母の体験が克明に記されていた。

平和を願うヒマワリの種を校内の畑に植え、水をまく塩尻西小学校の児童たち＝2024年6月17日

祖母は収容所で母の兄に当たる第1子を出産していた。丸々と太った男の子。夫と「男の子だったら――」と話していた通りに「勇《いさむ》」と名付けた。だが喜びもつかの間、母乳が出ない。勇ちゃんは日増しにやせていった。「どうしてやることも出来ない」。焦り、無力感、絶望。祖母の記述に高野さんは胸が締め付けられた。勇ちゃんは1ヵ月を待たずして亡くなった。

祖母は栄養失調のためか30代で白内障を患い、総入れ歯だった。穏やかな表情の裏にあった消えることのない悲しみを高野さんは推し量った。同時に、祖母が生きて帰ってくれたから母が生まれ、私がいて、子どもたちとの今がある――。つながれた「命のたすき」の尊さと重さを実感した。

祖父は満州では39年、ソ連との国境の守備隊に配属された。ハルビンから東へ約８００キロ、関東軍が巨大要塞《ようさい》を築いた虎頭《ことう》にいた。虎頭へと鉄路が延びるのに合わせ、県内などから渡った開拓団が沿線

満州での体験をつづった祖母の手記を子どもたちに読み聞かせる高野理恵子さん（左）＝2024年6月22日、飯山市

に入植。軍馬の管理などで開拓団は軍隊と一体だった。

関東軍は一般住民には知らせずに防衛線を南下させた。そこへソ連が侵攻し、開拓団は壊滅。戦後、生き残った人たちは厳しい視線を送った。高野さんの祖父はシベリアに抑留された。祖母はひっそりと痛みを抱え続けていた。

祖母の手記は、高野さんの子どもたちが「分かるようになったら語りつないでほしい」と母から託された。高野さんには小中学生の4人の息子がいる。5月、歴史の授業で日中戦争や太平洋戦争について学んで間もない中学3年生の長男晃太郎さん（14）に「読んでみる？」と勧めた。

晃太郎さんは一気に読んだ。「ひいおばあちゃんが壮絶な経験を乗り越えたから、今、僕たちがいるんだ」と思った。戦争の歴史が身近になった一方、同じような経験はもう誰にもしてほしくない——との願いも感じた。

「命、大事にしなさいよ」。祖母のことを話す時、高野さんは子どもたちに伝えている。かつて祖母から会う度に言われた言葉だ。当時は「大げさだな」と思っていた。今、その意味をかみしめる。

高野さんの伯父の川窪誠さんは2024年6月17日、市内の畑でヒマワリの育ち具合を確かめた。22年からウクライナの平和を祈って仲間と栽培。収穫した種は、油を搾ってもらうため、現地を支援する団体へ届けている。24年は6月1日に種をまいた。そこは、母がリンゴなどを育てていた畑だ。

川窪さんは、ずっと自分が長男だと思っていた。だがある時、仏壇の引き出しから、母が持ち帰った兄のへその緒を見つけた。手記を読み、母の胸の内を察した。

79年前の夏、満州で子どもたちが手にしていたのは木やりだった。ソ連軍に突っ込んでいく小さな影を、開拓団の国民学校の教員だった故塚田浅江さん（現千曲市出身）は、近くで手りゅう弾がさく裂する直前に見送った。6月17日、塩尻西小学校の1年生たちがその小さな手に握りしめたのはヒマワリの種だった。夏には大輪の花が咲く。

満州といまをつなぐ

戦時下に日本が満州を事実上支配した歴史を踏まえ、戦争の記憶をつないでいく意義や課題について、著名人や有識者に聞く。

多くの満州移民が引き揚げ船に乗った葫蘆島に、2006年に地元人民政府が建てた石碑。左上の数字は100万人を超える満州移民がここから日本に帰ったことを伝える。碑には〈歴史はここで日本の中国侵略の終止符を打てた。多くの日本居留民と捕虜は葫蘆島を再生の地と見なす。歴史の悲劇の再演を許さない〉と刻まれている＝2024年4月29日

戦争って急には始まらない

直木賞作家 小川哲さん（37）

戦争を経験していない世代の僕には「なぜ日本は他国を侵略したのか」という素朴な疑問が幼い頃からありました。教科書に書いてある第2次世界大戦の情報だと、日本の味方がドイツとイタリアで、米国や英国、フランス、旧ソ連、中国が敵だったと。「勝てないって誰だって分かるのに」と、小学生からずっと思っていました。

日本が戦争で行ったいろんな種類の悪や野心、戦争に至る過程が、満州に詰まっているのではないか、満州を起点に考えると理解できるのではないかと考えました。この作品を通じて僕なりに「どうして日本は戦争をしてしまったのか」を考えて発見している、それが『地図と拳』です。

中国をどこか下に見ていた感覚が、日本が侵略した原因であり、敗戦した理由でもあると考えています。でも、それらを現代の価値観から糾弾するのではなく、戦争につながってしまう回路みたいなものが日常のいたるところにあるのだ、ということをこの作品で示したかった。僕は親も戦後生まれ。そういう世代がどうやって戦争の記憶を伝えていくのか。僕の場合は、小説を書くことでまず戦争を理解することから始めました。

日本が何か悪いことをやったという知識だけでなく、自分がその場にいたらどうするか、といった意識がないと戦争は理解できません。満蒙開拓についても、満州に行って取り残されたという事実だけを取り出すのではなく、国や軍人、メディアがどういう情報を出し、どうだましていたか、当時の状況を知り、自分ならどう選択するかを考えることが、戦争を理解することではないでしょうか。

悪人でない人、理想の実現のために他人に悪を強いた人が、戦争の全体の構造にどう組み込まれたのか。個人の悪ではなく、構造の悪を考えるべきです。個々の悪を認定するよりも、構造をどうするのか、現在の感覚で善悪を判断せず、考えないといけません。

　戦争って急に明日から戦争ですって始まるわけではありません。始まる過程の中で、一人一人の小さな判断が積み重なり、作り上げてしまった大きな装置なのです。大きくなってしまうと、個人としては抵抗できない。無自覚に加担してしまうこともある。そこに至る前にどうするか、次の戦争の種を見つける目が必要になってきます。

【おがわ・さとし】1986年、千葉県生まれ。2015年に作家デビュー。『ゲームの王国』（2017年）で日本SF大賞、山本周五郎賞。満州の架空の都市を舞台に、日露戦争開戦前から第2次世界大戦の敗戦まで殺りくの半世紀を生きた人たちを描いた『地図と拳』（22年）で直木賞と山田風太郎賞を受賞。

　別の作品でカンボジアを取材した際、ポル・ポト政権時代の虐殺について、今のカンボジア政府は完全なる被害者として歴史を伝えていました。不都合な事実から目を背けるため、現地の若者たちの間には「ポル・ポトは実はベトナム人だった」という言説さえ生まれてしまっていました。ですが、ポル・ポトは自分たちが生み出したのです。

　日本は他国に侵略した身なので、外圧もあり、カンボジア政府のような開き直りはできません。ただ、広島、長崎、沖縄の歴史も大切だが、被害を知ることだけに偏れば、不都合な事実に向き合わなくなってしまう。

　客観的な事実よりも個人が信じたい事柄のみを信じがちな「ポスト・トゥルース」の時代とも呼ばれる現代。中国や韓国、朝鮮の人たちのさまざまな視点を借り、満州などで日本は何をしたのかを重ねて見ていくことが、われわれが戦争を理解するために必要なのではないでしょうか。

戦争の傷を乗り越える歌

歌手　**加藤登紀子**さん（80）

父が南満州鉄道（満鉄）に勤めていましたので、私はハルビンで生まれ、終戦の翌１９４６（昭和21）年、２歳の時に母子４人で引き揚げたのです。父は召集されていました。

２０２２年、中国人画家王希奇《ワンシーチー》さんの作品に出合いました。中国の葫蘆《ころ》島で引き揚げ船に向かって歩く日本人の群衆を描いた横20メートル、縦３メートルの大型作品。「私もこの中にいるかもしれない」と食い入るように見つめました。これをきっかけに『果てなき大地の上に』を作詞作曲したのです。２０２３年は満蒙開拓平和記念館（下伊那郡阿智村）に王さんが訪れると知って駆けつけ、この曲を歌いました。24年６月２日、５日に都内で開いたコンサートでも歌いました。

中学生の時に歴史を学び、なぜ「満州国」ができたか、日本の関東軍がどんな働きをしたか、理解し始めました。父に聞いたことがあります。「父ちゃんは侵略者だ。私は侵略者の子なんだ」と。

父は満州国の建国前にハルビンに渡り、語学学校でロシア語を学んでいました。広い世界を見たい一心だったと思います。私の問いには「それだけではないよ。たくさん良いことも残したかもしれないよ」と言っていました。

日中国交正常化の９年後の１９８１年、中国側からのオファーで、歌手として35年ぶりにハルビンを訪れました。すごく温かい出迎えを受けました。そして、幼すぎて記憶はないはずなのに懐かしかった。

子どもの頃から、母はよく引き揚げの話をしてくれました。野宿していた時、夜風で目を覚ましたら真っ暗な空から真っ白な雪が降ってきて、瞬く間に寝ている私たちの上に積もっていった、その情景がすごくきれいで生涯忘れない――と話してくれて。それを88年にリリースした曲『遠い祖国』の中に書きました。

収容所で暮らしていた時も、母は常に私をおんぶしていた。そういう話を聞くたび、私は母が見た風景を一緒になぞりました。だからハルビンで列車が駅に着いた時、「ああ、この駅は知っている」と思いました。不思議ですね。

『遠い祖国』の中に〈たとえそこが祖国と呼べない見知らぬ人々の街でも　私の街と呼ぶことをゆるしてくれますか〉という歌詞があります。日本は侵略して入っていった。だから故郷と呼んではいけないかもしれない。でも、私が生まれたハルビンを、私は「私の街」と呼びたい、呼ばせてほしい——。抱え続けていた葛藤を詩に託しました。

葛藤はずっと持ち続けてはいますよね。でも南京に行った時、中国の人は「私たちはみんな共通の戦争の被害者だ、だからそのことで憎しみ合ってはいけない」と言ってくれた。どういう気持ちで乗り越えていくかは、憎しみを育てていこうとする人もあるし、憎しみを癒やしていこうとする生き方もある。私は歌手として、その傷を乗り越えるためにやっていくんだと決めていました。

ロシアによる侵攻を受けるウクライナの人たちは「最後の一人になるまで戦う」と言います。戦争末期の日本が言ったことです。国を守るために全員死んでしまうことになる。戦争の不条理です。

私たちは憲法9条を根拠に、戦争をしない権利を持っています。このことは類いまれな幸運ですが、同時に日本の戦争がとてつもなく悲惨だったことを表しています。若い人たちには、そのことをもう一度よく知ってほしいです。

【かとう・ときこ】歌手。1943（昭和18）年、満州ハルビン生まれ、京都市育ち。東京大在学中に歌手デビュー。学生運動の指導者、藤本敏夫氏（故人）と獄中結婚した。代表曲に『ひとり寝の子守唄』『百万本のバラ』『知床旅情』など。

証言に学び 表現で継ぐ

映画監督 **塚本晋也**さん（64）

日本映画には、原爆や沖縄戦の悲劇など戦争の被害を描いた作品は多く、近年はヒロイズム（英雄主義）で戦争を美化するものも目立つようになりました。一方、戦争の加害を取り上げた作品は少ないと感じて『野火』（2014年公開）を製作しました。カメラのアングルの工夫などで、理屈ではなく、戦場での加害を体感できるような映像表現を狙いました。

戦争には、殺される怖さもあるが、殺す怖さもあります。殺された人はそこで人生が終わるが、殺して生き残った人の恐怖は続きます。

そういう人は普段は優しいが、何かの拍子で急変し、暴力的になることがあります。身体的な障害はないために傷痍《しょうい》軍人とされなかったが、現在ではPTSD（心的外傷後ストレス障害）と診断されるような精神的に傷ついた人たちが、戦後の日本には相当いたのだと思います。その暴力性は、家庭内暴力やアルコール依存症などに形を変えて、戦後の日本社会に残ったのだと私は考えています。

人が人を殺すことを強いて人を人でなくす戦争は、終わっても、社会をむしばみ続けるのだと最新作『ほかげ』（23年公開）に描きました。80年前の戦争は、今も続いているのだと言えます。

引き揚げた軍人を「人殺し」と非難し、社会における暴力を「野蛮だ」「非倫理的だ」と一方的に断罪することでは何も解決しません。われわれ市民がやるべきことは、他者を責めるのではなくて、そこに追い込んだのは何なのか、背景を知り、しっかりと考察することです。満州移民についても同じことが言えるのではないでしょうか。

誰もが自由に意見を発信できるインターネットがこんなにも発展してきたのに、人は意見を交えることができていません。それどころか、著名人や専門家らと意見が一致すると、「それ見たことか」と異口同音に声を大きくし、少数の意見を封殺してしまう。

是か非か、二者択一を迫るようなことは社会を分断してしまう。自分の信じたい言説のみを信じて、不都合な意見や出来事には耳をふさいでしまうように、傷と向き合わないまま一方的に誰かを断罪できるメディア。それを無批判に受け入れる社会には、戦争の足音が近づいてきます。

日本には、もうすぐ戦争体験者がいなくなります。ますます加害が語られる機会は少なくなるでしょう。その後は、われわれがさまざまな記録や証言に学び、表現活動を通じて継承していくことが必要です。戦争の体験がなくても、当事者でなくても語っていい、むしろ、暗中模索しながら体験者の記憶を探り、語るべきなのだと思います。私も戦争を知らない世代です。

今起きているウクライナへのロシアの侵攻や、パレスチナでのイスラエルの虐殺を前に、世界はこんなに暴力を止められないのか、とただただ驚いています。さまざまな戦争から学び、人間は賢くなったのではないのかと、絶望感も抱いています。

日本は80年前、戦争の加害と被害の両方を経験しました。いったん始めると、うみ続ける大きな傷を社会に負わせる戦争について考えて、きっぱりと否定していくことがわれわれには改めて求められているのではないでしょうか。

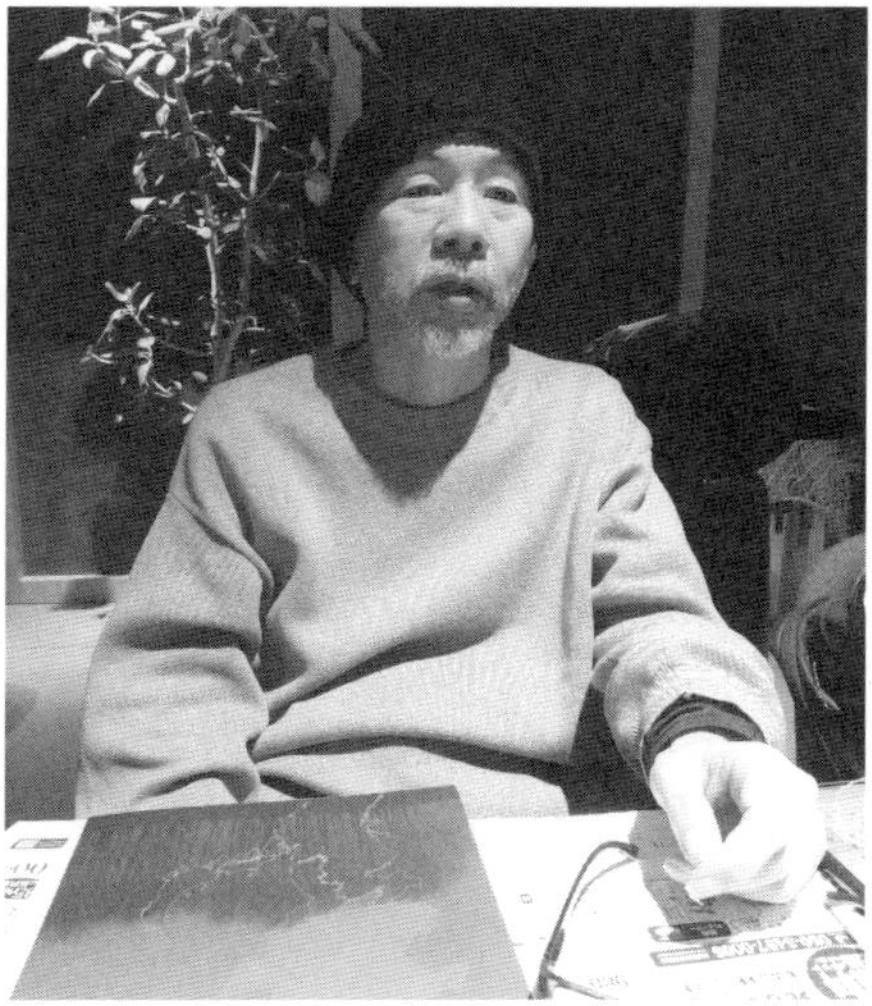
【つかもと・しんや】1960年、東京生まれ。89年に映画監督デビュー。『ほかげ』（2023年）は毎日映画コンクールで日本映画優秀賞、日本映画批評家大賞で作品賞を受賞。『野火』（14年）はベネチア国際映画祭コンペティション部門に出品。作品は他に『KOTOKO』（12年）『斬、』（18年）など。

対話と共感をあきらめない

劇作家 **平田オリザ**さん（61）

私の母親の兄も満蒙開拓青少年義勇軍の一員として、数え年で16歳、満14歳で満州（現中国東北部）に渡りました。戦後、引き揚げてきました。日本の傀儡《かいらい》国家「満州国」の建国や満州移民の背景には、「欧州の植民地になるなら日本の一部になる方がましだろう」という侵略主義者の独り善がりな思想があったと考えます。異なる価値観や文化的背景を受け止める寛容さを失っていました。

いつの時代も対話が必要です。私が言う対話とは「ディベート」と呼ばれる対論ではなく「ダイアローグ」です。AとBの意見のどちらが正しいかを戦わせるのではなく、別のCという結論を探ることです。それぞれに程度はあるでしょうが、AとBの互いが変わることを前提としたやりとりです。異なる価値観をすり合わせて、自分が変わることも良しとすることです。

近年の自民党政権は、国会で対話を避ける傾向が目立ちます。与党という大きな立場から野党を見下し、意見をまともに受け止めない。そうした政治を許容している社会は、再び独り善がりになっていないか、われわれは省みなければいけません。

「エンパシー」も必要です。日本語では「共感」と訳され、思いを相手と重ねるという意味を含みますが、本来はたとえ意見が全く一致しなくても寄り添うという意味です。分かり合えなくても異なることを認め、互いに席は立たない、排除しないことです。

金子光晴が戦後発表した「寂しさの歌」という詩があります。工業化により一等国となったはずなのに、一部の財閥や富裕層に富が集中する一方で、農村が崩壊してしまった。ある種の寂しさや疎外感が、日本を戦争へと走らせたと解釈しています。

現代において、この「寂しさ」は格差や取り残された感覚に置き換えられます。「エレファントカーブ」を知っていますか。グロー

【ひらた・おりざ】劇作家。1962年、東京生まれ。83年、国際基督教大在学中に劇団「青年団」を立ち上げる。94年の『東京ノート』で岸田国士戯曲賞。現在は兵庫県立芸術文化観光専門職大の学長を務める。主な著書に『演劇のことば』、映画化された小説『幕が上がる』など。

バル化の進展で、誰が豊かになったかを示す指標です。先進国の富裕層や新興国の中間層が所得を伸ばした一方で、日本を含む先進国の中間層の収入は伸びていないことが分かります。

この没落した中間層が寂しさを抱えているように思います。マイノリティーへの支援や多様性の確保が進む世界で、疎外感を持っているように思えます。疎外感はいずれ、そういう「正しさ」に迫害されて「われわれは奪われたのだ」という反発に転じます。米国では、こうした人がトランプ氏を支持しています。

マイノリティーへの共感を持ちながら、疎外感にも共感していくことが必要です。一方的に「正しさ」を唱えて、「あなたたちは正しくない」と切り捨てず、同意はできないが理解に努める――という態度が対話なのです。

演劇を通じ、対話と共感を多くの人と共有していくことが私の役割ですが、なかなか難しくなっています。残念ながら日本人は教育などで対話の訓練を受けていません。行動することで報われた経験が少ない現代の若者には、もっと難しいのかも知れません。

だが、あきらめないことです。家族内や仕事場で対話し、隣人に共感し、選挙に行くといった社会に関わることを小さくても続けましょう。寂しさにより寛容さを失い、再び侵略の道に進むかどうかは、われわれ一人一人の行動に託されています。

先生が本音を語れる教室に

映画監督 **斉加尚代**さん（59）

教育への政治介入を描いた映画『教育と愛国』を公開後の2023年2月、長野市で開かれた1933（昭和8）年の「二・四事件」を振り返る集会に呼ばれました。治安維持法違反の疑いで先生たちが摘発されたことは知っていましたが、教員を含む608人が対象になるほどの大きな出来事が長野で起きていたと、この時に初めて知りました。

これが教育界の国策協力のきっかけとなり、教え子を開拓団や青少年義勇軍として満州（現中国東北部）に送ったと聞き、さらに驚きました。

東北でも、貧しい農漁村の子どもたちの本音をくみ取ろうと、暮らしの苦しさを作文で語らせる指導をした先生たちが「アカ（共産主義者）」だというレッテルを貼られて摘発された史実があります。子どもたちのことをより考えていた先生ほど、摘発されたのだと想像しています。

私自身、満州とは無関係だと思っていましたが、調べてみると、祖父は満州のセメント会社に勤めた技術者で、父親は旧満鉄病院で生まれていました。引き揚げ時に祖母が亡くなったことで、父親は全く戦争体験を語りませんでした。親戚に聞いてみると、どうやら祖母は自死しているようです。

『教育と愛国』の上映で全国を巡り、出会った先生たちから繰り返し聞いたのは、政治的中立性を教育委員会からあまりにも言われすぎて、教育現場で社会の先生が社会を語れなくなってしまっている、という声です。

ある大阪府立高校では、安倍晋三元首相の国葬について議論する社会科の授業をしました。意見の違いを対話で乗り越える学びの深い授業だったのですが、教室とは違い、職員室では先生たちが何も意見を言わなかった。事前に教育委員会から何度も校長に「大丈夫か」という問い合わせがあったことを知り、同僚の先生たちは萎縮し、口をつぐんでしまったのだそうです。

　私は90年代に学校現場の取材を始めました。その頃であれば、もっと議論があったと思います。取材したある美術の先生は定年退職後、授業で「日本人の肌の色は『はだいろ』で塗りましょう」と教えたことをすごく後悔していました。見えにくいが、さまざまな背景を持つ子どもがいたことを意識していたのです。これが大阪の教育の力だったのだと思います。

【さいか・ひさよ】1965年生まれ、兵庫県出身。87年に毎日放送（大阪市）に入社。記者などを経てドキュメンタリー担当ディレクター。沖縄の基地問題などで番組を制作し、映画『教育と愛国』は2022年の日本ジャーナリスト会議大賞。著書に『何が記者を殺すのか』など。

　学習指導要領では、主体的な深い学びができる子どもを育てるという美辞麗句を並べながら、文部科学省は、先生には国への同調を強いて、主体性を奪っています。主体性を奪われた先生の教室で、主体性のある子どもが育つはずはありません。全くのダブルスタンダードです。

　全国学力テストの導入などで公立学校でも競争が激しくなっています。格差をなくすための教育が、序列を生み出す装置になっています。先生にはさらなる圧がかかり、校区間の競争もあおります。競争に負けた学校がある地域の衰退も招きかねません。

　先生が本音を語れなくなっています。先生の本音と建前を子どもは見抜きます。子どもたちは、本音を語れない大人に絶望します。保護者や地域社会は、先生が教室で主体性を発揮できるように支えていきませんか。それとも、満州に子どもたちを送ったように、何もせず、ただ国に従っていきますか。

加害と被害、矛盾の中で

精神分析学者　**荻本快**さん

精神分析学の見地からは、（満州事変以降の）「アジア太平洋戦争」について、日本人は「哀《かな》しむこと」ができていないと分析できます。「哀しむこと」とは、喪失を受け入れて、過去の罪を認め、次の段階に進むことです。オーストリアの精神分析学者ジークムント・フロイトが論じたものです。

　ともに第2次世界大戦の敗戦国であるドイツと日本の戦後には、多くの共通点があります。ドイツは大衆から熱狂的に支持されたヒトラーを失い、日本は「現人神《あらひとがみ》」としての天皇を失いました。ただ、経済破綻がナチスの台頭を招いた歴史を繰り返すことを恐れた連合国は、ドイツに賠償金を請求しませんでした。日本でも人心を掌握するために天皇制を維持しました。

　そのため両国とも半端に喪失を回避しました。やがてドイツは「ヒトラーは大したことなかった」と、そもそもの価値を矮小《わいしょう》化し、日本は「天皇と同じように国民は軍部にだまされた」という言説を生むことで、本来、社会が共同で負うはずだった責任を共同で回避しようとしました。

　日本もドイツも、加害と向き合えないいまま、戦後を生きてしまっています。過去の過ちを認められないままだと、やがて繰り返します。現に、ドイツではネオナチが誕生しました。ヘイトスピーチなど排外主義という形で、日本でも繰り返されようとしているのではないでしょうか。

　フォークグループ「ザ・フォーク・クルセダーズ」に所属した北山修さん(78)は精神科医でもあります。ウクライナに侵攻しているロシアのプーチン大統領について、母なる国が傷つけられたというトラウマがあるのではないかという見解を示しています。

　「北大西洋条約機構（NATO）の拡大で傷つけられた母親を守るため、戦争をするのは正義で当然なのだ」という理屈が、プーチン大統領の背後にあるような気がします。私たちは許容できる範囲を超える衝撃を受けた時、自らを被害者だとし、力を行使する理由にしてしまう。プーチン大統領は、ゼレンスキー政権をナチス政権に重ねるような発言もしていましたよね。

被害者にとどまると、ある時には加害者ともなる可能性を自覚できなくなります。自分は被害者だと固執すると、周囲への暴力を正当化する危険性があります。だから被害だけでなく、加害にも向き合う必要性があるのです。

ずっと加害を直視できずにいる日本人にとって、満州移民という侵略行為を語ることはとても意味深いことです。当事者は罪悪感や負い目をありのままにさらけ出し、記憶を継ごうとする私たちは当事者を責めず、その複雑さをそのまま受け入れていきましょう。（下伊那郡阿智村の）満蒙開拓平和記念館も、加害と被害の両方を見つめることができる場として機能していってほしいです。

戦争を経験していない私たちは、被害者の子どもでもあり、加害者の子どもでもあるのです。人は本来、傷つきながらも他者を傷つけるという存在です。私たちが戦争を理解するためには、加害者と被害者の立場を行き来しながら、その矛盾を生きるという姿勢が大切です。

【おぎもと・かい】精神分析学者。相模女子大学芸学部准教授。国際基督教大教育学研究科博士後期課程修了。著書に『哀しむことができない　社会と深層のダイナミクス』、共著に『コロナと精神分析的臨床　「会うこと」の喪失と回復』など。

満州は今を知るための鏡

写真家　**船尾修**さん（63）

満州は「こういうところだ」と一言では語れません。光もあれば影もある、混沌《こんとん》としています。政権や企業の幹部と一般的な開拓団員では暮らしぶりが違い、政治的な思惑もあれば、「五族協和」という理想を信じる純粋さもあった。人によって捉え方が違うのが満州です。

そろそろ本気で戦争を総括しないといけないと思っていました。そのために満州国があったことを示す１次資料として、写真集『満洲国の近代建築遺産』（２０２３年の土門拳賞受賞）を作りました。

当時を知る人はもうすぐいなくなります。建物は、もしかしたらこの先１００年や２００年と残るかもしれません。建物にはそれぞれ目的があります。その断片を集めることで、日本が満州で何をしようとしていたのか、うすぼんやりとでもいいから浮かび上がらせたいと思ったのです。

わずか13年半でしたが、鉄道や工業、文化産業など、満州でのゼロからの国造りで培われたノウハウや人的資源が、敗戦後の日本を形作りました。満州は１９４５年で途絶えたように見えますが、実は、今の私たちにつながっているのです。満州を知ることは、すなわち、今の日本を知ることなのです。

これまで満州を語ろうとすると、必ずイデオロギーの問題が付いてきました。でもこれからは「良い」「悪い」という単純な見方ではなく、事実のみを見て、想像し、自らは何をすべきなのかを考えてほしかったのです。戦後80年を迎えようとしている今、ようやくその作業ができました。満州も「歴史」となりつつあるということでしょうか。

満州の前には、フィリピンの残留日本人を取材しました。フィリピン移民は戦前の経済移民、満州移民は国策移民で、条件は違いますが、中国残留孤児には救済措置があったのに対し、フィリピンに残った日本人は国籍の回復もままなりません。第２次世界大戦で、

【ふなお・おさむ】写真家。1960年、神戸市生まれ。2016年に『フィリピン残留日本人』で林忠彦賞。『大インダス世界への旅　チベット、インド、パキスタン、アフガニスタンを貫く大河流域を歩く』で24年の梅棹忠夫・山と探検文学賞（同賞委員会主催、信濃毎日新聞社など協賛）。

フィリピンでは約34万人の日本兵が戦死したとされていますが、一般人は含まれていません。戦後、2世、3世は差別も受けました。

フィリピン人の死者も、50万人とも１００万人とも言われています。「日章旗を配られてお辞儀を無理やり指導された」「ゲリラと疑われて家族が殺された」。現地で取材していると声をかけられます。親などから伝え聞き、現地の人たちは、日本ではもはや語られない日本の加害をしっかりと覚えています。

満州も同じです。私たちは、加害について語らないままでいいのでしょうか。見過ごしていいのでしょうか。このことは「難民や移民の受け入れをどうするか」「沖縄の問題をどう考えるか」など現在の課題につながっています。

フィリピンで会った元日本兵の男性は「戦争で人を殺しました」と私に告白してくれました。家族にも知人にも話せなかったことを私に話してくれたのです。それは、私が日本人でかつ他人だったからだと思います。そうであるなら、戦争を知らない世代だからこそ、できることもあるのではないでしょうか。

戦後80年は、大事な節目だと思っています。だいたい日本人の今の平均寿命と同じです。戦争を知る人がいなくなり、知らない世代のみとなります。この節目に、イデオロギー抜きで記憶と向き合い、そこから純粋さや残酷さを併せ持つ人間や社会の複雑さを考えることができれば、満州や戦争の歴史は、私たちの鏡となってくれるのではないでしょうか。

あとがき

長野県内の元満蒙開拓団員らでつくる県開拓自興会（２０１０年解散）が１９８４（昭和59）年に発行した3巻構成の『長野県満州開拓史』。本連載取材班の部屋に備え、記者たちは事実関係の確認などでたびたび手にした。その中の一冊、開拓団ごとに団員の氏名や敗戦時の年齢、帰還の有無などをまとめた名簿編は、どのページを開いても胸が苦しくなる。

例えば、全員が45（昭和20）年8月の同じ日に同じ場所で亡くなっている一家。誰がどんな順番で手をかけて自決したのか。その年の冬に避難先で病死した母子。生きる望みをつないだはずの収容所で、何を思いながら身を横たえていただろう。「残留」と記された子どもたち。その後、どう生きたか。ただ1人、帰還した父親。徴兵後もだんらんの明かりが心の支えだったはずなのに、なぜ……。一人一人の名前を指でたどる。

「死んだ人は何も言わない。その人たちの声を、聞いてあげなくてはだめだよ」。下伊那郡泰阜村出身の元開拓団員で、その経験を「語り部」として伝えていた故中島多鶴《たづる》さんが母親に言われたという言葉だ。取材班の編成から間もない２０２３年秋、本で出合ったメンバーが打ち合わせの資料に記して教えてくれた。折に触れて思い返した。

取材班には、日本の近現代史や満蒙開拓に関心を持ち続けてきた記者も加わった。執筆した記者は20代後半から40代半ば。デスクの私も１９７４年生まれだ。戦後の引き揚げはもちろん、72年の中国との国交正常化後の雰囲気も、80～90年代に盛んだった残留日本人の肉親捜しや永住帰国も、リアルタイムではほとんど体感していない。

この間、本紙はそれぞれの時代の出来事や直面する課題をその都度、報じてきている。だが、総合的に振り返る取り組みはなかった。他方で、満蒙開拓を巡り、取材班の各メンバーが自分自身や同世代について考えた時、全国で8万人もの犠牲を生み、戦後も影響が続いてきたにもかかわらず、沖縄戦や原爆などに比べて「世の中で知られていない」「忘れてしまっている」というのが率直な実感だった。

個人的な苦い経験もある。逃避行の過酷さを伝えた本紙の65年の連載「この平和への願い」。その書籍の「復刻継承版」が2021年に出版され、読み始めて驚いた。現在の千曲市や長野市南部から渡った更級郷開拓団の子どもたちが、木やりを手にソ連軍に突入するエピソードから始まっていた。その頃、私は両市などを担当するグループに記者、デスクとして関わって6年目にもなっていたが、その間、更級郷開拓団という言葉はグループから一度も活字にしていない。今回取材すると、生還した元団員たちの組織的な慰霊の取り組みは11年までで途絶えていた。

過去の出来事は、時の流れに埋もれていく。そうではあるかもしれない。ただ私はこの時、知らず知らずのうちに自分も「埋もれさせていく」側にいたのだと思い知らされた。いわば担当地域の子どもたちが、そんな理不尽を負わされていたにもかかわらずだ。

知らなければ、それはなかったことと一緒になってしまう。必要な時に向き合えるよう、手の届く場所に記憶を刻み、置きとどめておかなければならない――。戦後80年を前にした今回の連載には、その大切さを伝えると同時に、その作業そのものの一端を担えないかという願いや自戒も込めて臨んできた。

当時を直接知る世代への取材は、予想はしていたが難航した。県開拓自興会の名簿などを基に関係者を捜したが、多くは既に亡くなっていた。戦時中に教え子を満州へ送り出した元教員の男性が100歳を超えてお元気なはずだ――。記者が取材先で聞き、連絡を試みたが、少し前に鬼籍に入られていたということもあった。会ってもらうことができても、体調を崩していて長時間の取材は難しい方もいた。

そうした中、たどり着くことのできた多くの開拓団経験者には、多大なご協力をいただいた。黒台《こくだい》信濃村開拓団で少年時代を過ごした三井寛さん(89)＝中野市＝のもとには、日課という昼寝の時間帯を避けて、記者は何度も通った。軍と一体化していた開拓団の暮らしや現地住民との交流の他、逃避行中の父親の蛮行とその最期もつぶさに証言してくれた。取材の間が空くと「随分遠慮してるじゃねえか」と冗談めかしながら、気にかけて電話をくれた。

経験者の子どもや孫の世代、戦後生まれの研究者らにも話を聞かせていただいた。当事者とは異なる立場から満蒙開拓を捉え直そうとする動きを追うことができた。

下伊那郡豊丘村出身の気鋭の劇作家で精神科医の胡桃沢伸さん(57)も、その一人だ。祖父が村長として満州への分村移民を決断し、敗戦後に自ら命を絶った。祖父とどう向き合い、満蒙開拓という出来事を今の時代にどう重ねているのか。記者は胡桃沢さんの劇の公演に何度も足を運び、自分なりに解釈を深めて胡桃沢さんにぶつけた。

つらい記憶や抱え続けてきた葛藤を言葉にすることは、相当な覚悟やエネルギーが必要なはずだ。取材に応じてくださった方々に、心から感謝を申し上げる。

また私たちは、自社報道を振り返ることも必須だと考えていた。担当記者は、当時の記事の行間や見出しから先輩記者たちの心情に迫れないかと、細かな活字と連日格闘した。取材班の部屋の共用机には、戦時下の紙面のコピーの束があふれた。

ただ、重要でありながら今回はほとんど触れることができなかったテーマや切り口もある。例えば、長野県行政の関わりだ。県は現在『長野県史』の戦後分の編さんを検討している。国策と県民をつなぐ役割をどう果たしたか、満蒙開拓や中国残留日本人を巡る課題と今、どう向き合うのか。タイミングを捉えて追い続けたい。大人が子どもたちの処遇を一方的に決めた経緯を踏まえ、「子どもの権利」といった視点で教訓を探るアイデアも取材班内で上がったが、実現できていない。

連載中、「はやる心を抑えきれずペンを執った」と走り書きで体験をつづった便せんや、父親が生前語った満州時代の記憶を、原稿用紙にびっしりと書き込んだ投書などが届いた。語られていない記憶がまだまだ眠っている――。私たちは意気込みを新たにしている。

一方、60代の女性が戦後世代として「何ができるか考えたい」と取材班に電話をくれたことがあった。記憶の継承に取り組む若い世代を応援したい、という80代男性もいた。連載を本書にまとめることができ、そうした思いを深めるきっかけをさらにつくっていくことができたら、これ以上の喜びはない。

連載は、取締役編集局長・小市昭夫（現取締役東京支社長）、編集局長役員待遇・高森和郎の下、報道部長・峯村健司（現総務局次長）、同・岩間基樹が統括。井口賢太、島田周、前野聡美、上沼可南波、藤はな、木下実咲の各記者が執筆した。写真は北沢博臣、禾《いなづか》弘樹、米川貴啓、中村桂吾、池上滴の各記者が撮影。紙面レイアウトは整理部の市川健郎が担当した。

2024年8月

「鍬を握る　満蒙開拓からの問い」取材班代表
信濃毎日新聞社編集局報道部次長　島田　隆一

信濃毎日新聞社《しなのまいにちしんぶんしゃ》
1873年（明治6）年創刊。長野県を中心に朝刊を発行する。発行部数約39万9000部。桐生悠々、風見章ら著名な言論人を多数輩出している。これまでにキャンペーン報道『介護のあした』『民が立つ』『笑顔のままで　認知症―長寿社会』『温かな手で　出産を支える社会へ』『火山と生きる　検証・御嶽山噴火』などで新聞協会賞を受賞している。

ブックデザイン　髙﨑伸也
編集　内山郁夫

鍬を握る　満蒙開拓からの問い

2024年9月30日　初版発行

編　者　信濃毎日新聞社編集局
発行所　信濃毎日新聞社
〒380-8546　長野市南県町657番地
電話026-236-3377　ファクス026-236-3096
https://shinmai-books.com/
印刷製本　大日本法令印刷株式会社

ISBN978-4-7840-7438-9 C0021